U0449162

最爱不过我懂你

父母共情陪伴手册

伍新春 李国红 ◎ 著

图书在版编目（CIP）数据

最爱不过我懂你：父母共情陪伴手册 / 伍新春，李国红著 . -- 北京：中信出版社，2022.10
ISBN 978-7-5217-4777-5

Ⅰ.①最… Ⅱ.①伍…②李… Ⅲ.①家庭教育－手册 Ⅳ.① G78-62

中国版本图书馆 CIP 数据核字（2022）第 173352 号

最爱不过我懂你——父母共情陪伴手册
著者：　　伍新春　李国红
出版发行：中信出版集团股份有限公司
　　　　　（北京市朝阳区惠新东街甲 4 号富盛大厦 2 座　邮编　100029）
承印者：　北京中科印刷有限公司

开本：880mm×1230mm 1/32　印张：12.25　　字数：225 千字
版次：2022 年 10 月第 1 版　　　印次：2022 年 10 月第 1 次印刷
书号：ISBN 978-7-5217-4777-5
定价：69.00 元

版权所有·侵权必究
如有印刷、装订问题，本公司负责调换。
服务热线：400-600-8099
投稿邮箱：author@citicpub.com

本书编委会

伍新春　李国红　史洪彬　刘　畅
陈　晖　史苏阳　温艳梅　方学梦

各方推荐

父母必须明白一件事：父母的焦虑，总会以各种形式压到孩子的身上。在这样的旋涡中，父母可以站在更高的位置上提出一个问题：从爱的角度出发，我们应该怎么做？这本书给出了答案——学习孩子眼中的世界，重新审视我们自身的经验，学习如何更好地去共情、去陪伴，用"懂你"的方式去"爱你"。

俞敏洪

新东方教育集团创始人

谨向所有的家长——其实远不只是家长，应该包括所有与儿童、青少年打交道的成年人——推荐《最爱不过我懂你》这本书。把一个专业心理助人领域里的基础技能，移植到亲子教育中来，不是灵机一动然后夸夸其谈，而是创造性地开发、剪裁，针对性地找准实践上的痛点，适应性地做得易学易用，这不容易！更难得的是，用足够长的时间进行试验与打磨，用数据来证明它的价值。共情陪伴，值得学习！

江光荣
华中师范大学二级教授、博士生导师
中国心理学会临床与咨询心理学专业委员会前主任

希望孩子能拥有快乐的童年，又担心"放手"会让孩子输在起跑线上。父母如何学习了解到科学的教育方法，培养有自信、有自驱力的孩子？《最爱不过我懂你》会带给你答案。

樊登
樊登读书首席内容官

共情陪伴，是当今社会育儿焦虑的一剂解药；"我懂你心"，是父母面对各种挑战并引导孩子健康成长的前提。伍新春教授作为一名心理学家，将人本主义的共情深入浅出地娓娓道来，用大量鲜活的实例说明共情陪伴的价值、理念、内涵、原则、层次、步骤，为千千万万家长描绘了如何用温暖的态度和科学的方法，建立和谐的亲子关系，培养出有幸福感的孩子，成为有价值感和成就感的父母。这本经过3000多所学校和近10万家庭实践检验的共情陪伴手册，是看得懂、学得会、用得上的科学育儿宝典。建议每位父母和教师都来学学共情陪伴，让共情陪伴之光照耀每一个孩子的幸福成长之路。

樊富珉

清华大学心理学系教授（荣休）、博士生导师

北京师范大学心理学部临床与咨询心理学院院长

中国心理学会积极心理学专业委员会副主任委员

书中不一定有"黄金屋""千钟粟"，但这本书中藏有一把金钥匙，这是千真万确的。

面对"熊孩子"成长中的一万种烦恼，无数家长焦头烂额，心中忐忑茫然，应对倦怠乏力。《最爱不过我懂你》基于人本主义心理学本质，举重若轻地给出了简单易行、操作稳健又极富成效的"共情"之法，可谓海中灯塔，明亮温暖，让人读后茅塞顿开，信心倍增。

如果你想寻求更美好的人际关系和更完善的自我发展，此书也是心灵圆融丰盈的利器。

毕淑敏

作家

心理学家

我们坚信，每个孩子的内心都有一个"小宇宙"。而"小宇宙"是否会如期喷发，喷发出的是正能量还是负能量，在很大程度上与孩子周边的成年人有关——这就是"教育"的价值与魅力！共情，是打开孩子内心"小宇宙"的那把钥匙；而共情陪伴，则是正向激发"小宇宙"最有力的教育。据我了解，家长的焦虑是千奇百怪的，从书中的事例可窥一二。伍新春教授能透过光怪陆离的现象找出现象背后的本质，了不起！于是我大胆地建议：基于每位家长内心都有一个"没长大的孩子"，请伍新春教授得空时再写一本"共情"家长的书，来滋养家长焦虑的心灵。

芦咏莉

北京第二实验小学校长

博士、教授、正高级教师

国家督学

中国教育学会常务理事

孩子心里到底在想什么？父母应该如何与孩子相处？如何激发孩子成长的自驱力？伍新春教授在这本书中提出通过共情陪伴解决上述问题，既具备理论根基，又包含鲜活的案例，对家长在共情陪伴中的常见困惑进行了详尽解答，帮助家长与孩子实现共情。

李永乐

人大附中教师

科普视频创作者

近年来，我们一直在强调"以儿童为本"，但很多教师和家长无法落实在行动上，甚至错误地将尊重和接纳理解为"溺爱"，或者狭义地理解为"静待花开"。《最爱不过我懂你》则为我们落实"以儿童为本"提供了科学的理论和实践指导，特别是书中详细阐述的共情陪伴的"换位思考、感同身受、积极回应、正向引导"四层次和"停、看、听、说、做"五步法，非常具有实操性，能够帮助我们真正读懂孩子，切实提升师幼互动质量和改善亲子关系。期待我们在学习这本书之后，都能高质量地陪伴孩子成长！

黄珊

北京师范大学实验幼儿园总园长

北京市特级教师

目 录

序 一 1
序 二 7
前 言 13

第一部分
共情陪伴为何重要

第一章　每一位父母，都曾迷惘焦虑过　003

焦虑——当今父母的共有情绪　003
哪些因素引发了育儿焦虑　004
过度焦虑让我们迷失　014

第二章　每一位父母都应该懂共情陪伴　025

从共情到共情陪伴　025
共情陪伴 vs 其他教养方式　028
共情陪伴的脑神经基础　034

第二部分
走近共情陪伴

第三章　共情陪伴的四个层次　045

换位思考——认知共情，看到孩子的世界　046
感同身受——情绪共情，体验孩子的感受　061
积极回应——行为共情，温暖孩子的内心　076
正向引导——鼓励期待，促进孩子的成长　085

第四章　共情陪伴的五个步骤　097

第一步：停——按下你的暂停键　099
第二步：看——SAFE 法，帮你真正看见孩子　105
第三步：听——你的感受我知道　110
第四步：说——共情回应的三个技巧　125
第五步：做——解决问题的四个基本原则　130

第五章　共情陪伴的底层逻辑　145

接纳——爱他，如他所是　146
真诚——真实，表里如一　158
信任——相信，相信的力量　166

第三部分
践行共情陪伴，您还可以收获更多

第六章　提升共情效果的七个锦囊　183

看见自己，更有力量　184

没有最好，只有更好　194

共情不等于共行　203

你随时可以停下来　212

道歉的力量　221

赢得孩子而非赢了孩子　231

搭建属于你的养育团队　240

第七章　对共情的八大误解　257

共情会让孩子更脆弱？　257

共情就是同情吗？　264

共情的边界——过度共情效果更好吗？　271

年龄大的孩子共情效果不佳吗？　278

共情可以马上让孩子平静吗？　286

为什么我们更容易对消极情绪共情？　293

对于年龄太小的孩子，很难实现共情吗？　299

脾气不好的家长共情能力一定弱吗？　305

第八章　共情陪伴的力量　315

如何培养孩子的学习习惯　316

如何培养孩子的学习内驱力　325

如何与青春期孩子构建相互信任的亲子关系　335

参考文献　347

后　记　351

序 一

中信出版社马上要出版伍新春教授的《最爱不过我懂你》。这是新春多年研究实践的总结，是一本面向家长和一线教育工作者，帮助他们提升共情（empathy）能力，更好地读懂和理解孩子，从而有助于培养孩子的心理健康和社会情感能力的作品。同时，它也是新春将心理学带出象牙塔，助其走进寻常百姓家，为现实生活提供指导，为美好生活助力，为广大民众服务的尝试。

新春长期关注和研究儿童发展与心理健康促进，尤其是在2008年5月12日汶川特大地震发生后，他协助我积极投身教育部哲学社会科学研究重大课题攻关项目"灾后中小学生心理疏导研究"，并在这一过程中逐渐形成了独特的儿童教育指导和心理健康促进理念。需要特别指出的是,新春是该项目的实际执行者,对项目的推进起到了至关重要的作用。他和我一起带领团队,以仁爱为出发点,以心理学的共情理念为基础,以工作坊、绘本等工具为抓手,帮助教师学会倾听、理解和接纳学生,温暖学生的心灵,对灾后学生的心理疏导起到了极大的推动作用。

共情理念是人本主义心理学家卡尔·罗杰斯率先提出的。简单来说,共情就是换位思考和感同身受。共情,最初作为人本主义流派的重要理念被运用于心理咨询中(现在已被各流派心理咨询人士普遍采纳,是心理咨询师的基本素养),后来罗杰斯也将这一理念运用于教育教学、企业管理甚至国际冲突解决中,都取得了不错的效果,其中对教育的影响尤其大。人本主义教育思想,使得教育的重心从"教"转向了"育",从以教师或家长为中心转向了以学生或孩子为中心;尊重儿童的天性,信任他们积极成长的本性,通过营造温暖的关系,为儿童的健康成长培育优质的土壤。

据我所知,受为汶川地震灾后学生提供心理援助和系统学习人本主义心理咨询的影响和启发,新春从那时起就产生了将共情理念运用到普通学生和家庭的想法,并与哈佛大学、华东师大的专家一起成立了项目组,提出了共情陪伴的教育理念和培养体系,开启了儿童心理健康和社会情感能力促进的实践探索之路。这是一个功在当代、利在千秋的善举，因为随着国民经济的发展，民众对心理学的关注和需求越来越普遍。但他们需要的不是枯燥的理论，而是能够有效帮助他们的具体方法和工具；他们需要的不是一些引发焦虑的"心灵鸡汤"，而是能够真正帮助他们的科学又可行的具体指导。而新春及其团队的探索成果，真正做到了科学理论和应用实践的有机结合。

清晰记得 2016 年 7 月 10 日，北师大心理学院和北师大未来教育高精尖创新中心联合举办的"共情陪伴——幼儿心理健康与社会情感能力培养"课题研讨会在北师大召开。新春在大会上做了主题报告，探讨了如何将心理学的科学成果更深更好地运用于学前教育领域。当时，也正是我主持的"中国学生发展核心素养"项目收官之时。核心素养是对党和国家教育方针的细化和具体化，目的是落实立德树人根本任务。回归原点的反思与追问就是：我们到底需要培养怎样的人？如何培养？对于第一个问题，必须将党和国家的教育方针落到实处，以培养全面发展的人为核心，以增强学生的社会责任感、创新精神和实践能力为重点；对于第二个问题，新春作为"中国学生发展核心素养"项目的参与者和优秀的引领者与实践者，认为共情是必不可少的方法和桥梁。他提出的通过共情陪伴促进儿童心理社会能力发展的框架，如自我认知、情绪管理、人际沟通、社会适应，正对应着核心素养中最重要、最基础的"健康生活"部分，特别是重点提及的"具有安全意识与自我保护能力""养成健康文明的行为习惯和生活方式""具有积极的心理品质，自信自爱，坚韧乐观；有自制力，能调节和管理自己的情绪，具有抗挫折能力""能正确认识与评估自我""合理分配和使用时间与精力"等。

六年过去了，新春在共情陪伴的实践探索上越走越远，不仅研发了系统的活动课程，编写了可供亲子共读的绘本，还对成千上万的一线教师和家长进行了共情陪伴的相关培训和推广，让越来越多的中国家庭从中受益。难能可贵的是，他能够从家长和一线教育工作者的角度梳理自己多年的研究成果，将原本看不见摸不着的共情理念，提炼为"停、看、听、说、做"五大步骤，并对五大步骤进行了详细的拆解及运用指导。我相信，家长和教师只要有心，在任何场景下都能运用这"五字诀"，必将缓解教育孩子过程中的焦虑，体验欢乐和自信。

我认为这是一本应运而生的好书，能解家长和教师的"燃眉之急"。近年来，党和国家对心理健康教育和家庭教育越来越重视，各种法规和政策相继出台。特别是《中华人民共和国家庭教育促进法》自今年1月1日起正式实施，明确指出了父母或者其他监护人在促进未成年人全面健康成长方面应该承担的责任和义务。其中特别提到的一些方法如"亲自养育，加强亲子陪伴""尊重差异，根据年龄和个性特点进行科学引导""平等交流，予以尊重、理解和鼓励"，恰好与共情陪伴的目标和方法不谋而合。甚至可以说，共情陪伴为这些方法的落地给出了切实可行的操作步骤。

通读新春的新作后，我最强烈的感觉是新春将共情陪伴做成了家长和教师学得会、用得上的教育方法。他用科学研究的态度，做科学普及的事业，造福亿万家庭，令人感动。我相信，广大家长和教师都可以静下心来，通过阅读这本书，找到与孩子、与学生沟通的方式方法。愿我们都能"严在当严处，爱在细微中"，祝愿共情陪伴之光照耀每一个孩子的成长之路，助力中国儿童的健康成长和全面发展！

是为序。

林崇德

北京师范大学资深教授

中国心理学会原理事长

2022年9月28日于北京师范大学

序 二

孩子从出生到长大成人，是个漫长的过程。其间，每个家庭、每个教师甚至是学校和社区，在抚养或教育孩子时都会经历孩子成长的喜悦和烦恼，遇到困扰与矛盾。当今社会，在信息化、网络化、数字化的冲击下，家长们无时无刻不遭受有关养育孩子的不同观点的狂轰滥炸，以致陷入养育焦虑中无法自拔，甚至抓狂。

我从事发育行为儿科学工作近30年，诊疗过患各类心理障碍、行为障碍的儿童和青少年，无一例外，都伴有不同程度的情绪困扰，他们的家长同样在近乎崩溃的情绪状态中苦苦挣扎。我接触的无数案例表明，情绪与行为障碍儿童大多来自不幸的家庭。一些易感素质儿童，若生长在功能失调的家庭，家长不当的养育方式和理念,对儿童心理"异化",会起到雪上加霜的作用。家庭功能失调是指家庭内部一些剧烈的冲突矛盾、扭曲的情感模式、成员间无效的交流方式、父母行为异常等,可导致家庭关系长期异常或濒临崩溃。这些情况容易危害儿童的身心健康和成长发育,其不良影响甚至可贯穿一生。

儿童的行为问题,何以导致亲子双方产生冲突和彼此伤害,最后两败俱伤呢?抛开众说纷纭的生物与环境影响因素,还有一个最值得探讨的核心因素,就是亲子间的共情问题。临床观察发现,诸如患孤独症、注意缺陷多动障碍(ADHD)、品行障碍、学习障碍、抽动障碍、心境恶劣障碍及经历虐待的儿童,共情能力均存在不同程度的缺陷,以致他们在日常生活和人际交往中很难察觉和辨别他人的喜怒哀乐,更不大会表现同情、利他和助人的行为。一些来自功能失调家庭的孩子,共情能力同样有缺陷,他们往往过分自我、冷漠敌意、社交困难。这方面的科研文献,可谓浩如烟海,凿凿有据。

所谓共情,说得通俗点,就是指人与人之间产生感同身受的能力,亦可理解为"情商"。它涵盖了一个人对另一人心理活动的理解能力,包括读懂对方、同情、利他、助人、换位思考等。也就是说,体察和辨别对方的想法和情绪状态,形成双方相匹配的情感、情绪。从进化心理学角度来讲,父母对后代的无私牺牲,暗含了实现自身基因延续的目的,共情则是重要的保障之一。可以说，人类得以生存和发展，很大程度上归功于情绪对人类行为的影响，其中共情能力是关键。只有个体的共情能力得到好的发展，才能保障一个家庭乃至族群和社会群体的正常发展，否则便会"歧路亡羊"。

美国芝加哥大学神经生物学家吉恩·迪克蒂（Jean Decety）认为，共情并非人类所独有，但它具有深刻的进化、生化和神经学基础。良好而高级的共情能力及其表现形式，更与原生家庭里的亲子关系、父母的养育方式有着密切关系。其核心则是亲子间保持基本的情感交流、社会性依恋和父母关怀的相关机制。脑科学研究表明，人的共情能力的神经学基础包括脑干、杏仁核、下丘脑、基底神经节、岛叶和眶额皮质等（Decety, 2013）。这些区域恰恰是人们的情绪中枢。情绪左右着我们应对压力的能力，影响着我们的人际关系及其质量。

儿童的情绪管理能力，也恰恰来自家庭教育并受其影响，如父母的养育态度、理念与技巧，以及早期母子依恋的质量等。依恋剥夺或遭受忽视的儿童，成长中出现各种身心障碍的可能性极大。他们成年后的恋爱婚姻危机、社会适应不良、就业困难、不良嗜好等问题，也与其早年的不良家庭环境和父母不当养育方式有着密切关系。这意味着，儿童情商或共情能力的培养，有赖于父母的共情陪伴。而父母的共情陪伴能力并非与生俱来的，父母需要接受有效的培训和学习，方可理解和掌握,运用自如。

教育实践表明,共情陪伴确实有助于儿童心理健康的发展,提升他们的社会化能力,如察觉和理解他人的观点、学会反思自己的感受、预测并帮助有需要的人,其情商自然也会因此得到提升。

多年前,北京师范大学的伍新春教授及其团队搭建了一个教育平台,旨在通过以共情陪伴为核心的教育模式,为广大家长和教师提供专业培训,将共情理念应用于实践,获得极佳效果,惠及全国3000多所学校、近10万家庭。其多种形式的培养策略,使得养育者理解并掌握了共情陪伴理念,化解了养育焦虑,为孩子健康成长提供了科学、可操作的共情陪伴策略与方法,同时家庭成员实现了共同成长。

伍教授在这本书中,生动地结合很多实际案例,剖析了家庭问题的根源,深入浅出地介绍了解决策略与路径,使读者对共情陪伴的理论与实践能有较为全面的把握。比如,基于人本主义心理学的共情陪伴核心理论及基本原则,能够帮助家长理解孩子深层次的心理需求。更重要的是,读者可系统掌握共情陪伴的方法与层次,与家庭成员特别是孩子实现高质量、有效的共情陪伴。

我相信,共情陪伴能够极大修复童年期的创伤,亦能够未雨绸缪,一开始就让孩子接受良好的情感教育,培养出必不可少的情绪调节能力。

我相信,广大家长通过阅读这本书,可学习并掌握共情陪伴的基本方式方法。

我相信,若将共情陪伴理念推广开来,必将惠及更多家庭。

静进

中山大学教授

2022 年 9 月 15 日于广州

前　言

"我女儿现在读高二了，和我们关系不是十分融洽。我和孩子的爸爸觉得她叛逆，孩子觉得我们不理解她。每天回到家，她都把自己关在房间里，除非不得已，从不和我们多说一句话。新闻里经常看到高中生自杀、网上被骗的事件，我很担心女儿。"

"伍老师，谢谢您，感谢您共情陪伴的理念。这几天，我和女儿关系缓和了很多。转机是她特别想去看的一个演唱会取消了，我按照共情的方法与她沟通，我问她是不是感到很失望。她诧异于我居然愿意了解她的心情，随后向我解释了她为什么喜欢这个明星。虽然我仍然不太明白她喜欢的价值是什么，但我在试着理解和接纳，不像过去那样只是批评她不务正业。从那以后，我能感觉到，每天回到家后，她愿意花更多的时间和我们一起交流。今天还主动约我周末一起逛街。这在过去，是我从来不敢想的事情。一切都在慢慢变好。再次感谢您！"

这是一位高二学生的妈妈发给我的信息，我一直记忆犹新。分享这个案例，不是想炫耀我的"功绩"，而是分享一名心理学工作者时常体验到的感动。在30多年前报考北京师范大学心理学专业时，我的初衷是通过学习心理学，更好地了解学生的心理，从而帮助他们更好地学习。在那个年代，心理学并没有受到大众的关注。但随着社会的发展，心理健康已经成为一个全民性的话题，国家层面也越来越重视，相关政策法规相继出台，大众对心理健康的重视程度也越来越高。

心理学之所以成为最热门的学科之一，与当今社会心理问题频发有关。从成人到大学生，大学生到高中生，高中生到小学生，小学生再到学龄前儿童，心理问题呈现出爆发频繁和低龄化趋势。另外一个原因是人们逐渐意识到，掌握一些心理学知识，能够更好地服务我们的工作、学习、生活的方方面面。比如，设计一款好的产品，需要懂得用户的心理；应对人生中不同阶段的发展危机，从而更好地了解自我、与自己和平共处，也需要懂点心理学；特别是作为父母，为了更好地应对育儿路上的各种挑战，能够与孩子一起成长，更需要懂得孩子的心理。

作为父母，如果能够懂一些发展心理学和教育心理学知识，具备一套与孩子科学沟通的方法，建立亲密的亲子关系，就能更从容地面对育儿路上的种种挑战。此外，应对孩子"叛逆期"出现的问题时，可以更加游刃有余，也更有可能培养出拥有幸福感的孩子，而父母的价值感和成就感也会更高。

目前的问题是，多数发展和教育心理学书主要面向专业工作者，普通家长读起来晦涩难懂。而一些优秀的育儿书，虽然有理念和方法的分享，但对于不具备专业知识的家长而言，阅读之后可能会陷入知其然而不知其所以然的困境，或者难以将作者的方法运用到自己的孩子身上。

1996年9月到1997年1月，我在美国伊利诺伊大学厄巴纳-香槟分校（UIUC）阅读研究中心做访问学者，其间有幸系统地学习了人本主义心理学宗师卡尔·罗杰斯的理论，在了解了这位心理学家后，被其学术成就和人格魅力深深吸引，特别是其对共情的探索和运用，与我原来对人际关系的理解不谋而合。2000年3月到2021年7月，我开始系统接受人本主义心理咨询的训练，并有幸成为林孟平先生（师从卡尔·罗杰斯的学生帕德森教授）在北京师范大学博士班的学生，深刻领略到人本主义心理学的魅力，坚定了我弘扬和实践这一理论和思想的决心。2008年5月汶川地震后，我积极投身震区灾后心理重建项目，尝试应用人本主义心理学共情陪伴的理念和方法，通过绘本等工具，帮助灾区的儿童进行心理重建。我们持续多年追踪和跟进这项心理援助的成效，事实表明效果非常好。也是在 2008 年这一年，我与哈佛大学凯瑟琳·斯诺教授、华东师范大学周兢教授共同成立"共情陪伴"国际合作项目，探索共情理念的应用，以系统培养与提升儿童心理健康和社会情感能力。

至今，"共情陪伴"国际合作项目已经走过了 14 个年头。我和团队一起探索并提出了"心力理论模型"，开发了面向学校的课程，编写可供亲子阅读的绘本，开办了面向专业工作者和家长的线下、线上工作坊。共情陪伴的方法已经在学校、家庭、社区广泛开展实践，全国已经有超过 3000 所学校的教师、近 10 万幼儿及其家庭，因共情陪伴而变得更温暖。通过线上和线下的培训，我们培养出了 4000 余名共情陪伴儿童心智（KASEL）成长指导师。其中，有心理咨询师，有儿童教育工作者，也有普通家长。我们在一起，努力探索，运用共情陪伴的理念和方法，帮助更多的家庭和孩子。

10 万这个数字，单独听起来很大，但与全国 2 亿 5338 万儿童人数（0—14 岁人口数量，来自第七次全国人口普查数据）相比，所占比例确实很低。每一位家长都需要学习共情陪伴，他们也想要学习共情的方法（虽然他们可能暂时还不知道这个方法叫共情）。

2021年11月，我和项目组同人一起开展的"通过共情陪伴提升儿童心理健康和社会情感能力的实践研究"项目，获得北京师范大学基础教育教学成果一等奖（2022年6月，该项目又获得了北京市基础教育教学成果二等奖）。这既是对我们过去工作的肯定，也为我们服务和帮助更多的家长增添了信心和决心。机缘巧合的是，也是在2021年11月，中信出版社陈晖老师向我约稿，希望我们能出一本面向普通家长的介绍共情陪伴理念和方法的书。所有这一切，似乎水到渠成。于是，《最爱不过我懂你——父母共情陪伴手册》应运而生。

毋庸置疑，大部分父母都是爱孩子的，而且十分爱孩子，为了孩子愿意付出自己的一切。但当父母不懂孩子时，他们深厚的爱却变成了套在亲子关系上的枷锁，成为孩子前行的阻力，甚至成为孩子产生心理和行为问题的根源。诗人纪伯伦曾说："你的儿女，其实不是你的儿女，他们是生命对于自身渴望而诞生的孩子。他们借助你来到这世界，却非因你而来，他们在你身旁，却并不属于你。"人本主义心理学家马斯洛在其著名的需要层次理论中提出：我们每个人，都有自我实现的需求和可能；每个人，都渴望成为他自己，最好的自己。孩子也不例外。作为父母，我们要做的，就是理解他、接纳他、支持他，让孩子成为他自己。这才是最好的爱，孩子最渴望的爱。

虽然这是一本定位为帮助父母读懂孩子的书，但因为共情在我们生活中无处不在，因此不管您是即将或已经为人父母，还是一名儿童教育工作者，或者只是对共情陪伴感兴趣，阅读此书，您都会有以下收获：

第一，了解为人父母焦虑的根源，接纳和缓解自己的焦虑情绪。

第二，全面了解基于人本主义心理学的共情陪伴的核心理论及基本原则，从根源上明晰如何透过孩子的行为看到他的心理需求。

第三，系统掌握共情陪伴的方法和层次，从"停、看、听、说、做"五个步骤，结合自己生活中的养育问题，真正做到共情陪伴。

第四，探析实践共情陪伴中的常见误区及原因，通过借鉴全国万千家长的经验，避免在实施过程中"踩坑"，实现高效率的共情陪伴。

第五，能够更好地觉察自己的需要，做到与他人共情的同时，也能与自己共情，实现个人成长。

这是我第一部真正面向大众的心理学书，也是我投入时间和精力较多的一本书。相较于撰写学术著作和高校教材时的"轻车熟路"，我需要时刻谨记：让读者"想要看""看得懂""能学会""不跑偏"几个基本原则，在保证内容科学严谨的基础上，必须符合家长们的阅读习惯和阅读兴趣。所幸的是，以下几个方面增强了我的信心：

第一，本书介绍的共情陪伴的核心理念和方法，已经在全国 3000 多所学校和近 10 万家庭实践过，是被验证可行的理念和方法。

第二，本书所有的案例，都来源于家长的真实提问和反馈，相信能够引起大家的共鸣。也许大家在相视一笑中，就能体会到共情陪伴的精髓。

第三，本书解答了大家对共情陪伴的常见疑问，这也是我在 10 多年的实践中所提炼的家长常见误区，能够帮助大家更全面地理解共情。

第四，本书得到了各个领域朋友的鼎力相助，有我项目组的同事，有共情陪伴课程的暖心学员，有热心试读和真诚反馈的家长读者，有出版社经验丰富的编辑，也有我想象中正与我对话、阅读此书的你。这本书，是我们共同努力的成果，谢谢大家。

最后，感谢我们的相遇，期待您和我一起开启共情之旅。

第一部分

共情陪伴为何重要

第一章
每一位父母，
都曾迷惘焦虑过

焦虑——当今父母的共有情绪

在一次座谈会上，有一位老师问我："作为给无数家庭做过讲座和培训的专家，您怎么看当下的家长所遇到的问题，他们有哪些共同特点？""焦虑"是我对这一问题的直觉回应。

一个非常明显的对比：在2010年之前，我们到学校做家庭教育讲座时，到场的家长寥寥无几。现在的情形是，几乎场场爆满。特别是最后的答疑环节，家长们经常里三层外三层地围着我，他们的问题从"孩子不爱吃青菜""孩子不敢一个人睡"到"孩子不爱写作业""孩子注意力不集中"等，涵盖孩子的生活习惯、学习品质和性格特点的各个方面。

前不久，一位朋友的亲戚辗转找到我，因为她九个月大的女儿的发展水平测试有一项"不合格"。这个月龄的孩子平时在吃小馒头的时候，大多数用两个手指头把小馒头拿起来，但她的女儿依然用三个手指头，测评结果给出孩子精细动作发展缓慢的结论。家长在家中训练了孩子半个月，依然没有效果，十分焦虑。我并不专攻儿童发育行为专业，这位家长找到我，可能与这些年儿童发展与教育心理学得到重视有关系，也与她实在太焦虑有关系，她有点儿"病急乱投医"。

可能有一些读者读到这里，会对这个案例嗤之以鼻，觉得这位家长太"教条化"，自己绝不会这么"神神叨叨"。其实不然，焦虑是一种非常主观的情绪感受，引发我们焦虑的因素也多种多样。有的父母为孩子的身高体重发愁，有的父母为孩子的学业着急，有的父母则为孩子的情绪或社交能力忧心……只是一些父母逢人就唠叨，另一些则暗藏于心、暗中使劲。

焦虑，已经是当今父母的集体情绪。

哪些因素引发了育儿焦虑

焦虑，源于对孩子的爱

家长们每次急切地诉说关于孩子的各种问题时，我都安静地听他们说完，哪怕在我看来，孩子的情况其实还算不错，或者从一个旁观者的角度分析，家长的方法明显是错误的。有时候团队里面的年轻老师会急着打断焦躁不安的妈妈，马上给她一个看似正确的建议，认为这样效率更高。但其实这是治标不治本的做法，因为，我们很难通过家长的描述来判断孩子的某个"问题"是真问题还是假问题。即使是真问题，引发这个问题的因素也非常复杂，需要从孩子的气质类型、年龄特点、家长养育方式、家庭环境以及文化氛围等方面综合分析。直接给家长一个"处方"，很难奏效。

松露和妈妈的故事，很好地教会了我们这一点。

幼儿园老师总是说我家松露很调皮、爱捣乱、喜欢抢别人东西，小朋友都不喜欢和他坐一起。我家孩子我知道，就是脾气急一些，本性并不坏。我也和松露说过很多次：有话好好说，动嘴别动手。他就是不听。上个月，我特意为他报了一个围棋班，希望他能安静点。结果他不爱去，我很生气，把他揍了一顿。他爷爷奶奶还给我脸色，觉得我对孩子太凶了，他们就知道宠孩子，一点都不为孩子将来着想。孩子的爸爸啥也不管。也是，被老师批评的不是他们……

这是松露妈妈的表述。

松露妈妈的这段表述其实很杂乱，但仔细去感受，我们能够发现她的情绪非常复杂。有对孩子被老师和同学否定的委屈，有对孩子"不听话"的愤怒，有对孩子爷爷奶奶"拖后腿"的生气，有对孩子爸爸"不参与"的失望，有对问题的焦虑……更有对孩子深深的爱。如果我站在专家的立场，马上告诉她，"你怎么能打孩子呢？这样会破坏你们的亲子关系，这个年龄段的孩子还处于形象思维阶段，你给他讲道理，他当然听不懂"，松露妈妈可能会说，"我也知道这么做不对，那我到底该怎么办？"专家的说教只会加深她的无力感和挫败感。

我把我感受到的情绪告诉了她："你这么焦虑，我特别能理解，都是因为爱孩子，希望他好。"松露妈妈眼眶红了。当我告诉她，如果我是她，也会和她一样焦虑，不见得比她处理得更好时，她放松了很多。她告诉我，其实松露真的很可爱，她作为妈妈有时候也觉得发脾气不好，需要控制住自己。说着说着，她似乎自己找到了方法，然后不好意思地对我们笑笑，说回去再和孩子好好聊一聊。

这里我想对所有的家长说，过度焦虑当然不是好事，可是，焦虑的根源，是我们对孩子深深的爱。为什么在一个家庭中，往往妈妈最焦虑？根源可能是妈妈对孩子的爱最细腻、最深沉。我并不是说，其他人没那么焦虑是因为不爱孩子，只是妈妈天然与孩子有最亲近的联结，她最有可能把全身心的爱都给到孩子。当现实有一些不如意时，大部分妈妈会不由自主地产生焦虑情绪，好像看到了孩子未来不幸福的模样，也会不由自主地自责，怀疑自己做得不够好。出于本能，她会尝试各种她认为有用的办法。

我们如果看不到这份爱，告诉她这里不对、那里错了，只会加深她的焦虑和无助；我们如果看到了这份浓浓的爱，与她共情，让她放下对自己的过高期待和要求，不要强求自己做一个"满分妈妈"，则有可能帮助她冷静下来，修正她爱孩子的本能和信心。当她的情绪稳定了，她自然会去探索更有效、更适合她和孩子的方法。

焦虑，源于害怕失控

因为爱孩子，所以想给孩子最好的未来。可我们并不知道最好的未来是怎样的，所以只能按照自己过往的经验或可想象的将来去描绘。

下面这段对话，是一位妈妈和项目组李老师的对话。

妈妈：我女儿很不听话，怎么办？

李老师：你能具体说一说吗？

妈妈：比如我让她睡觉，她不答应；让她穿衣服，也非要和我对着干……

李老师：你希望女儿能够按照你的要求和标准去做事。

妈妈：对！

李老师：那你希望女儿在外面是听话还是不听话呢？

妈妈：在家听我的话，在外面要有主见。我是她妈妈，不会害她。

李老师：嗯，理解。那我们假设三个问题。第一，你能确保自己活得可以和女儿一样久，也就是说，你能够一直给孩子建议吗？

妈妈：（愣了一下）不能。

李老师：第二，你能确保她能很好地区分家里的事和外面的事，知道在和外人相处时，要有主见吗？

妈妈：有点难，她是个"窝里横"，在外面胆子小。

李老师：第三，你能确保你给她的所有建议都是正确的吗？

妈妈：不能。但我会尽我所能，我不会害她。

是的，我们不会害孩子，甚至倾出所有想给孩子最好的安排，但这其实是在试图控制孩子。"这个孩子挺乖的""那个孩子不听话"，是我们最常见的评价孩子的话。孩子如果听父母的话，那隐约是一件让父母自豪和光彩的事情；孩子如果有主见、不听话，父母则会陷入焦躁之中。孩子听话，很多亲子关系中的"权力之争"就会减少，父母是绝对的领导者，意味着孩子在父母认为的最佳路线上前行，父母对孩子的未来相对确定；孩子不听话，父母就会感觉处于失控状态。

如果放在几千年前的农业社会，这也许还算可行，父辈的务农经验可传给后代，避免子孙辈走弯路。但在今天这个信息化时代，父母的经验可能并不能给孩子多少有效指导。农业时代讲究体力，对大多数中国人来说，读书无用论至上，身强力壮能干活最重要。工业时代看重智力，知识技能至上，"学好数理化，走遍天下都不怕"，大部分出生于20世纪70年代至90年代初的父母成长在这个阶段。但今天我们发现，随着人工智能的普及，很多工作都将被机器人取代，可能唯有需要与人有情感交互的工作除外。在信息化时代，核心竞争力将是"心力"（心理社会能力的简称），不再片面依赖知识和技能。父母如果还是将自己的认知禁锢在"学习好，一切都好"的框架里，用自己有限的经验束缚孩子无限的未来，必将陷入困境。

在这里分享一个我父亲、我、我儿子三代人之间的故事。在20世纪80年代，我的高考成绩总分很高，特别是化学成绩名列湖南省前茅。所有老师都劝我报考北京大学化学系，但是我对教育事业一直有着无限热情和憧憬，所以坚持报考北京师范大学心理学系。在那个年代，心理学极其冷门，人们一度以为心理学就是"算命"。我的父亲却十分尊重和支持我的选择。时至今日，我依然特别感谢我父亲，是父亲允许我"不听话"，我才得以在自己喜欢的学科和领域探索。但当我自己做父亲后，即使我拥有心理学工作者的专业经验，在面对儿子的专业选择时，我也没能做到完全放手。

很多人会认为教授的儿子应该是学霸，起码是优等生。我也希望我儿子能够子承父业，教书育人或者潜心于科学研究。但我儿子从小就不太喜欢背诵和做题，成绩属于中等，对学科类课外辅导班相当抵触，到初中时也不太明确自己真正喜欢什么。直到高一的某一天，他兴致勃勃地说自己热爱摄影，要去国外的艺术院校深造。刚开始我并没太在意，毕竟在我的认知里，我们一家人似乎都没有什么艺术天赋，我不认为他可以坚持很久。直到他一本正经地自己联系辅导班、拍摄作品、给各个大学发送自荐信时，我和孩子的妈妈才开始重视，马上联系北师大职业生涯规划领域的同事，希望他们可以帮助孩子分清"爱好"和"专业"，早日回归"正途"。但是，孩子并没有被说服，反而用一句话让我冷静下来："爸爸，你还记得你自己选择心理学专业的故事吗？"最后，他拿到了国外 10 所大学的录取通知书，其中好几所是排名靠前且愿意为他提供奖学金的优秀学校。但他按照自己的意愿，选择了一所没有奖学金、排名也没那么靠前，但教学风格和办学特色更适合自己的学校。这一次，我没有焦虑，也没有插手，孩子的路，需要他自己去走。

父母如果过于自以为是，要求孩子按照自己规划好的路线行事，过于严格控制孩子，可能并不会达到理想的效果，因为从小生活在瞬息万变的环境里的孩子，或许比我们更知道如何应对不确定的将来。所以，是时候去相信孩子，让他们自己做决定，并为此承担结果了。要知道，人类历史的每一次进步，几乎都是因为后代的"不听话"。

焦虑，源于信息过剩

为了不让孩子"输在起跑线上"，家长们积极学习各种育儿知识。比如购买一本又一本的育儿书，订阅自媒体的公众号，参加线上和线下的学习讲座，拼命吸收"先进流派"的理论和知识，只为让自己在育儿路上少"踩坑"、不落后。尤其在为孩子选择学校时，家长有各自的理念。在一次线下工作坊课间休息的时间，我听到几位妈妈在激烈地讨论如何为孩子选择幼儿园：

A妈妈：我们家附近有一所某氏幼儿园，原来收费特别贵，这些年竞争太激烈，便宜一些了。

B妈妈：可别去某氏幼儿园了，我家老大上的某氏，后来到了小学一点都不适应。我还听小学老师说，某氏幼儿园的孩子，以自我为中心，普遍缺少纪律意识，很难适应公立小学。

A妈妈：你们听说过"某某生态幼儿园"吗？听说是芬兰的教育理念，让孩子真正享受童年，从"吃、睡、玩"中学习和成长。这个理念也很好，就是位置有些偏。

看到我走过来，她们充满期盼地问："伍老师，您推荐什么幼儿园啊？"

这个问题还真难住我了。从本质上说，她们提到的几个幼儿园所提倡的理念，都非常好。但是，一个家庭能够为孩子选择幼儿园付出多大的成本，目标学校是否能够将其提倡的理念真正落实，其他人并不能给予保证，这取决于家长的智慧和选择。我想了想回答："适合你们家和孩子的幼儿园，就是好幼儿园。"

在信息过剩的今天，许多机构正在贩卖各种焦虑，很容易让原本就焦虑的父母迷失心智。今天刚因为和孩子打成一片而沾沾自喜，明天又因为看到"不会立威的父母，教不出有规矩的孩子"而后悔和反思；今天刚对孩子说了"你好棒"，明天又看到"有毒夸奖,正在毁掉孩子的未来"。家长一直在时而被动时而主动地获取各种教养子女的方法和信息,却忘记沉下心来思考:我了解我的孩子吗?哪种方式更适合他?

焦虑,源于不懂孩子的需求

"一切为了孩子,为了孩子的一切",这是大多数家长指导自己行为的首要法则。在这"至高无上"的行动准则下,家长可以无怨无悔地牺牲很多东西,包括家庭财富、个人爱好、事业发展。但有时候,这样牺牲的结果,不仅没有令人满意的反馈,反而是"一地鸡毛",家庭关系处于紧张的状态。

大约6年前,朋友一家四口(孩子妈妈、爸爸、姥姥、姥爷)来找我咨询。孩子姥姥姥爷是国有单位退休干部,爸爸妈妈是金融精英。妈妈工作非常繁忙,但依然坚持每天中午回家,用半个小时的时间给一岁半的女儿做英语启蒙,指着英语卡片一遍一遍地教女儿朗读。刚开始女儿比较纠结,每到中午,就表现得很焦虑,一方面期待妈妈回家陪伴自己,另一方面恐惧和妈妈一起读英语。慢慢地,恐惧战胜了期待,女儿看到妈妈回家就躲在屋子里不出来。姥姥姥爷很心疼外孙女。

这种情况下,表面上看妈妈是为孩子好,却没有真正读懂孩子的需求。对于0—3岁的孩子而言,父母除了要及时满足他们的生理需求，还需要满足其情感需求，帮助他们建立起对世界的信任感。让他们觉得这个世界温暖又安全，从而愿意去探索周围的事物，能够充分发挥自己的主观能动性，体验到自我的存在感。

在了解了孩子的真正需求之后，这位妈妈把陪伴孩子放在第一位，偶尔一起玩游戏的时候说一些简单的英语，她与孩子的关系越来越亲密了。令她惊喜的是，孩子不仅每天都很期待她回家，还会蹦出几个英语单词。

如果不能读懂孩子的心理需求，家长就不能与孩子同频共振。这样通常会引发或加剧孩子的问题行为，也会加深家长的焦虑情绪。

过度焦虑让我们迷失

作为家长，保持适度的焦虑，能够更好地关注孩子，组织和整合相关资源，提高教养的效率。但是，如果长期处于过度焦虑的状态，则有可能带来很多弊端。

过度焦虑，塑造了孩子的问题行为

焦虑感过高的父母，认为孩子不能自己解决成长中的难题，也认为自己不能很好地帮助孩子。

在过度焦虑情绪的影响下，父母会不自觉地放大孩子的问题，认为当下的问题会严重影响孩子将来的发展，必须马上着手解决。但如果在使用某个方法几天后，看不到明显效果，家长又会怀疑这个方法的科学性，于是开始找寻新的方法。

丁丁，幼儿园大班在读，幼儿园老师反馈丁丁好动、总是坐不住。丁丁妈妈感到很焦虑，"注意力不集中""多动症"成为她在网络上搜索的高频词汇，网络自动推荐给她一些自媒体视频，让她感觉自己家孩子十分符合视频中描述的各种症状。她忍不住带孩子去儿童医院做了相关测评，诊断结果并不是多动症。但是，丁丁妈妈并没有因此松一口气，不管是在培训班，还是在公园里，她都会不由自主地拿丁丁和其他孩子做比较，总觉得丁丁注意力不够集中，他怎么能适应小学生活呢？"注意力不集中—学习成绩不好—被老师批评—孩子不自信—同学关系恶劣—孩子厌学"，丁丁妈妈似乎看到了孩子小学、初中落寞的样子。

培养丁丁的注意力成为她的首要任务，她给丁丁报了各种培训班：围棋班和书法班，能够帮助孩子静心；跆拳道班，能够帮助孩子强身健体；辅导班，能够帮助孩子提高学习能力。在如此大的压力下，丁丁表现出明显的焦虑情绪和行为，上课时小动作更加多了。他们再次去医院就诊，结果被诊断为"抽动症"。丁丁妈妈说:"我就说这孩子注意力有问题,现在,我真没办法了,听说某某机构有专门培养专注力的课程,准备送孩子过去试试。"

正如没有完美的父母一样,也不会有完美的孩子,孩子总是在不断试错中成长。有些问题是阶段性的,甚至是某一阶段的特点,孩子因为这些所谓的问题而变得可爱;也许有些问题是长期性的,就是孩子成长中的一部分,比如"粗心""胆小"等。但不管是阶段性的还是长期性的,这些问题都不是成长的主旋律,不会妨碍孩子向着积极的方向发展和进步。如同一棵树,有又粗又壮的枝丫,也有细弱的分支,如果园丁一心想把不完美的那部分砍掉,树木将会变得奇形怪状,甚至弱不禁风。

父母过于焦虑,只聚焦在孩子的问题本身,而失去了发现问题本质的能力,就会给孩子带来极大的压力。孩子感受到来自父母的不信任和焦虑,想反抗却又没有力量,甚至承认父母给自己贴上的标签,最终变成了符合标签的模样。

上述案例中的丁丁,课外时间被妈妈安排得满满当当,一点自主时间也没有。他不想去参加这些毫无吸引力的课程,却没有办法拒绝。在课堂上,他非常煎熬,只能通过不由自主地咳嗽、用脚踢凳子等方法来缓解自己的焦虑和不安,而这些行为又让父母和老师认为他"注意力不集中"。慢慢地,他也开始用这些词语来评价自己,甚至还会因为这些行为获得了老师和家长的关注而沾沾自喜。

过度焦虑,削弱了孩子的安全感

父母一旦处于高度焦虑中,必然会将焦虑传递给孩子。大一点的孩子,会通过"问题行为"表现出来,如上面案例中提到的丁丁;年龄小的孩子,则可能表现为对妈妈十分依赖。

杨女士是一位全职妈妈,女儿豆豆两岁。杨女士说,豆豆的安全感很差,妈妈哪怕是离开几分钟,她也会哭得歇斯底里。换衣服、吃饭、洗澡这些事情,都只能由妈妈帮忙。杨女士十分辛苦,不知道为什么孩子这么依赖她,担心孩子以后上幼儿园会非常困难,正考虑把孩子送半日托班提前适应。

这样的例子并不少见。在解决孩子的问题之前,我们建议妈妈向身边的人或专业人士寻求帮助,先解决自己的情绪问题。不可否认,如果没有家人足够的支持和强大的内心,全职妈妈承受的情绪压力要比职场妈妈更大。全职妈妈 24 小时无休,每天面对孩子的吃喝拉撒,与丈夫交流的话题也是围绕孩子,很难有属于个人的时间,同时还陷入个人发展的焦虑中。这些焦虑情绪只要存在,就会不自觉地流露出来,如突然变得对孩子不耐烦、大声斥责孩子等。孩子天性敏感,她可能不知道妈妈情绪不稳定的原因，却可以很清晰地感受到，她会用自己的方式去回应。她要求时刻与妈妈待在一起，不断验证妈妈并没有厌烦自己，妈妈依然爱自己。而孩子的这些"黏人"行为，又加深了妈妈的烦躁和焦虑。

杨女士觉察并反思了自己情绪产生的根源，积极向心理咨询师寻求专业帮助，向家里人袒露自己的压力和期待。在和豆豆相处时，她更加全情投入，也更加坦然。可喜的变化发生了，豆豆的安全感提升了，虽然还是与妈妈最亲近，但也愿意和爸爸出去玩一会儿。正所谓妈妈平和，孩子更有安全感。

虽然此处是用全职妈妈和小宝宝来举例说明，但并不是说职场妈妈没有压力，不会产生焦虑，也并不是说妈妈的焦虑对大一点孩子的安全感没有影响。对大点的孩子而言，妈妈更容易焦虑其学习习惯、情绪管理等问题，总认为孩子表现得不够优秀，总是抓住孩子的问题行为上纲上线，对孩子进行各种批评和指责。尽管孩子已经长大，但如果总是被最亲近的人不断挑剔，他自然会开始怀疑家长对自己的爱，从而影响他接纳自己，还会导致安全感丧失。

如何才能解决这个问题呢？唯有从父母接纳和调节自己的焦虑情绪开始。到底是孩子的问题引发了我们的焦虑，还是我们的焦虑加重了孩子的问题，需要家长自己去体验和思考。照顾好自己的情绪，才能更好地读懂和接纳孩子，和孩子一起面对成长中的各种问题，与孩子共同成长，而不是陷入焦虑的泥潭不能自拔。

过度焦虑，导致亲子关系紧张

父母过度焦虑时，不仅会削弱孩子的安全感，也必然会影响到亲子关系，甚至危害孩子的身体和心理健康。

从小风上小学一年级开始，他的妈妈便辞职在家，专门照顾他的生活起居以及辅导他的学习。妈妈经常对小风说："可别小看小学阶段，这是最重要的时期，如果能够把学习习惯培养好，成绩提上去，你就会越来越自信。"

小风的妈妈从网上搜集各种关于小升初的信息，琢磨如何才能让孩子顺利考入重点中学。每天放学后，她接到小风后的对话通常是这样的——"今天都学什么了？""今天有小测验吗？你考了多少分？""最高分多少？"回到家后，让小风赶紧先吃一点她提前准备好的点心，然后开始完成老师布置的家庭作业，再继续完成她额外布置的语文、数学、英语卷子。

小风妈妈说，每天最能牵动她喜怒哀乐的，便是小风的成绩。在她如此高密度的陪练下，一、二年级时，小风稳居班级第一名。小风妈妈心中甚喜，随即又焦虑起来，因为她听说到了三、四年级，很多男生会"开窍"，自己的儿子不过是比别人"提前一步",要保持稳定的成绩还得继续努力,甚至要学会"提防"他人逆袭。

小风妈妈暗中加大小风的训练量,并明确告诉小风,不要和其他小朋友交流自己课外班的学习情况,就说自己每天都是瞎玩。小风对此似懂非懂。

四年级上学期的时候,在一次数学测验中,小风出现了很多错误。他连续三次都没有考好。妈妈看着画满红叉的卷子,气得打了小风一耳光。过了一个多月,班主任和小风妈妈反馈,小风可能存在轻度自残行为,他用铅笔等划自己的手和胳膊。

小风的妈妈惊呆了。小风一直"听话地"完成布置给他的作业,虽然和父母的沟通越来越少,但她没意识到是亲子关系出了问题,以为是孩子长大了的原因。

班主任和学校心理辅导中心的老师对小风进行积极干预和引导。小风在进行沙盘游戏时,用一根枯萎的树枝形容自己,在隔着树枝很远的地方,有一座小山坡,在山坡的后面,有一口水井,但去水井的路,是一条杂草丛生的路。

小风和班主任说,在家里,妈妈只会和自己聊学习相关的话题,只要自己稍有退步,她就着急得睡不着,在生活上给自己更多的照顾,同时增加练习题。他很想和同学们一起玩儿,但害怕大家嘲笑他现在不是第一名了,也担心因为自己曾经瞒着同学上课外班、对同学冷漠等事情而被大家记恨。在家中和父母关系疏离，在学校和同学关系紧张，巨大的压力向小风笼罩而来，压得他喘不过气，只有在使劲地拧自己、划自己胳膊的时候才感觉舒服一些。

在学校老师的努力下，小风妈妈逐渐意识到自己的焦虑情绪给孩子带来的影响。望着孩子日渐憔悴的小脸，她深刻地领悟到：自己做那么多，只是为了让孩子有一个幸福快乐的人生；如果过度焦虑让孩子在本该快乐、温暖的童年都不幸福，在遇到困难的时候甚至都不敢向妈妈爸爸倾诉，那自己一厢情愿的努力可能本来就是一个错误。

亲子关系的恶化不是某个事件的结果，而是亲子互动长时间处于某种消极模式下的结果。父母如果过度焦虑，孩子不仅会因焦虑而无所适从，还会被父母因过度焦虑而产生的行为深深伤害。

美国心理学家戴安娜·鲍姆林德按照父母对孩子的情感接受和回应度、父母对孩子的行为要求和控制度这两个维度，将家庭教养方式分为四类（见图1.1）：专制型、忽视型、溺爱型、权威型。研究结果表明，当父母教养方式为权威型时，孩子发展水平最高，亲子关系也更健康。这类父母对孩子表现为"理性、严格、民主、耐心和关爱"，而孩子对父母表现为既尊敬又喜爱。

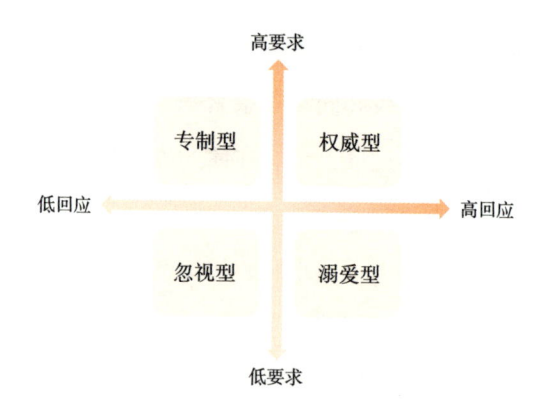

```
              高要求
               ↑
               |
     专制型    |    权威型
               |
低回应 ────────┼──────── 高回应
               |
     忽视型    |    溺爱型
               |
               ↓
              低要求
```

图 1.1　家庭教养方式的四种类型

父母如果过度焦虑，则可能在情感回应和行为要求上表现得不好。他们容易只关注细节问题，因害怕失控而进入"高要求、低回应"的误区，也容易因为过度担心而宠溺孩子，进入"低要求、高回应"的误区。在育儿方式上，则会表现为"批评""指责""打骂""讲条件""恐吓""宠溺"。这些只会让孩子感到压抑和不被理解，很难对父母产生信任感和尊敬感，导致亲子关系紧张。孩子慢慢长大，和父母的心理距离也会越来越远，亲子沟通变得更加困难。

至此，我们简单介绍了家长产生焦虑的原因，也描述了过度焦虑带来的危害。一个家庭里长期弥漫着过度焦虑的氛围，会让每个人都心烦意乱，导致家庭成员关系紧张，甚至关系破裂。

那么，如何帮助家长有效缓解焦虑呢？要解决这个问题，需回归问题的本质。我们的爱，是为了让孩子更幸福。如果有人告诉我们，并能让我们相信，只要这样做，孩子将来一定有创造幸福的能力，那么，我们的焦虑指数一定会降低。

共情陪伴就是解决问题的答案。那什么是共情陪伴？共情陪伴跟其他教养方式有什么区别？为什么它能够缓解家长的压力，提升孩子的幸福感呢？从下一章开始，我将一一为你揭晓。

> **父母共情陪伴能力提升练习：**
>
> 在大多数情况下，你的育儿焦虑处于什么水平（假设从0到10分进行评级）？主要焦虑来源于哪些方面？你的焦虑是否影响了亲子关系或家庭关系？
>
> 带着这样的觉察，你会不由自主地明晰焦虑产生的根源，并能在厘清焦虑的过程中学会接纳自己和孩子，从而缓解焦虑。如果不能也不要着急，试着继续阅读本书内容，或许会有所帮助。
>
> 对照图1.1，简单评估自己在哪种教养方式下长大，对自己有哪些影响。作为父母，在教养孩子的过

程中，又是以哪种教养方式为主呢？

　　需要注意的是，此处并不是希望大家通过测评给自己贴标签，或者为行为找原因，而是希望通过这样的练习，大家能够更好地接纳自己和孩子，与孩子共同成长。

　　※ 更多共情陪伴技巧和育儿实用方法，可扫描下方二维码，关注公众号获取。

第二章
每一位父母都应该懂共情陪伴

上一章，我们谈到焦虑已经成为当今家长的共有情绪，家长过度焦虑，会给孩子的成长和亲子关系带来一连串的负面影响。从本章开始，我们将给大家系统介绍缓解家长焦虑情绪和助力孩子健康成长的有效方法——共情陪伴。

从共情到共情陪伴

共情，由人本主义创始人卡尔·罗杰斯提出，指感受他人的情感体验并积极回应的过程，也就是我们常说的"设身处地""换位思考""感同身受"。共情最初是运用在心理咨询中的一种态度和方法。真诚而准确的共情会帮助咨询师与来访者建立起信任关系，让来访者感到安全与自由，从而增强咨询的效果。

共情不仅是心理咨询中的基本方法，这一理念在学校教育、家庭教育和日常生活中也同样适用。如果能够被他人准确共情，就可以获得很好的感受：觉得自己被理解、接纳与尊重，内心因而感到温暖、舒适、安全与放松，能够更积极地探索自己内心真实的想法，也会更加信任对方，对他人的观点持开放的态度。

生活中我们是否有过这样的经历？当一个人不假思索地批评我们的行为或观点时，我们会感到烦躁、愤怒，不愿理会对方，甚至会发生激烈的辩论或争吵。而当对方能够站在我们的角度思考问题，表达出对我们的理解后，对方接下来提出的建议或者批评，我们即便不会马上接受，内心也会更加平和，愿意开放性地考虑对方的观点而非直接回绝——这就是共情的效果。

在卡尔·罗杰斯看来，共情、无条件接纳、积极关注、真诚等方法，运用于心理咨询时，可以帮助患心理疾病的人感受到被理解和接纳，在温暖和真诚的关系中，找回走向健康自我的力量。将共情运用于教育领域，孩子能够走上"自由学习之路"，成为更好的自己。

相信大家都同意以下观点：关于心理健康教育，最好的并不是等孩子出现问题后再去治疗，而是预防孩子出现问题。共情既然是治疗心理问题的基础，那是否也可以作为预防的手段呢？

2008年汶川地震后，我积极投身震区灾后心理重建项目，尝试应用共情的理念和方法，通过绘本等工具，帮助震区的儿童进行心理重建。这项心理援助持续了很多年，效果显著。也是在2008年这一年，我与哈佛大学凯瑟琳·斯诺教授、华东师范大学周兢教授，共同成立了"共情陪伴"国际合作项目，探索共情理念的应用，以培养与系统提升儿童心理健康和社会情感能力。

过去10多年的理论和实践研究，来自数万家庭的反馈，告诉我们共情陪伴是一种高质量的陪伴方式。在陪伴孩子的过程中，我们首先要放下自己的主观思维框架，放下自己的成见和偏见，无条件接纳每一个孩子。然后在"放空"自己的基础上，耐心等待孩子的反应，观察孩子的表现，倾听孩子的心声，并有效回应孩子的各类需求。当我们做到共情陪伴的时候，孩子就能体验到温暖，以及来自家长的无条件的爱，其现实自我和理想自我从而趋于统一，成为一个健康、阳光、有力量、幸福感强的个体。

或许，还有部分读者对此感到疑惑，共情陪伴的力量真的这么强大吗？下面，我们将通过具体的案例，帮助大家直观感受共情陪伴与其他教养方式的效果差异。

共情陪伴 vs 其他教养方式

牛牛的 5 岁生日到了,妈妈为他定制了一个非常漂亮的生日蛋糕。牛牛很兴奋,取到蛋糕后,非要自己拎不可。妈妈拗不过他,想着是孩子的生日,就同意了。看到牛牛拎着蛋糕摇来晃去,妈妈不停提醒:"小心点,拿稳了。"好在有惊无险,牛牛顺顺利利地把蛋糕拎回了家。进门以后,牛牛一边和爸爸打招呼,一边迫不及待地让妈妈把蛋糕盒拆开。只是,在盒子打开的那一刻,牛牛傻眼了,因为盒子里的蛋糕已经严重变形,连上面的奶油小汽车都散架了。看着眼前面目全非的蛋糕,牛牛"哇"的一声,大哭起来。这时候,如果你是牛牛的妈妈,你会怎么说、怎么做?

表 2.1 列出了家长的 6 种回应方式,以及分别给孩子带来的感受和对孩子的消极影响。

表 2.1　不同回应方式的对比

	回应方式	孩子的感受	对孩子的消极影响
讲道理	你都 5 岁了,已经是大孩子了,坚强一点。蛋糕已经坏了,哭也哭不回来了。	听不懂 听懂:"有条件的爱"	没有主见 情绪压抑
指责	我都说了不让你提,是你自己非要提!自己对后果负责吧!	自责和内疚	不敢尝试 不敢担责 情绪压抑

(续表)

回应方式		孩子的感受	对孩子的消极影响
讲条件	别哭了,妈妈等会儿让你看动画片好不好?	听我的 妈妈不懂我	孩子学会讲条件 情绪压抑
宠溺	都怪妈妈,刚刚不应该让你提的。妈妈马上带你再买一个去。	都是妈妈的错	推卸责任 情绪压抑
恐吓	再哭,我把蛋糕给你扔出去了啊。	害怕、委屈	胆小、叛逆 情绪压抑
共情	最喜欢的生日蛋糕坏了,你一定很难过吧。我也很遗憾。当坏事出现,换一个角度看看,我们有什么办法找它美好的一面?	被理解、温暖	—

我想,在日常生活中,大部分家长的回应方式可能更贴近前五种,从讲道理到恐吓甚至打骂轮流使用一遍,只希望孩子能够马上变得不哭不闹。这些回应方式会对孩子产生哪些影响呢?下面,我将带着大家一一分析。

讲道理——让孩子失去主见

我们先看第一种,给孩子讲道理。这是几乎所有家长最钟爱的方法,但著名教育家卢梭曾说,讲道理是最无用的教育方法之一。为什么呢？从心理学角度分析，有以下两个原因。

第一，当孩子处于消极情绪中时，他的所有感官通道处于"关闭"状态，他听不进我们讲的道理。我们可以观察，孩子在生气、难过的时候，是不是喜欢闭着眼睛、捂着耳朵。这些标志性的动作其实可以帮助家长意识到，我们需要先化解孩子的消极情绪，而不是和他讲道理。

第二，孩子听不懂我们讲的道理。要理解"道理"，需要相应的人生经验和认知基础作为支撑，否则很难听明白。特别是对处于形象思维阶段的孩子而言，他更关注眼前的事物，往往"所见即所得"，很难理解一些抽象的道理，如"蛋糕坏了再也回不来""长时间看电视眼睛会坏掉"等。

看到这里，可能有的家长会迫不及待地反驳我，有一些孩子就是很懂事、很懂道理。如何解释这一现象呢？不排除两个因素。第一，家长很会共情，在孩子被理解后对其进行积极引导，孩子更愿意积极解决问题。第二，孩子听懂的不是道理，而是家长在讲道理时背后的情绪：你听话便是乖孩子，我会喜欢你；你不听话便不是乖孩子，我不喜欢你。

所以，不管家长讲道理时孩子听进去与否，都要警惕以下危害：孩子感觉不到被理解，消极情绪得不到有效调节；孩子变成了一个"听话"的人，从而失去主见和成长的内在动力。

指责——让孩子不敢尝试

再来看看第二种，指责孩子。"我都说了不让你提，是你自己非要提！"如果你是牛牛，你听到妈妈这样说，会有什么感受？有没有一种妈妈往你伤口上撒盐的感觉？我能理解选择这种回应方式的家长的内心想法：一方面，希望孩子马上停止哭闹；另一方面，想要借此培养孩子为自己行为负责的意识；此外，也想借助这件事，让孩子知道不听话的后果。

但是，在孩子难过情绪的高峰点，这种指责并不能帮到孩子，只会加剧他的负面情绪：除了难过，还有深深的懊悔和自责，认为自己真的很没用，什么都做不好。指责除了带给孩子这些消极情绪，还有可能让他变成一个不敢尝试、不敢承担责任的人。

讲条件——让孩子错失体验

我们再看第三种："别哭了，妈妈等会儿让你看动画片好不好？"这是一种逃避型的回应方式，以满足另外一个要求来快速解决问题。选择这种回应方式的家长是希望通过转移孩子的注意力，快速把孩子拉出负面情绪。这样的方式不是不能用，偶尔用一下没有问题，但是并不适合长期使用，因为逃避并不是解决问题的最好办法。如果事情无法逃避，该怎么办呢？如果孩子提出的条件家长无法满足，该怎么办呢？特别是如果让孩子形成了凡事讲条件的思维，又该怎么办？

其实，每一次情绪问题的发生都是孩子成长的良机。但以忽视孩子的情绪为前提的逃避，则让孩子丧失了认识情绪、理解情绪、处理情绪的机会，也浪费了提升解决问题能力的机会。

宠溺——让孩子自我中心

第四种回应："都怪妈妈，刚刚不应该让你提的。妈妈马上带你再买一个去。"相比较而言，这种回应方式在生活中并不常见，但并不是不存在。当家长过于宠溺孩子，不忍孩子经历负面情绪的"痛苦"，把责任都揽在自己的身上，马上用最简单的方式满足孩子时，孩子也会慢慢形成"我的感受和需要最重要"的认知模式，感受上过于自我中心，能力上又得不到锻炼，凡事依赖他人解决，最终变得骄纵又自私。

恐吓——让孩子孤立无助

第五种回应："再哭，我把蛋糕给你扔出去了啊。"这是家长对孩子的情绪无能为力,在愤怒时表现出来的赤裸裸的威胁。不用我多说,大家也知道这不仅对帮助孩子调节当下的情绪无效,还会让孩子感到无措,感受不到被爱,伤害亲子关系,降低孩子的安全感。

从小被恐吓、打骂的孩子,长大后可能走向两个极端:一个极端是过于胆小,不敢展示自己的力量;另一个极端则是变得冷酷无情,甚至用打骂的方式对待身边的人,特别是对自己的孩子,在亲子关系上形成恶性循环。

共情——最爱不过我懂你

我们来看最后一种:"最喜欢的蛋糕坏了,你一定很难过吧!我也很遗憾。"这就是我们提倡的共情回应方式。虽然这句话并不能让孩子马上停止哭泣,却能让孩子感觉到自己被理解,感受到自己的情绪被父母看见和接纳。

共情能够在当下和将来,带给孩子巨大财富。首先,孩子知道爸爸妈妈很懂自己、很理解自己,因为他们看到了自己的难过。其次,孩子知道爸爸妈妈能接纳自己,因为他们并没有指责或嘲笑自己的感受。最后,原来自己的情绪很正常,自己也要学着理解和接纳自己的情绪,有办法从难过中走出来。此外,生活中总会遇见一些不美好的事情,这很正常,但孩子有办法找到方法来解决。作为父母，我们无法一直陪伴孩子，也不可能为其遮风挡雨一辈子。任何时候，当孩子想起我们，感觉很温暖，当遇到困难，对自己充满信心和期待，那么我们还有什么不放心的呢？

读到这里，你可能会有这样的疑问：共情陪伴真有这么神奇吗？它为什么能够发挥如此巨大的作用呢？其实这与我们的大脑结构和情绪的脑机制有关。接下来，我们共同认识一下共情陪伴的脑神经基础。

共情陪伴的脑神经基础

在情绪这个话题上，很多父母会发出这样两个灵魂拷问：我家孩子的脾气怎么这么大？我为什么控制不住自己的情绪？

可见，不管是孩子还是大人，控制情绪并不容易，特别是对孩子而言。为什么呢？这是由我们的大脑结构以及神经生理发展规律决定的。

"三重脑"理论

大脑是人体结构和功能最复杂的器官。尽管目前为止，人类对大脑的认识还很不够，但它是我们所有心理活动的物质基础，已经得到大家的普遍承认。情绪的产生，也与大脑的几个重要区域相关，如大脑额叶、颞叶、边缘叶等。如果从神经生理心理学角度来阐述大脑各个结构与情绪的关系，本书有限的篇幅难以展开，其中晦涩的生物学名词可能会让非专业的读者"望而生畏"。为了便于大家直观形象地了解该部分内容，我暂时借用"三重脑"理论对这一小部分进行分享。

美国国家精神卫生研究院神经学专家保罗·麦克里恩，在1970年提出了"三重脑"理论（见图2.1），他认为大脑可以分为三个区域，且具有不同的功能。这三个区域分别是"爬行脑"（本能脑）、"古哺乳脑"（情绪脑）和"新哺乳脑"（理智脑）。本能脑包括脑干、小脑等部分，主要负责呼吸、饥饿、繁殖等与生命相关的功能，当安全受到威胁时，会马上启动，要么战斗，要么逃跑。情绪脑主要包括下丘脑、海马旁回、边缘叶等部分，主管情绪，特别是恐惧情绪，在被尊重、被爱、被接纳、被信任的时候它会很安静，否则就会启动。理智脑进化时间最晚，主要指大脑新皮质，特别是前额叶皮质，控制着我们的思考、认知功能，包括语言理解、学习和记忆、推理和计划、自我控制、共情能力等，只有在放松的状态下才能较好地运转。

在这三个区域中，情绪脑和本能脑关系更好，要知道，它们共同工作了5000万年。如果把它们比喻成老年人和中年人，理智脑就是个小婴儿，能力太弱了，完全无法与前两位抗衡。所以，大部分情况下，我们很难保持理智。这是从进化角度来说。如果从神经生理发展成熟速度来说，本能脑和情绪脑在人出生几年后就成熟了，比如孩子出生就会自主呼吸；理智脑的相关区域，却要到二十五六岁的时候才会完全发展成熟。所以，一个孩子，遵循本能去表达情绪、大喊大叫其实很正常，因为他的理智脑还没有发展好，再加上缺乏调节情绪的经验，真的很容易失控。

主要指大脑新皮质，主管认知

理智脑

情绪脑
主要包括下丘脑、海马旁回、边缘叶等部分，主管情绪

本能脑
包括脑干、小脑等部分，主管生命本能

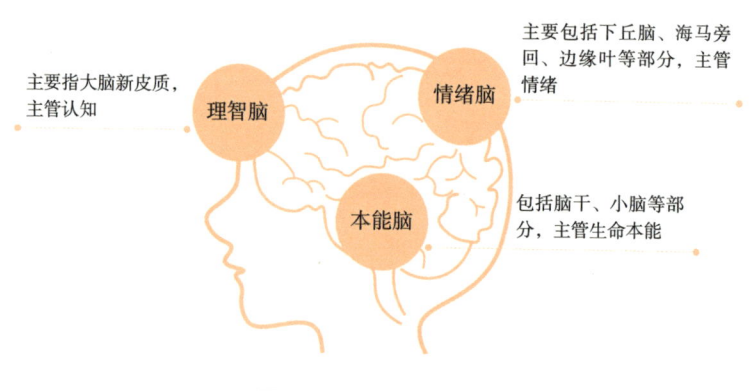

图 2.1 "三重脑"理论

了解了"三重脑"理论，你是不是感到一阵绝望：大脑结构就是这样的，那情绪管理能力还能提升吗？当然可以。我们的大脑很聪明，三个区域虽然分工不同，但本质上是一体的，

是为了更好地保护和促进我们的发展。更多时候，这三个区域是协同行动的。特别是理智脑，虽然看上去弱小，但它的学习功能很强。只不过有一个前提条件，那就是必须让本能脑感觉安全、让情绪脑得到放松。从这个角度来说，也可以理解在孩子情绪失控时，为什么一定要去共情，而不是指责了，因为共情是能让情绪脑和本能脑感觉安全的唯一方式，指责和批评只能激发孩子的本能脑，让它发出"战斗"或者"逃跑"的指令来保护自己。因此，共情能让孩子慢慢安静下来，而指责和批评会让孩子变得更加愤怒或者更加沉默。

揭开情绪的真实面目

从学术概念看，情绪是对一系列主观认知经验的统称，是多种感觉、思想和行为综合产生的心理和生理状态。它有5个构成要素：认知评估，身体反应，感受，表达，行动的倾向（见图2.2）。

设想这样一个场景：有一天，你走在路上，突然发现对面来了一条狗，你会产生什么情绪？有的人说害怕。有的人说开心。我们看看这5个构成要素是如何作用的。如果你曾经有过被狗吓到的经历，或者此刻遇到的是一条看起来特别凶猛的狗，你就会评估狗可能会对你产生威胁，于是肾上腺素开始分

```
        认知
        评估
  行动的         身体
  倾向   情绪的  反应
        构成要素
    表达
        感受
```

图 2.2　情绪的构成要素

泌、心跳加快、手心冒汗，感到害怕，甚至大叫一声，赶紧跑开。但如果你很喜欢狗，就可能产生愉悦的情绪，体内多巴胺上升，面露微笑，一边说"好可爱"，一边同小狗打招呼。

同一个情景，不同的人产生的情绪不一样。但开心和害怕这两种情绪有好坏之分吗？并没有。本质上，情绪只是我们对外界刺激的主观反应。不能因为一个人害怕狗，就说他不勇敢，他可能是与犯罪嫌疑人搏斗的英雄；也不能因为一个人喜欢小狗，就觉得他是位爱心人士，相反，他有可能是罪犯。

可惜的是，我们对情绪一直有诸多误解。

下面，我将帮大家简单梳理几种常见的误解。

其一，对情绪进行好与坏的定义。我们可能更喜欢一些情绪，比如开心、惊喜、自豪，并把其称为"好情绪"；讨厌另外一些情绪，比如生气、害怕、沮丧，甚至会刻意回避，并把其称为"坏情绪"。这是错误的判断标准。我们可以根据情绪引发的体验不同，将带来愉悦体验的情绪称为积极情绪，将带来消极体验的情绪称为消极情绪，但它们并没有好坏之分。不管我们喜欢与否，情绪都在那里，每天与我们如影随形。我们不用对其做道德性评价，也不用厚此薄彼。要知道，越拒绝，越逃避，它们就会越纠缠我们。

其二，将情绪和行为混淆，过于关注行为而忽视情绪。受年龄、教育、性格等因素的影响，孩子并不总能用语言精准地表达自己的需求，或者表达情绪后也并不一定得到积极回应。在这种情况下，行动便成为他沟通的语言。因为害怕陌生人而躲在妈妈背后，因为不能继续玩而撒泼打滚，因为伤心而不想去幼儿园。可以说，孩子的每一个行为背后，都有他的心理需求。家长如果没有读懂需求，或者急于解决问题，就会指责孩子不听话，要求孩子马上改正行为，如不准撒泼打滚。但我们会发现一个有趣的现象，孩子就算不打滚了，接下来也可能会抱住妈妈的腿，不让妈妈走，从"一个问题行为"演变成"另一个问题行为"，层出不穷。究其原因，就是家长把情绪和行为混淆了。

其三，不允许情绪表达，包括正向情绪的表达。在生活中，我们经常听到父母对孩子说："你哭什么哭？不准哭了！

再哭把你关外面去。""你再生气试试，一边冷静去！""这么高兴，你作业做完了吗？"为什么不允许情绪表达？因为我们骨子里认为消极情绪不好，不想接受它，甚至掩耳盗铃，认为代表情绪的行为消失，情绪就可以随之消失。这其实是一个很大的误解。根据"三重脑"理论，即使我们用恐吓的方式，让情绪脑暂时停止闹腾，但它并不是心甘情愿静止的，未被接纳的情绪会积压在潜意识里，日后以其他方式变本加厉地表现出来。

所以，我们需要拨开迷雾，澄清对情绪的误解，为情绪正名：

第一，情绪没有好坏。 每一种情绪都很正常，是我们身体和生活的一部分，我们应该像对待朋友一样与其共处。

第二，情绪具有主观性。 面对同一情景，不同的人可能会产生不同的情绪，没有对错之分。这一点很重要，是我们能够换位思考的基础。这样，我们就不会因为别人害怕小狗而嘲笑他，也不会因为孩子在不能看电视时生气，就大声斥责他。毕竟，我们自己也会害怕，也会在需求得不到满足时生气。

第三，情绪需要表达，宜疏不宜堵。 这点大家都有共识了，不再赘述。

第四，每一种情绪都有积极作用。 也许你会对这一论点心有疑惑，所以我在这里进行更深入的阐释。比如，"害怕"这个听起来有些消极的情绪,积极的一面是能够帮助我们识别和躲避危险,从而保护自己。再比如"生气",它的积极作用在于提醒我们自己有哪些需求没有被满足,帮助我们意识到自己的边界可能受到侵犯,甚至可以在一定程度上让我们更有力量。

从心理学来说,情绪有四个功能。第一,适应功能。情绪是我们生存和发展的重要方式,比如同情、友爱可以起到构建社会关系的作用。第二,动机功能。情绪是动机系统的基本成分,能激励人们活动,提高活动效率,比如适度的嫉妒能够激发我们向上的决心。第三,组织功能。情绪对其他心理活动有着组织作用,如高兴、愉悦促使我们更积极地完成一件事,但郁闷和沮丧可能让行动力变弱,等等。第四,社会功能。情绪及情绪的外化行为可以帮助人们传递信息,比如微笑代表友好、摇头代表否定等。[①]

当然,所有的情绪都得适度。如果程度太强烈,即使是积极情绪,也会产生不好的后果,如"乐极生悲"。

正因为如此,所以任何时候,我们都需要先沟通情绪,再处理问题。就教养方式而言,共情陪伴才是我们陪伴孩子成长的最佳方式。那如何才能做到共情陪伴?共情陪伴时需要注意

---

① 彭聃龄. 普通心理学 [M]. 第 3 版. 北京:北京师范大学出版社,2004:365—366.

什么？又有哪些步骤呢？下一部分，我将带你走近共情陪伴，系统认识共情，掌握共情陪伴的方法。

父母共情陪伴能力提升练习：

试着先沟通情绪，再处理问题。不仅会让沟通更愉悦，还会减少双方"争权夺利"的时间。当孩子看电视很投入但应该结束时，试着这样与孩子说："哇，看上去今天的内容特别精彩，你愿意和我分享一下吗？"而不是面无表情地说："时间到了，赶紧关掉。就知道看电视，怎么干别的事没见你这么投入！"

每一种情绪都有其积极功能，我们要允许和接纳它的存在。和孩子一起讨论，下面这些情绪都有哪些积极功能？什么时候经历过这些情绪？产生情绪的原因是什么？

1. 难过
2. 害怕
3. 嫉妒
4. 生气
5. 忧郁

第二部分

走近共情陪伴

第三章
共情陪伴的四个层次

上一章,我们已经了解了共情陪伴的积极意义,那么如何才能做到共情陪伴呢?共情陪伴就是说一句"我理解你"吗?当然不是。共情陪伴是一个系统的知识体系,包含深厚的底层逻辑和丰富的内在要素。为了帮助大家更好地落地和实操,提升自己的共情陪伴能力,我将共情陪伴提炼为"换位思考""感同身受""积极回应""正向引导"四个层次(见图3.1)。

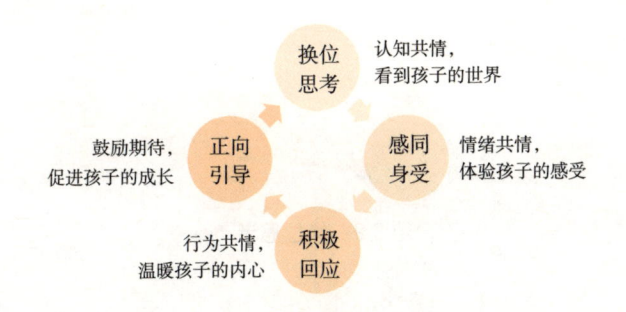

图 3.1 共情陪伴的四个层次

换位思考——认知共情，看到孩子的世界

什么是换位思考

图 3.2 非常经典，是我们做培训时常用的素材之一。图中两个人指着地上的数字争论不休。一个人信誓旦旦地说："这是 6！"站在对面的人大声驳斥："这分明是 9！"作为局外人，当然能找到问题所在：他们说的都没错，但都不全面。解决争论的唯一方式，就是走到对方的位置看一看，只有这样，才能了解对方看法背后的逻辑。用对方的视角看问题，我们称为换位思考。

图 3.2　换位思考

遗憾的是，在日常生活中，特别是在家庭教育中，父母很难对孩子换位思考。

在钢镚两岁多的时候，妈妈和奶奶带他去森林公园玩儿。在公园里，他捡到一个树棍，十分喜欢，并起名为"能打败怪兽的宝剑"，一路挥舞，高兴得不得了。快要回家时，他睡着了，妈妈便扔了树棍。没想到，回到家后，他醒来的第一件事，便是询问自己的"宝剑"在哪里。"刚刚你睡着了，我又要抱你又要拿棍子，实在不方便，给扔在公园了。"妈妈耐心解释。钢镚听后嗷嗷大哭："你赔我的'宝剑'！"奶奶过来哄着："没事，没事，这个棍子到处都有，等会儿咱们去楼下找一个。"钢镚不依不饶："不行，我就要原来那一个。"妈妈无奈地说："那个公园离我们家太远了，过去不方便。就算我们现在过去，'宝剑'也被环卫阿姨收走了！"听到自己的"宝剑"很可能被别人收走，钢镚哭得更厉害了。妈妈后来也崩溃了，威胁道："你别闹！再不听话，下次不带你出去玩了！"

的确，在成人看来，一根棍子而已，没有什么大不了的，弃之无半点可惜。首先，在树林里棍子随处可见，想要的话，再去找一根就是。其次，这是一个没有半点商品属性的东西，不花钱就可以拥有，丢掉也不会心疼。再次，家长还会觉得这根棍子既不干净也不安全，丢掉之后少了很多隐患。最后，特别是，在回家的路上，既要抱着熟睡的孩子，又要拿一个"无用"的物品，徒增很多麻烦，丢掉更是理所当然。看，站在成人的角度，这些理由都站得住脚。所以，妈妈和奶奶轮番向钢镚解释，希望钢镚能够理解她们的所作所为。当钢镚听不进去时，她们便责备孩子不讲道理，困惑于孩子怎么这么倔强，一点儿都不好沟通。

此刻，钢镚妈妈如果学会换位思考，便会有不一样的理解了。上面我们解释了一根棍子在成人眼里的"无用"，现在来看看孩子眼中的"有用"。

如果对孩子痴迷的大自然中物品进行排名，水、沙土、石头、树叶、棍子一定位居前列。在公园里散步时，细心观察，不难发现，小铲子、沙漏几乎是孩子们必备的玩具，他们还就地取材，用小棍子、小石块挖泥土，用小树枝戳水坑，玩得津津有味。

为什么呢？这似乎与进化有关，是祖先留在我们潜意识里的记忆，他们曾经每天与沙土、树叶为伍。这些大自然的馈赠，既是生活中的一部分，也是最主要的游戏道具和学习材料。石头、树枝甚至是最常见的武器，用来对抗凶猛的野兽和入侵的敌人。游戏复演说代表人物、美国著名心理学家霍尔认为，游戏是人类生物遗传的结果，儿童游戏重现了祖先生物进化的过程。

另外，根据著名儿童心理学家皮亚杰的理论，2—7岁的儿童处于前运算阶段。他们处于"泛灵论"时期，无法区别有生命和无生命的事物，常把人的意识、动机、意向推广到无生命的事物上。或者说，在他们眼中，一切皆有生命，万物皆有灵性。动物可以和人住在一起，小桌子、小凳子也可以说话。棍子当然可以是自己的"宝剑"，甚至还可以和自己对话呢，是自己的好朋友之一，与自己的朋友豆豆、壮壮没有任何区别。另外，处于这个阶段的孩子，对金钱没有概念。所以，他们评价某个物品是否有用的唯一标准，便是自己喜欢与否。对于喜欢的事物，便会极其重视，哪怕是小棍子、小石头也会小心翼翼地保护；对于不喜欢的事物，哪怕是贵重的玩具，也可以毫不在意地送给别人。

如果可以这样换位思考，妈妈和奶奶便会理解钢镚的生气和难过。自己最喜欢的玩具被丢掉了，再也找不回来了，怎么会不愤怒？怎么会不难过？

换位思考，在某种程度上可以理解为认知共情。共情包含两个独立的成分，一个是认知共情，一个是情感共情。前者指基于认知基础上的理解和判断他人情感的能力，后者指与他人情绪体验相一致的内在感受。比较而言，情感共情更多涉及每个人的天性，如有的人天生比较敏感，对周围事物的情绪敏感度比较高。认知共情主要启动的是我们的观点采择能力，能够换位思考，站在对方的处境理解对方的感受。情感共情更多唤醒的是自身的情感，而认知共情是真正理解对方。某种程度上说，认知共情比情感共情更重要，是真正意义上的共情。当然，最好的共情，是能够将二者结合启动。

怎样才能提升换位思考能力

脑功能成熟是换位思考能力的基础

在与家长交流钢镚这个案例的时候，有人忍不住发出这样的反问："老师，为什么总是要求我们家长去换位思考，而不是让孩子来换位思考呢？我就觉得钢镚不够懂事，妈妈和奶奶要抱他又要拿棍子，多么不方便啊！"这就要从换位思考能力的生理学基础说起。

心理学家一直想弄清楚，为什么儿童无法理解他人的感受，或者说，从什么年龄开始，儿童才会具备认知共情能力。

皮亚杰曾经做过一个非常著名的三山实验。实验对象是处于前运算阶段的孩子。实验材料是一个包含三座高低、大小和颜色不同假山的模型，其中第一座假山上有一个红色的十字架，第二座假山上有一座小房子，第三座假山被白雪覆盖。实验首先要求孩子面对模型而坐，然后放一个玩具娃娃在孩子的对面也就是模型的另一边，要求孩子指出玩具娃娃看到的三座"山"的样子。结果发现孩子指出玩具娃娃看到的和自己看到的一样。由此皮亚杰认为，此阶段的幼儿在进行判断时是自我中心的。

皮亚杰的实验随后受到一些学者的质疑，他们认为他的实验材料太难，换成孩子熟悉的玩具可能会好一些。还有人认为这个实验已经过去半个多世纪了，比较而言，同龄孩子的认知水平已有很大提高。也就是说，这个结论对现在的孩子并不一定适用。此外，皮亚杰的实验是观察性实验，并没有生理学数据支持研究假设，科学性有待商榷。

好在研究者对这个议题兴趣不减。2020年，马克斯·普朗克人类认知和大脑科学研究所、伦敦大学学院及柏林社会神经科学实验室的科学家们研究发现：言语型心智在4岁左右发展成熟，而非言语型心智在早期发展的社会认知过程中就已经得到发展。[①]

共情能力似乎需要大脑的两个网络协同运作，而这些网络在不同的年龄段发育成熟。研究人员借助一段猫追逐老鼠的视频片段，调查了年龄在3—4岁之间的儿童。影片中的猫看着藏在盒子里的老鼠，猫不在的时候，老鼠偷偷溜到另一个盒子

---

① Grosse Wiesmann, C., Friederici, A. D., Singer, T., Steinbeis, N.. Two Systems for Thinking about Others' Thoughts in the Developing Brain[J/OL]. Proceedings of the National Academy of Sciences of the United States of America, 2020, 117(12): 6928–6935. https://doi.org/10.1073/pnas.1916725117.

里。因此，猫返回后，应该仍然相信老鼠在之前的盒子里。科学家利用眼动追踪技术分析了这些孩子的视觉行为，根据3岁和4岁孩子的注视点，发现孩子们都认为猫会去原来的盒子里找老鼠。也就是说，他们根据猫的立场，正确地预测了猫要去哪里寻找老鼠。

有趣的是，当科学家直接问孩子们猫会在哪里寻找老鼠时，3岁的孩子回答错误，他们认为猫应该去第二个盒子里寻找，而4岁的孩子回答正确，认为猫会去之前的盒子里寻找。原因在于，言语型的心智推理是由皮质表层以及楔前叶和颞顶交界处（TPJ）的厚度决定的，这通常也是参与成人心智理论的部位。相反，非言语型的心智推理是由一个叫作"缘上回"的负责处理情绪和视觉观点采择、行为观察、社交注意力或编码的独立神经网络支持的。通常幼儿成长到4岁左右才能够完成言语型心智推理，这与他们大脑中颞顶交界处、颞中回、楔前叶和内侧前额皮质的发展相关。

尽管幼儿已经能够根据自己的想法预测他人的行为，但上述研究表明，这种行为预测能力依赖另一个大脑网络。该大脑网络在4岁左右发展成熟，使儿童具备了理解他人的能力。[1]

当然，我们也不能仅凭这些实验结果，就判断3岁的孩子

---

[1] https://www.psychspace.com/psych/viewnews-15621.html.

一定不能换位思考，或者说 4 岁的孩子就一定能够做到换位思考。毕竟，孩子的能力发展与个体特点、家长养育方式等有很大关系。我们宁可降低期待，耐心引导，也不要操之过急。

换位思考需要摒弃自我中心思维

我们换位思考的最大障碍，是过于关注自我，认为只有自己的观点和感受才正确。这可能与我们的成长经历有关。有的人是因为从小被溺爱而导致自我中心；有的人是因为从小被苛刻对待而失去安全感，发展出"防御式思维"，用"自我中心"来保护自己。好在，我们可以通过不断练习，来摒弃自我中心。

英国学者爱德华·德博诺博士曾提出"六顶思考帽"[1]，来帮助团队更全面、高效地思考问题。受其启发，我也推荐给大家"三个视角"思考法，帮助我们更好地跳出自我中心，全面看待问题。

- 我视角

顾名思义，我们要了解自己内心深处的想法和感受，以及产生原因。这一点看似容易，却容易被忽视。比如，早上出门

---

[1] "六顶思考帽"是英国学者爱德华·德博诺博士开发的一种思维训练模式，或者说是一个全面思考问题的模型。

的时候，妻子叮嘱丈夫把洗衣机里的衣服晾干，晚上回到家，却发现衣服原封不动地待在洗衣机里。妻子很生气，开始情绪化表达："不是和你说了要把衣服晾干吗？你干什么去了？成天就知道玩游戏。"丈夫有可能会消极对抗，默不作声地起身把衣服晾好，然后内心吐槽："又开始小题大做、上纲上线了，我不和你计较。"更可能直接应战："什么叫我只知道玩游戏，工作压力那么大，还不让放松一下吗？而且我也没有玩多长时间。"于是，一场争吵随之而来。

在这里，妻子如果能够觉察自己为何生气，用"我信息"来表达，可能效果会不一样："本来应该晾好的衣服，却依然在洗衣机里，我感觉很生气。另外，我也有些委屈，家务活需要我们两个人分担，不是我一个人的事情。""我信息"是一种很好的沟通方式，既清晰地表达自己的情绪、需求以及缘由，同时没有指责他人，也就不会威胁到对方的安全感，不会打开情绪脑盒子。这有利于对方倾听我们的心声，以更好地沟通。同样的场景，当妻子用"我信息"表达后，很多丈夫倾向于这样回应："对不起，老婆，早上出门的时候我接了个电话，忘记晾衣服了，回来后也没有想起这件事情，我马上去晾。"

不用怀疑，不一样的沟通方式，就会有不一样的沟通效果。可能在刚开始用"我信息"表达时，很多人不适应，感觉太书面化，不像夫妻之间的日常交流。这很正常。逐步练习，我们会找到适合自己的语言风格。关键是，聚焦在表达"我的感受"，而非指责"你的不是"。

• 你视角

你，即对方，或者事件的相关人士。我们需要了解对方对这件事情的看法，以及情绪，才能在接下来的沟通中，真正触及对方的心理需求。

了解"你视角"信息的方式有很多，最直接的莫过于"倾听"。在一个安全、无攻击的氛围里，每个人都有自由表达的机会。例如，在共情陪伴儿童心智成长绘本《我们的感受不一样》中，丹尼尔和卡特琳娜在玩"厨师和服务员"的角色扮演游戏，星期三王子扮演成一头"恐怖熊"走了进来。丹尼尔有些生气，告诉星期三王子现在是晚餐时间，不能玩"恐怖熊"的游戏。但星期三王子一会儿又来了，丹尼尔气得大喊起来。海莉老师询问发生了什么事情，并请大家分别说出自己的感受及原因。丹尼尔说："我很生气，因为被吓到了。"卡特琳娜感到开心，因为她觉得星期三王子扮演的"恐怖熊"很好玩。星期三王子感到伤心，因为丹尼尔拒绝和他一起玩儿。

通过这样的交流，大家发现，同一件事情，各自的感受都不一样，但是这很正常。随后，他们找到了解决问题的办法：星期三王子不再扮演凶狠的"恐怖熊"，而是扮演乐呵呵的"傻瓜熊"。三个小朋友玩得很开心。

所以,在日常生活中,孩子和我们的观点不一样时,不妨问一问孩子,他们的想法是什么。例如,源源和妈妈每周六都会"打卡"一个美食点,作为亲子活动。这一天,妈妈对源源说:"明天的美食'打卡'暂停一下吧,我给你约了一个航模训练班的体验课,机会很难得。"源源说:"我不想去,我觉得我们去吃饭也很难得。"妈妈很生气,觉得孩子"胸无大志",把吃看得比学习更重要。这个航模训练班机会很难得,如果孩子对它感兴趣,可以作为特长进行训练,或许对考进重点初中有帮助。

可这只是自己的想法,源源是怎么想的呢?源源妈妈深呼吸几次,慢慢冷静下来,问源源:"你为什么觉得去吃饭更重要呢?"源源说:"因为可以吃到喜欢的食物,这会让我心情很好。另外,吃饭的时候,只有我们两个人在一起,可以聊很多有意思的事情。一个星期仅有这么一次机会。"源源的话触动了妈妈,因为需要照顾不到一岁的妹妹,妈妈留给源源的时间很少,每周的美食"打卡"时间,成为母子两人难得的专属时光。妈妈的怒气已经完全平息,她温和地说:"我了解你的想法了,我也很喜欢与你在一起。只是这个活动真的很难得,我们一起想一想怎么解决,好吗?"后来,他们决定在训练班附近找一个新的美食点,原本定下的"打卡地"体验推到下个星期。尽管源源觉得有点遗憾，但他很高兴，因为在沟通的过程中，他的想法和感受被妈妈理解了。

有的家长可能会发愁："我家的孩子需求没被满足的时候只会大喊大叫，根本不会好好沟通，这该怎么办呢？"孩子情绪表达能力比较弱，一般有两种原因：第一，孩子年龄比较小，语言表达能力有限，没有办法清晰地描述自己的感受。这时候就需要我们家长保持冷静和温和，试着根据事情的线索、孩子的个性特点等进行猜测与表述。这既能帮助孩子在被共情后冷静下来，也能帮助他识别和理解自己的情绪。第二，孩子有表达能力，但没有敞开心扉，不敢或不愿意表达。如果是这样，我们就需要反思：平时与孩子的交流多吗？在与孩子的沟通中是简单粗暴还是共情理解？再或者，当下发生的事情对孩子来说很重要，他的情绪特别强烈，他还没准备好与我们沟通。

针对这些情况，以下方法可能会有帮助：对年幼的孩子，我们可以蹲下来，抱一抱他，和他一起表达此刻的情绪，做情绪对话；对年龄大一点或性格比较内向的孩子，我们可以用书信、语音留言等方式进行沟通。不论怎样，保持诚恳的态度，让孩子感受到我们的理解和接纳，亲子沟通的大门一定会打开。

需要注意的是，这里的"你"只是一个代称，如果事件里，有多个参与者，那么需要了解每一个人的感受和想法。

• 他视角

他视角，也可以称为第三者视角、旁观者视角。他视角能够帮助我们更客观地看问题，对双方为什么这么说、这么做有更全面的了解，也会觉察自己当时的所思所想所感。他视角很重要，能够帮助我们跳出自我中心，又不会过于责备自己，让自己保持理智，以更好地沟通。

回到钢镚的例子，如果妈妈能够用这些视角看待问题，在全方位了解每个人的想法后，她更可能这样说："对不起，妈妈没有经过你的允许，就把你的'宝剑'给扔掉了。你很生气，是吗？还很想念你的'宝剑'，感觉很难过。"

这样做，妈妈既真诚地向钢镚道了歉，与他共情，又没有陷入自我责备和过度心疼钢镚的情绪中。她能理解当时那种情境中自己的无心之举，也接纳自己做不到满分妈妈的现实。这样的回应，便是基于他视角的共情回应，既有感同身受也有清晰的边界，呈现在孩子面前的是一位安定有力量的妈妈，而不是手足无措的妈妈。这让孩子感觉非常舒服，也很安全。接下来，钢镚可能哭得更厉害，但这是情绪的安全释放，等他慢慢平静下来后，再一起找到解决问题的办法。可以说，在这个过程中，妈妈和孩子一起共同成长了。

换位思考需要练习开放性思维

开放性思维是相对于封闭式思维来说的。拥有封闭式思维的人，只能从一个角度看问题，非常自我中心，以为自己看到的就是全世界。"坐井观天"就是典型的例子。而拥有开放性思维的人，则会从不同的角度看问题，能够在现有的思维方式基础上，参考他人的观点和思维方式，还能通过自己的分析和判断，对新观点进行评估、采纳和吸收。

提升开放性思维的方法有很多。比如，工作和学习中遇到问题时，多问一问自己，还有没有不一样的解决方法。然后，就这个问题进行头脑风暴。对于头脑风暴得出的任何答案，暂时不要去评价或者马上否定，如实记录便好。通过诸如此类的练习，我们有开放性思维的意识和能力后，便不会再坚持"非黑即白"的二元观点，对不同的观点包容和接纳度更高。

此外，我还建议家长经常和孩子一起做"观点与事实"的练习，这样能帮助我们提升开放性思维。举例如下：

问：今天天气真热啊，是观点还是事实？

答：观点。你觉得很热，但我觉得还行，我们俩的感受都没错。

问：今天气温30摄氏度，是观点还是事实？

答：事实。

问：小明的数学成绩不好，是观点还是事实？

答：观点。爸爸觉得他的数学成绩不好，妈妈觉得还可以。

问：小明的数学考试成绩80分，是观点还是事实？

答：事实。

我们和孩子经常做这样的练习，便会发现，对于同一个事实，不同的人可能有不同的观点，这是完全正常的现象。但不能因为别人观点和我们不一致，便恶意抨击对方，而是试着问一问："你为什么会这么想呢？"如果有了这样的准备，也许会少很多"有一种冷，叫妈妈觉得你冷"的无奈。

有人说，一个人的生活阅历越丰富，换位思考能力就越强，因为遇到问题时，他能唤醒自己曾经类似的经历。乍一听似乎有一定道理，但并不绝对，因为，每个人都有自己的生活轨迹，阅历再丰富的人，也没办法体验到所有的生活经历。换位思考是一种态度，更是一种能力，建立在尊重、开放、包容、信任的基础之上，可以通过练习不断提升。

有时候，我们并不见得一定要有和对方同样的经历，但一定有类似的情绪体验。钢镚妈妈可能小时候并没有体验过捡了树枝被丢掉的事情，但她能理解自己喜欢的物品丢失后的感受。对于换位思考能力强的人而言，哪怕他和对方的价值观不一样，也会试着尊重和接纳对方的所思所想，打开共情的大门。

> **父母共情陪伴能力练习：**
>
> 回忆最近发生过的令你印象深刻的与他人发生冲突的事件，试着从我视角、你视角、他视角进行分析与表达。
>
> 在与孩子发生冲突时，试着和孩子一起表达自己的观点并说明理由，训练孩子的表达能力和倾听能力，这也是潜移默化地培养孩子共情能力的过程。特别需要注意的是，父母要静下心来，耐心听孩子表达。

感同身受——情绪共情，体验孩子的感受

什么是感同身受

共情陪伴的第二个层次，是感同身受。感受对方的感受，

好像我们自己经历类似的感受一样,同时又不完全失去我们自己。这也称作"情绪共情"。当我们能走出自己的所思所感,走进他人的体验之中,跟那个人一起来感受这个世界时,我们就是在与之共情。

还记得上一章中"牛牛的蛋糕坏了"的例子吗?妈妈如果学会了换位思考,就不会产生"不就一个蛋糕嘛,坏了就坏了,没多大关系"的认知,而是会站在牛牛的位置,知道生日蛋糕的意义——小朋友似乎对一切与生日相关的东西都十分感兴趣,特别是当这个生日蛋糕由自己挑选,上面有自己最喜欢的图案时。如此重要和喜欢的东西坏了,心情自然糟糕透了。学会换位思考后,妈妈也就能放下自己的情绪,走进牛牛的内心,和他感同身受,仿佛自己经历了最喜欢的东西被损坏的心情,非常难过。同时,妈妈又能保持自己作为旁观者的角色,表达自己对这件事的遗憾。

如何提升感同身受的能力

"感受他人的感受,这对我而言有些困难,因为我并不是一个感性的人。而且,我小时候遇到类似事情的时候,一会儿就好了。"牛牛爸爸困惑地说,"我记得很清楚,小时候有一次,我把玩具车弄坏了,我爸不仅没有安慰我,还狠狠地揍了我一顿。这并没有给我留下心理阴影，反而让我更坚强。"

但这样的坚强，可能并不是真的坚强。委屈、愤怒、害怕这些消极情绪会藏在我们的潜意识里，那些没有被接纳的情绪，在未来的某一天，会变成麻烦重新找上我们。随着沟通的深入，牛牛爸爸也越来越坦诚，他告诉我们，由于太多消极情绪得不到释放，在大学毕业两年后，一次工作上的打击让他产生了深度的自我怀疑，对生活也失去了信心和兴趣。他被诊断为中度抑郁，在北京回龙观医院就诊，在药物治疗的基础上加上心理咨询和积极自救，一年半的时间，他才从这场情绪的浩劫中走出来。患抑郁症的经历让他对孩子的情绪问题多了一些警觉，但在如何与孩子互动上，他似乎依然找不到要领。

牛牛用彩色卡纸、胶带等美工材料，做了一个美丽的房屋。老师们觉得这个作品非常有创意，色彩搭配也很有亮点，对牛牛说："哇，牛牛，这个房屋漂亮又温暖，你每次都会给老师惊喜，太厉害了。"课程结束的时候，老师提醒牛牛将作品带走。牛牛满心欢喜地来拿作品，牛牛爸爸在一旁说："需要带走吗？不用带了吧。"牛牛迟疑了，但依然站在作品前。老师给了牛牛爸爸一个眼神暗示，他蹲下身来，看着牛牛说："你想带走是不是？那我们就带回去吧。"牛牛有点羞涩地说："我想带给爷爷奶奶看，这里面也有他们的房间。"牛牛的回答，让所有人都觉得温暖而幸福。在之后的交谈中，牛牛爸爸不好意思地说:"老师提醒我的时候我能明白,但平时总是忘记,像不受控制一样,有些话自然而然就说出来了。"

其实,牛牛爸爸已经做得很好了。他开始有了改变的意识,也能够在他人提醒下,觉察到自己应该去感受孩子的感受。有了这样的准备,加上刻意练习,我们的情绪共情能力会越来越强。下面,我们给大家介绍几个提升感同身受能力的方法和技巧。

角色扮演,站到对方的位置上

成成爸爸生气地对成成妈妈说:"这孩子真的要好好管一管了,一点礼貌都没有。"成成妈妈问:"发生什么事情了?"成成爸爸说:"今天我带他去办公室里,大家都过来和他打招呼,他却把办公室的门关上,不让别人进。小马递给他零食,他把零食全扔在地上。"成成妈妈笑了笑,问:"你是不是觉得特别没面子?"成成爸爸叹了口气:"我和他说,小马叔叔是爸爸的好朋友,他很喜欢你,可是这孩子躲在我身后,就是不出来。"

"我们来做个游戏吧。"成成妈妈发出邀请,"你蹲在地上,假装是一名小朋友,你看着我。"她一边说一边站在了沙发上,双手叉腰问蹲在地上的人,"小朋友,你叫什么名字啊?"成成爸爸仰着头,几次都想站起来,但是被成成妈妈压制住了。"你现在就是一个3岁多的小朋友,可不能站起来。看着我,你有什么感觉？""怪怪的，有一些压抑。觉得站在对面的人很可怕，想赶紧逃走。"在成成妈妈的引导下，成成爸爸描述了自己的感受和想法。

游戏进行到这里，成成爸爸似乎明白了成成妈妈的用意。当站在成成的位置时，他体会到了孩子的感受，面对一个陌生的高大威猛的男士，尤其是身高悬殊，产生害怕的感觉非常正常。孩子没有其他更好的办法，就只能躲在可以保护自己的爸爸身后，或者用扔东西、大喊大叫这些看起来"凶狠"的动作吓唬对方。可惜的是，很多时候，成人只看到这些"没有礼貌""缺乏教养"的行为，却看不到孩子行为背后的情绪感受和心理需求。

角色扮演，或者说情景式体验，是我们在给教师和家长做培训时常用的一种方式。当家长换上孩子的身份，在一些生活中常见的案例中，与"家长"互动时，他们获得了非常宝贵的体验，在欢笑与泪水中，真实感受到了孩子的情绪与感受。

分享一个我印象非常深刻的案例。7岁的豆包和爸爸妈妈一起逛商场，经过一家平衡车专卖店。豆包非常想要一辆平衡车，告诉妈妈学校里好几个人都有。在运动会的时候，他们骑着平衡车、拿着彩旗，在队伍前面当领队，可威风了。妈妈和爸爸看了一眼价格，平衡车要1000多元，而且，妈妈前不久在公众号上看到有小朋友骑平衡车不小心摔骨折的事情，她决定不给豆包买平衡车。你如果是豆包的爸爸妈妈，会如何回应豆包呢？

在我们的工作坊中，学员都非常投入。在角色扮演时，一位学员当豆包，另一位学员当爸爸，还有一位学员当妈妈。有时候，他们还会发挥创意，让一位学员当店员，使场景更真实、冲突更激烈。扮演豆包的学员，马上进入"熊孩子"角色，撒泼打滚各种闹，而爸爸和妈妈也是使出十八般武艺，对豆包或劝阻，或告诫，或诱惑，只希望豆包能平静地接受爸爸妈妈不买的决定。是的，家长们的需求是，孩子不仅能接受被拒绝，还要做到不哭闹。来看看在这个场景中，爸爸妈妈和孩子的一些经典互动吧。

妈妈：哎呀，妈妈今天没带那么多钱，下次我们来买好不好？

豆包：你微信付款。

妈妈：妈妈微信里也没有那么多钱了。

豆包：让爸爸给你转。

……

妈妈：这个平衡车不安全，我们小区里有小姐姐骑着摔跤了，都摔骨折了，要去看医生，太可怕了。

豆包：我会注意安全。

妈妈：家里还有其他车，你也可以骑，等坏了再买这个。

豆包：我就要这个平衡车。

妈妈：那你问问爸爸，他给不给你买？

……

妈妈：不要总和别人比，你啥时候也能考100分，我就给你买。

豆包：我就要。莎莎成绩还不如我呢，她妈妈都给她买了。

妈妈：那莎莎会画画呢，你怎么不会？而且，你有无人机，莎莎没有，你怎么不说呢？净和别人比不该比的。

……

是不是觉得这样的对话非常真实？想象一下，你此刻如果正参与我们的角色扮演，将自己置于豆包这个位置，听到爸爸妈妈对自己这么说，会有什么感受？也许，因为隔着纸张，缺少说话者语气、动作的有效传递，我们的感受没那么强烈。来听一听现场体验豆包角色的家长们的分享，看看是否能引起你的共鸣。

当我真正蹲下去，把自己当成豆包时，我感觉我的爸爸妈妈对我一点都不真诚，他们希望用各种手段尽快说服我，让他们摆脱尴尬的境地，于是开始哄骗、讲道理、恐吓。但他们越这样，我越是害怕和生气，我不自觉地想通过哭闹的方式，让他们满足我的要求，以此证明他们爱我。

——扮演豆包的家长 A

我的爸爸妈妈根本就没有认真听我说话，没有问我为什么喜欢和想要这个平衡车，没有读懂我内心的需求。其实，台词里面有一句很重要：我羡慕学校里有平衡车的同学，平衡车很时髦，我也想要这种拉风的感觉。但是，他们只看到我想要和别人攀比的心，却没有看到我想要被认可的深层渴望。

——扮演豆包的家长 B

当我真正融入豆包这个角色后，我发现，虽然很想让爸爸妈妈满足自己的要求，但更渴望他们能与我真诚、平等沟通。我能接受他们的拒绝，只要他们好好和我说。

——扮演豆包的家长 C

是的，现场一些优秀学员虽然拒绝了孩子，但做到了共情陪伴。有的蹲下来，告诉豆包："妈妈知道你很想要这个平衡车，但是很抱歉，这个价格，超出了妈妈的承受范围。我知道你会很难过,妈妈会陪着你。"然后不管孩子怎么哭闹,他们都只是安静地陪着,等孩子平静下来后再沟通。

在角色扮演结束后的讨论环节,大家逐步形成一个共识:在这个案例中,买或者不买平衡车并不是重点,家长可以根据自己家庭的情况,自行决定,这个决定没有对错之分。如果决定买,那就开开心心、大大方方给孩子买。如果一开始就决定不买,那就真诚地告诉孩子不能买的原因,同时告诉他,可以感受到他在不能拥有自己喜欢的东西时的难过,也能体验到他被拒绝后的生气。他们告诉他:每个人都渴望被看见,爸爸妈妈虽然不同意给你买平衡车,但一直在看着你,你是独一无二的存在。

虽然角色扮演是提升我们感同身受能力的有效方法之一,但生活不是演习,很多时候并没有机会排练。我理解家长的这种担忧,但10多年的实践和研究告诉我,哪怕家长只沉浸式体验过一次,便会有很深的触动,在类似的冲突中会有意识地想一想,孩子的感受究竟是什么。另外,与一切技能和方法相比,真诚是亲子关系中的第一要义。即使某一次我们忘了感同身受,等彼此冷静下来,我们可以邀请孩子和我们互换位置,进行一次角色扮演。这不仅能帮助我们更好地理解孩子,在一定程度上,还能帮助孩子提升感同身受能力,甚至我们会从孩子身上学习到他们是如何温柔对待"不听话的孩子"的。我们试一试就会发现，孩子的方法和态度也许会让我们自叹不如。

经过多次角色扮演后，我们在与孩子沟通、与其他人沟通时，会不自觉地反思下面几个问题：他是怎么想的？他现在的感受是什么？如果我这样说，他会产生什么情绪？这类训练会帮助我们提升感同身受能力，少一些"恶言恶语"，多一些理解与共情。

扩充情绪词汇，提升情绪理解能力

要想做到比较精准地感受他人的情绪，我们还需要进行情绪识别和理解的练习。也就是能够通过对言语、语音语调、肢体语言、面部表情、情景线索等信息的综合调取，判断个体产生的情绪及原因。"七情六欲"是我国古人对情绪的统称，但常见情绪远不止这几种。到底有多少呢？网上盛传的一个文档，列举了据说来自萨提亚家庭研究中常用的500个描述情绪的词汇。对情绪的敏感捕捉和识别，可以帮助我们更好地理解情绪、读懂自己。情绪是我们内在世界的一个重要参照，我们如果能够从小学会与情绪联结，关注自己的身心感受，就能将爱、共情、平等、尊重、成长等作为生活的价值标准，而不是过多关注外部物质条件或者他人的评价。特别是对孩子而言，他们在发展自己的情绪理解能力时，就是在发展自己的认知能力。对情绪的认知，甚至比对外部世界的认知更为重要。这是儿童早期建构自己生命的一个重要途径和首要任务。

所以，作为家长，我们可以借助绘本、影视剧、小说等工具，与孩子一起扩充我们的情绪词汇，加强对更多情绪词汇的体验和理解。在这样的刻意练习下，孩子会明白紧张和害怕的差异，也会知道惊喜和开心的区别。遗憾的是，目前能够帮助我们系统地认识和理解情绪的素材少之又少。

2022年上半年，我们团队研发并推出了《会说话的情绪小百科》这一产品，从情绪识别、情绪理解、情绪表达、情绪调节四个维度去帮助孩子全方位了解情绪，掌握24种情绪调节方法，对10种常见情绪的认识和调节进行系统学习，如生气、害怕、嫉妒、自豪等。在书中，我们邀请孩子一起观察人物的表情，猜测他们的情绪。比如，面色发红、眉毛竖起来、龇牙咧嘴、握紧拳头、跺脚等表示生气，那么除了这些外在表现，身体内部有什么感觉？生气的时候，"手心痒痒的，想打几拳"，"嗓子发干，想尖叫"，"肚子鼓鼓的，好像有小刺猬在里面翻滚"……这些全是孩子们的描述，是不是特别生动？相信我，如果你也坚持和孩子一起练习，他也会有这样的"输出"。

另外，在日常生活中，常和孩子进行情绪对话也是行之有效的扩充情绪词汇的方法。例如，在教师节那天，三年级的圆圆把外出旅游带回来的巧克力带到了学校，这是她准备送给老师的礼物。没想到,放学后,她又把巧克力带了回来。她告诉妈妈:"老师说,我们的心意她心领了,但是不能收礼物。"妈妈问圆圆:"你是不是很难过?"圆圆说:"那倒没有。除了手工作品,其余的礼物(花钱买的礼品)老师都没有收。我不是很难过,没那么严重,是另外一种感觉。"妈妈想了想,补充道:"那你是有些失落吗?""对,失落,我就是有些失落。妈妈,你这个词用得真棒!"圆圆冲妈妈竖起一个大拇指。

关注身体的感觉,加强自己与情绪的联结能力

身体比我们的大脑更快感知到情绪。比如,对面突然来了一辆车,我们会赶紧躲开,等确保安全后,才会意识到自己刚才非常害怕。当然,这种例子在生活中并不常见,大部分时间,我们并不会体验到非常强烈的情绪。但即便强度没那么大,我们的身体也有感知。可惜并不是所有人都有很好的觉察能力,特别是一直忽视和害怕情绪的人。

有没有重新建立身体对情绪感知的方法呢?当然有。最有用的方法,就是不刻意回避情绪。当情绪来临时,我们静静地做"身体扫描",感知身体的各个部位。这是一举多得的事情,既可以发现情绪的身体信号,也可以让自己慢慢平静下来。此外,聚焦当下和关注此刻,也是一种提升专注力和放松大脑的方式。你如果感兴趣,可以每天花一点时间做正念冥想,会起到意想不到的效果。

需要注意的是，在练习提升情绪感知力时，核心原则是不要去批判它、躲避它，而是慢慢地感知，允许情绪与我们多待一会儿，让其来去自如。

感同身受的注意事项

提升感同身受的能力，能够帮助我们提升体验他人情绪情感的效率和准确度，但也需要注意以下几个要点。

第一，区分他的感受和你的感受。感同身受，是说我们似乎和他人一样，但又未完全失去自己。这里的"似乎"很重要，毕竟你是你，他是他。我们要走进他人心中，但同时要记得走出来。也就是说，我们要放下自己的思维框架，放空自己，设身处地地从对方的角度观察和感受，这样确保我们能够完全体会对方的内心情感，但又要将对方的感受和自己的感受分离，保持不迷失自己。如果做不到这一点，我们就容易陷入过度共情的陷阱，将他人的事情变成自己的事情。比如，妈妈看到孩子在学校里受了委屈，心中难过不已，直接做出给孩子转学的决定。看似暂时帮助孩子逃离了"糟糕的环境"，但这并不利于孩子学习如何解决实际问题。如何避免过度共情，我将在第七章重点分享。

第二，理解感受背后的真实含义。我们不仅要理解对方的情绪感受，还要理解感受背后的真实含义。例如，豆豆提醒妈妈："别让妹妹玩我的小汽车了，她会弄坏的。"有一天，豆豆放学回到家，发现小汽车已经被妹妹摔坏了，他脸憋得通红，冲着妈妈吼："谁叫你把小汽车给妹妹玩的，我恨你！"妈妈说："妹妹把你的小汽车弄坏了，你很生气，是吗？妈妈再带你买一个新的去，比这个更大，好吗？"豆豆咬着牙说："不行！"然后回到房间，使劲把门关上。在这里，妈妈识别了豆豆的情绪，并看似与豆豆共情，甚至给出了自己的解决办法，但并不管用，为什么呢？因为妈妈没有理解豆豆生气的深层原因。相比汽车被摔坏，豆豆更生气的是妈妈触犯了自己的边界，没有把自己强调的话放在心上。如果能意识到这一点，妈妈的共情回应会更准确："你给妈妈交代过不要让妹妹玩小汽车，妈妈没有做到，你很生气，感觉妈妈没有重视你的想法，是吗？"

第三，不要强求自己的感受与对方完全一致。感同身受是一种能拉近与别人距离的能力，但在某些场景，我们真的没法与对方保持完全一致的感受。比如，我正与对手进行一个竞赛项目，结果出来后，对手是胜利方，而我是失败方。对手此刻脸上是藏不住的兴奋与自豪，而我是深深的挫败和遗憾。如果对手强忍笑意，走到我面前说，"我知道，此刻你很失落，我真的能感受到",可能我会忍不住揍他一拳吧!这哪里是共情,明明是挑衅。如果他走到我面前,拍一拍我的肩,什么也没有说,只是认真地看着我,点一下头,然后离开了,或许我会感觉更舒服一些。

还有另外一种情况,那就是你真的没有和对方体验到相似的情感时,不要假装共情,真诚表达即可。比如,好朋友与初恋分手了,非常难受。我们可以说:"我没有类似的经历,可能体会不到这种感觉,但能感受到你真的特别特别难过。"

说到底,感同身受最好的状态,是让对方感受到被他人理解和接纳——原来,有人知晓我此刻的情绪以及情绪产生的深层原因;原来,我此时的情绪状态甚至是行为,都能够被看见和允许。没有人对此评头论足,这让我觉得安全。他很真诚,发自内心地尊重我和我的感受,并没有敷衍我,哪怕与我的价值观和感受并不一致,足矣。

父母共情陪伴能力练习:

和孩子一起玩角色扮演游戏(身份互换),模仿对方的口头禅,当自己处于对方那个位置时,听到这样的话语,情绪是怎样的。

> 在批评孩子时，在心里默默进行身份互换，如果自己是孩子，希望父母用哪种语气和方式与自己互动。试一试，或许这样的方法有助于我们控制情绪。
>
> 和孩子一起阅读情绪相关的书，玩一玩情绪词汇大比拼的游戏，看看谁说的情绪词汇更多。

积极回应——行为共情，温暖孩子的内心

什么是积极回应

我们通过换位思考从理性层面理解了孩子的所思所想，也通过感同身受体验到孩子的感受后，就进入了共情的第三个层次——积极回应。

积极回应，也可以称为"行为共情"，是指我们通过语言、肢体语言和行为对孩子进行回应，将我们感知到的感受告诉他，让他产生被理解和接纳、不孤独的感觉。这个情绪传递的过程，对孩子来说非常重要。试想一种场景，在公园里，你看到有个孩子被小朋友孤立后，一个人害怕、孤独地缩在角落里。你能够深刻地体验到孩子此刻的情绪，但是，你不想"惹

事上身"，只在一旁默默观察。那么我们可以说，此刻并没有共情产生，因为孩子没有接收到任何信号，他甚至会产生这样的认知："所有的人都不喜欢我，没有人愿意帮助我。"

如果你能走过去，蹲下来，对孩子说，"他们故意不和你玩儿，你感觉很难过，是吗"，或者向孩子伸出双手，发出一个诚挚的邀请——"你愿意和我一起玩儿吗？我想玩那个跷跷板，需要有人帮忙"，那么，与被忽视相比，他此时此刻的感受会截然不同，你的共情像一束光照亮他的心，从黑暗中撕开一道裂缝，让他的心里越来越明亮，一扫难过或仇恨带来的阴霾。这就是基于共情的积极回应。

当然，这里只是基于特定场景的举例。在生活中运用共情陪伴时，大家积极回应的方式并不完全一致，需考虑自身特点产生的差异。刚接触共情陪伴的人士，或者对如何回应不太自信的朋友，可以跟着下面的积极回应的三步骤进行练习。

积极回应的三步骤

第一步：搜集关键信息

通过倾听和细心观察，在心中重复或回忆对方透露的信息，信息里有哪些人物和事件线索？这些信息反映了对方的哪些情绪感受以及内心需求？

一位妻子表述：我和丈夫在教育孩子的问题上一直争吵，他总说我对孩子太严厉，每次我管儿子时他就会阻止我。我也看不惯他的做法，他对儿子有求必应，非常娇惯孩子。孩子现在已经变成了"两面人"，在我面前一套，在他面前一套。

从这段话中，我们不难分析：这位妻子和丈夫在教育孩子上有分歧，她对此感到生气，也担心教育理念分歧对孩子性格养成的负面影响，困惑于如何解决当下的困境。

第二步：进行内容和情感回应

我们在了解到对方所表达的信息后，就可以用自己的语言对其表达的内容及情感甚至是需求进行回应。在这里我们一般用三段式结构来进行表达：

第一段：描述我们观察到或听到的相关内容。

第二段：根据我们的观察或者推测，描述其情绪。

第三段：常用询问词，如"是吗""对吗"。

在上一个例子中，我们可以这样回应："你和丈夫在教育理念上有很大分歧，你对此感到生气和担忧，是吗？"

我们再来看一个非常熟悉的场景。3岁的皮皮刚上幼儿园，每天早上去上学的时候，都哭着说："妈妈不要送我去幼儿园，我要在家里陪你，我会听话……"

假设我们是皮皮的妈妈，可以用三段式来积极回应皮皮：

第一段：你不想和妈妈分开，不想让妈妈送你去幼儿园。

第二段：你感觉很难过，还有一些害怕。

第三段：是吗？

第三步：评估回应是否有效

尽管我们在尽可能地感同身受，但毕竟每个人都是独一无二的个体，在某些时候，回应的内容可能并不准确或者不全面。所以，我们才在回应时用"是吗"这个询问词，来和对方确认回应是否有效。

这时，对方会用各种方式（语言和非言语行为）来回应我们。如果我们的回应很准确，对方一般会说"是的""对""就是这样"，或者通过点头等方式来示意；如果我们的回应不准确，对方会回答"不，我没有那样的感觉"，或者对信息进行补充。如上面提到的丈夫和妻子教育理念不一致的例子，妻子接着说："我不仅很生气，还很困惑，到底该怎么解决呢？"

很多人在开始实践共情时，非常害怕自己的理解能力弱，难以做到精准回应，从而不敢表达自己。其实，大可不必。我们只要怀揣着真诚，试着理解对方的态度，与对方对话，就打开了积极沟通的大门。对方会因我们的回应，开始自我探索之旅。他们会把我们当成倾诉对象，滔滔不绝地解释自己为什么会这么做，为什么会有这种情绪，甚至可能在倾诉的过程中，自己突然就意识到了解决问题的关键。

积极回应的注意事项

回应，不等于答应

可能有的朋友一直有这样的困惑：为什么叫"积极回应"，在回应前面加"积极"二字，有什么特殊的含义吗？这是一个非常好的问题。

在这里，我们所说的积极是指以愉快的状态，投入地做某件事情。如，孩子积极地打开课本，表明他内心深处很喜欢做这件事情。积极的反义词，是消极，也就是不愉快的状态，抗拒做某件事情。如，孩子唉声叹气地打开课本，表明他内心深处不愿意做这件事情。

回应是指什么呢？回应，指对一个人或一件事情进行回答、响应。在这里，我们特指回应情绪，如"我感觉你特别难过""我看到你很生气"。要注意，回应与答应有区别。答应，一般聚焦行为和要求，如"我答应孩子继续看动画片的要求""我答应孩子再陪他5分钟""我答应孩子明天不上班"，等等。

如果你还是有些困惑的话，我们一起看下面这个例子。我给大家列了四种不同的回应，我们看看分别属于什么方式（见图3.3）。

妈妈下班回到家，马上开始做饭，中间还要处理工作上的几个电话。正在炒菜的时候，玲玲跑了过来，对妈妈说："妈妈，妈妈，你给我讲绘本吧！"

回应 A：妈妈把火调小一些，蹲下来，看着玲玲说："玲玲想要妈妈和你一起读绘本，妈妈知道了。你自己先看一会儿，等妈妈做好饭再陪你。"

回应 B：妈妈关掉灶火，抱起玲玲："玲玲想让妈妈陪啊？好吧，妈妈不做饭了，咱们看绘本去！"

回应 C：妈妈一边关火，一边说："成天就知道缠着我，这么大还不会自己看书吗？烦死人了。走吧，走吧，我可说好了，就给你讲一本。"

回应 D：妈妈一边炒菜，一边说："看什么绘本，你还吃不吃饭啊？一点儿都不让人省心。赶紧出去！找你爸爸去！"

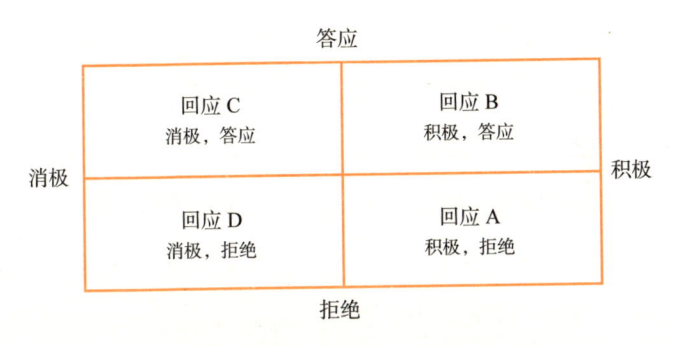

	答应	
回应 C 消极，答应		回应 B 积极，答应
消极		积极
回应 D 消极，拒绝		回应 A 积极，拒绝
	拒绝	

图 3.3 积极回应 vs 消极回应的示例

你如果是玲玲,更希望妈妈用哪种方式回应自己?大家都会选 A 或者 B,没有人会选 C 和 D。这是为什么呢?在 A 回应方式中,玲玲的要求被妈妈拒绝了,而在 C 回应方式中,玲玲的要求得到了满足。相信大家已经找到了关键点,那就是妈妈的情绪状态。A 和 B 选项,妈妈处于积极情绪中,也看到了玲玲的情绪,这会让玲玲感受到被关注和理解;C 和 D 选项,妈妈处于消极情绪中,指责和埋怨玲玲,这会让玲玲产生"我不够好,妈妈不喜欢我"的感受。在 C 选项中,哪怕妈妈答应了玲玲,但我们可以想象,讲故事的人和听故事的人都没有处于平和状态。对玲玲而言,她可能受妈妈的消极情绪影响,在听故事时心不在焉,或者会提出更多要求来纠缠妈妈,通过这样的方式来确认妈妈对自己的爱。

积极拒绝和积极答应都属于积极回应范畴,在真实生活中,家长总是做到积极答应非常困难。我们不可能每时每刻都积极地满足孩子的每一个需求,这不仅与孩子需求的合理性有关,也与家长的心理状态和精力充沛度有关。好消息是,我们也无须要求自己总是做到积极答应,可以合理地拒绝孩子的某些请求,我们的情绪只要处于积极状态,就不会破坏亲子关系,也不会伤害到孩子的自尊心,反而会让他们逐步认清和我们之间的边界,还有助于培养其规则感。

回想一下,在你和孩子的日常互动中,以上四种回应方式，哪种占多数呢？可以和孩子、伴侣聊一聊。从此刻开始，积极地关注孩子，向积极回应努力，做一个温暖的陪伴者。

回应，需要学会等待

在对刚开始实践共情的教师进行培训时，我们一般会布置相关练习，帮助大家更好地感知共情效果，发现自己在实施共情过程中存在的问题。

有这样一个案例：幼儿园小班的孩子，一直哭着喊"我要回家，我要找妈妈"，作为老师，你会如何回应呢？我们看看下面两个常见的回应方式。

回应1：因为你很爱妈妈，很想马上回家见妈妈，你很难过，是吗？我知道宝贝在家的时候有妈妈照顾和陪伴，你不愿意离开妈妈。妈妈只是去上班了，她也一定很想很想宝贝，因为妈妈也很爱你。我们的幼儿园也是一个家，家里有很多好朋友，老师也会像妈妈一样陪伴你。

回应2：刚刚来到幼儿园，不熟悉，你很害怕。今天我会给你妈妈打电话，让她第一个来接你。在班里你可以把我当成妈妈，我们一起和小朋友玩，很快就相互熟悉了。

作为一名家长，老师用以上两种回应方式对待我家孩子，我感觉还挺不错，因为她对孩子很有耐心，没有恐吓和斥责，一直在试着做沟通。但作为专业工作者，我会给老师提三个小小的建议：

第一，和孩子的对话可以更简单一些，将重点放在情绪回应的语句和动作上。

第二，耐心陪伴孩子即可，不要因为着急解决问题，就给出一些随口就来的承诺。比如，你能确保孩子的妈妈一定会第一个来接她吗？如果做不到，那么孩子好不容易建立的对老师的信任，可能就会土崩瓦解。

第三，给孩子时间，让他们的情绪静静地流淌。对有分离焦虑的孩子，我们共情的目的，不是让他们马上安静下来，不再哭泣，而是让他们感知到我们在试着与他们建立情感联结，让他们信任我们从而信任幼儿园这个陌生的环境，最终慢慢适应幼儿园生活。

我想，以上三点，对所有实践共情的家长都很适用。回想一下，在与孩子的互动中，在你以为还不错的共情回应中，是认可孩子情绪的语句多，还是给孩子讲道理、解释的语句多呢？二者比重不一样，共情效果截然不同。

父母共情陪伴能力提升练习：

参考图3.3，评估在日常生活中，自己更多用哪种方式回应孩子。

> 按下列场景进行积极回应练习：
>
> 1. 孩子不小心把碗打翻在地；
> 2. 孩子不愿意和小伙伴分开；
> 3. 马上要开学了，孩子的暑假作业还没有完成。

正向引导——鼓励期待，促进孩子的成长

什么是正向引导

共情陪伴的最后一个层次，我们称为正向引导——基于孩子的情况，提出一些建议和指导，帮助他提升解决问题的信心和能力。这也是共情不同于传统心理咨询的最重要的一点。在心理咨询中，咨询师会保持完全中立的态度，不会为来访者提供具体的建议和指导，不会充当来访者的"人生导师"这个角色（尽管很多来访者刚开始有这样的"伪需求"），而是陪伴来访者，和他一起探索自我。最终解决问题和做出选择的是来访者本人。

当共情应用于家庭教育领域时，我们需要对其进行"改良"。对孩子而言，我们承担着"教育者"的角色，需要帮助孩子树立正确的价值观和积极的人生观。有时候，也需要就具

体的事件给孩子提出一些建议。毕竟,孩子是发展中的个体,受年龄特点、认知水平、生活经验的影响,有时候并不具备独立解决问题的能力。

例如,在共情陪伴儿童心智成长绘本《被拒绝了没关系》中,讲述了这样一个故事:丹尼尔和家人到公园里玩儿,本来玩得很开心的丹尼尔,看到星期三王子和哥哥在玩组装飞机的游戏,很心动。他请求加入游戏,但遭到了拒绝,星期三王子告诉他:"今天是我和哥哥一起玩的专属时间,不能和你一起玩儿。"丹尼尔很难过,想回家。丹尼尔爸爸了解了事情的经过后,采取共情的方式回应丹尼尔:"被好朋友拒绝了,这真是一件让人难过的事情。"不仅如此,他还抱了抱丹尼尔,用自己的行动表达了对丹尼尔的共情。随后,他又对丹尼尔说:"当朋友不想和你玩时,那就用其他事情来填满。"丹尼尔在爸爸的启发下,找到了感兴趣的事情——和妹妹玛格丽特一起玩儿。他们一起玩得特别开心。

在这里,爸爸在与丹尼尔共情后,给了他一个启发性的建议:"当朋友不想和你玩时,那就用其他事情来填满。"这便是我们所说的正向引导,它是成人提出的帮助孩子解决问题的框架和探索的方向。又如,在《丹尼尔学接球》中,丹尼尔不论怎么努力,都接不住别人抛过来的球,他产生了巨大的挫败感。大哥哥星期二王子与丹尼尔共情后,安慰他:"总是接不住球，你很气馁，甚至想要放弃游戏，这很正常。"他随后启发丹尼尔："我们不仅要不断尝试，还要找到正确的方法来练习。"在大哥哥的共情陪伴下，丹尼尔找到了接住球的方法——眼睛看着球过来的方向，当球到胸前时，给它一个大大的拥抱。在这个故事中，星期二王子传授给丹尼尔接球诀窍，便是正向引导。

看到这里，家长们是不是恍然大悟："这不就是给孩子一些建议，告诉他如何解决问题吗？我经常用，但是不管用。很多时候，孩子根本不听。"从某种程度上说，这位家长的理解很正确。但我们在生活中给孩子建议的时候，孩子为什么不愿意听呢？一起来看看正向引导的几个基本原则吧。

正向引导的基本原则

引导，先沟通情绪，再解决问题

我们是不是有过这样的体验：在青春期的时候，遇到一些烦心的问题时，我们不愿意和父母交流，但愿意向好朋友倾诉。同样的问题，父母传授的方法，我们不想采纳，却愿意试一试朋友给的建议，哪怕父母和朋友给出的建议相似。如此差异化对待的原因是什么？相信大家心中已有答案：我们觉得和朋友有共同语言，他们能更懂我们。而父母，因为过于担心我们的"问题"而焦虑不已,在沟通时,容易以讲道理为主,甚至不停唠叨和抱怨,这只能徒增我们的"烦恼"。所以,我们从心底抵触与他们交流。有了这种先入为主的情感体验以及思维定式,我们自然很难听取父母的建议。

在做家长工作坊的时候,我经常会用经典的绘本或视频作为素材,很多家长观看完毕后感叹:"怎么别人家的孩子就这么自律和自觉,遇到问题后家长适当引导就轻松解决了!"答案很简单,"别人家"的家长把功夫用在了平时,和孩子培养了一套良好的沟通模式,孩子能够被有效安抚,积极投入解决问题的探索中。

2017年的春季,有一次我在北京市朝阳区某幼儿园做教研,现场还有家长代表和兄弟幼儿园的教师。当时是大班下学期的一堂活动课,教师在展示了一段视频后,有一个孩子大声说:"这个老虎爸爸怎么那么温柔,要是我爸爸,早就动手打我了。"他的发言引发哄堂大笑,但是不是也会引发我们深入思考?这可是孩子最真实的声音。想要孩子成为"别人家"的孩子,家长首先得成为"别人家"的家长。

试想,和丹尼尔被星期三王子拒绝的例子相似,自己家的孩子被其他小朋友拒绝了,他很难过,想回家,我们会如何回应?来看看我们搜集的家长常见回应模式:

A.别人不和你玩儿,你就自己玩儿呗。

B. 拉着孩子，找到小朋友："我们一起玩儿吧。"

C. 别遇到一点小事就哼哼唧唧，你可听好，回去了我们就不出来了。

D. 谁叫你上次不和小朋友分享玩具，以后你要大方点，要不没人和你玩儿。

E. 他们不和你玩儿，你以后也别和他们玩儿。没啥大不了的，来，我们一起玩儿。

从这些回应中我们可以发现，家长经常忽略孩子的情绪，直接跳转到解决问题的程序，甚至认为孩子不应该有情绪。更可怕的是，一些家长可能出于"教育孩子"的目的，断定是孩子"不懂分享，不会合作，脾气太大"才导致其他人拒绝了孩子，也就形成了"别人拒绝我，是因为我不够好，我不可爱"的归因模式。这种引导非常消极，不利于孩子正确面对"被他人拒绝"这个议题，孩子会认为自己被拒绝的原因要么是自己不好，要么是别人不对，而忽略了这其实是一种很正常的现象。人与人之间需要遵守边界，合理拒绝别人是每个人都拥有的权利，好朋友、家人之间也是如此。

我经常和家长交流，有时候，给孩子一些引导本身没有问题，但必须在共情之后，建立在彼此信任的基础上。"亲其师，信其道"便是这个道理。同时，给出的引导也应有助于孩子的发展，而不是让孩子禁锢自我或仇恨他人，否则会得不偿失。

引导，不等于代替

家长虽然承担着教育者的责任，但任何时候，都不要忘记和孩子保持该有的界限，尊重孩子的自主权，允许孩子体验和承担相应的责任，最好不要直接替孩子解决问题。

直接替孩子解决问题，看似效率比较高，但在这个过程中，孩子会收获什么呢？他会不会认为爸爸或妈妈很厉害，可以一直帮助他，下次再遇到类似的问题，依旧可以寻求帮助。可能有的家长会反驳我，认为我在危言耸听，因为作为家长，我们的本意是给孩子做榜样示范，告诉孩子可以通过这种方式解决问题，同时也传递给孩子信息——爸爸或妈妈愿意为他提供帮助。我只能说，这些想法太过理想化了。

回到孩子被拒绝的例子。在与孩子共情后，如果孩子说："爸爸，你帮我去和他们说，好吗？"孩子拉着你的手往小伙伴那边走，你可以一边陪伴他一边说："你暂时还有些害怕，希望爸爸能帮帮你，是吗？没问题。"有这样一个过程，比直接替孩子解决问题要好很多，因为这个"想法"是孩子自己产生的，而不是家长。在这里，他是主导者，家长是配合者。

积极引导，而不要代替孩子，家长还需要把握另一个原则，那就是在给孩子提建议的时候，尽量给出过程性建议，而不要给内容性建议。所谓过程性建议，是指我们尽量提供解决问题的方向和框架，激励孩子自己找到解决问题的具体办法。

从本质上说，给出过程性建议是相信孩子自己是解决问题的人，我们只是给他提供必要的脚手架；而给出内容性建议，是直接告诉孩子具体问题的具体解决方法，直截了当，孩子无须做任何探索。

在《再试一次》的故事中，海莉老师告诉小欧，或许可以从书中找到解决问题的办法，但没有说具体怎么做，这便是过程性建议；如果海莉老师直接告诉小欧，像她那样，把大的放下面、小的放上面、大的积木横着放，这便是内容性建议。内容性建议看似省时省力，但是不利于孩子探索性的发展，更不利于孩子自信心的培养。

有一次，我们去某机构观摩孩子们上课，主题是如何利用积木搭建风扇。据了解，授课的老师是一位经验非常丰富的老师，他快速给孩子们讲解需要搭建的作品的结构特点之后，就带着孩子们操作。"孩子们，我们现在要做一个底座，怎么做底座呢？请把你们觉得适合做底座的积木找出来。"老师不停地发着指令："不对。底座一定要稳，所以我们要找最大的积木。看看自己手中的积木，是最大的那块吗？"老师看到有些孩子操作不正确时，会一边讲解一边帮助他们找到最大的积木。在老师的引导下，孩子们很快便完成了作品，但这些作品的外形几乎都一样。对于所谓的机械原理相关知识，孩子们也是知其然而不知其所以然。

这个课程结束后,有两点让我们印象深刻。第一,搭建结束后,孩子们都不愿意离开,不停地摆弄手中的积木,玩了起来。和我们一起观摩课程的幼儿园园长一针见血地指出:"这是因为孩子们在上课的过程中,探索的欲望没有得到满足,现在才是他们真正享受的时刻。"第二,在接下来的搭建课中,很多孩子养成了不停询问老师的习惯:"老师,我这个材料对吗?老师,是不是像这样搭?"如果老师说是,他们就放心地开始行动;如果老师不回应,他们则停在那里继续等待;如果老师说不是,他们就望着老师,等待老师给自己"喂食""开小灶",或者直接帮自己改正。

而经历充分探索和思考的孩子,会呈现怎样的状态呢?另一位懂得共情陪伴的老师试着用共情的方式引导孩子,与孩子讨论风扇底座的作用是什么,支架的作用是什么,可以选取哪些材料来实现自己的目的。我们发现,有的孩子用最大的那块积木做底座,而有的孩子用几个小的积木拼在一起,为了让底座更稳固,又加厚了两层。最后,这些孩子的作品各不相同。

有一个细节触动了我们。有个小男孩在固定风扇叶的时候遇到了困难,旁边一个已经完成作品的小女孩问:"需要我帮忙吗?"小男孩拒绝了,说:"我想自己再试一试。"后来,他成功了,感到特别自豪。老师用共情的方式肯定了孩子:"你刚才在遇到困难的时候,坚持自己探索,让我们都很感动。不过,如果遇到特别大的怎么也无法解决的困难,接受别人的帮助也是一种方法。"男孩点了点头,露出有些羞涩的表情。

试着回想一下,我们引导孩子的过程中,究竟是循循善诱多一些,还是直接代替多呢?如果是后者,我们需要放慢节奏,给孩子更多自我成长的空间。

引导,要符合健康发展的需要

在设计本书框架时,有老师疑惑:为什么要在此处强调"积极引导",难道还有"消极引导"不成?

生活中的确存在父母对孩子的消极引导。消极引导来源于三个方面:

第一,家长引导时的态度和情绪消极,前面我们已经介绍过。

第二,家长引导的方向可能错误,不符合孩子健康发展的需要。比如我们在前面分享的"被拒绝"的案例,家长如果引导孩子"别人不和你玩儿,是因为你不懂分享","别人不和你玩,下次你也别和他玩儿了",可能导致孩子发展出"自我中心""孤僻"等特质,不利于孩子社会性的发展,是消极引导。

第三,家长引导的目标不当,对孩子要求太高。如要求还没有掌握情绪调节方法的孩子自行冷静下来,这既没有培养孩子解决问题的能力,还会引发孩子强烈的受挫情绪。我相信家长们在一些大是大非的原则性问题上，并不会把孩子"带偏"。比如，我们会和孩子强调，要做一个善良、正直、勇敢的人，要爱国。但是家长很可能因为不了解孩子心理发展规律，在某些问题上"矫枉过正"。比如，引导一个还没有建立物权意识的2岁孩子分享，要求还没有组织分工能力的4岁孩子合作，命令5岁孩子快速控制自己的情绪，等等。这时候，我们以为是"积极引导"，实际上可能会带来消极的结果。所以，需要谨慎再谨慎。

至此，我们已经介绍完共情陪伴的四个层次，让我们一起回顾，分别是：启动认知共情的换位思考，激发情绪共情的感同身受，做出共情行为的积极回应，以及促进孩子健康成长的正向引导。

以前，经常有家长发出这样的疑问："与孩子共情之后要怎么办呢？问题还没有得到解决啊！"如果我们能够坚定不移地按照这四个层次进行，有时候真的只共情即可，孩子自己就会找到解决问题的办法。也有时候，我们需要给孩子一个助推力，对其进行正向引导，提升其解决问题的思维和能力。

所以，这四个层次中，最重要的并不是第四个，因为它并非必不可少。重要的层次是前面三个，特别是第一个和第二个。虽然这两个层次更多的时候是在我们大脑中完成，但重要性不可忽视，它们是每一次共情的基石。所有共情应用不到位的场景，几乎都是因为换位思考和感同身受做得不够好。

另外，对家长关于"问题还没有得到解决"的困惑，我还有一点需要补充。我们要弄清楚一个概念：什么叫解决问题？需要达到什么标准？是孩子马上不哭了，还是孩子感觉到被理解后，激发出成长的内驱力和信心？如果一个孩子遇到挫折后，父母和老师用共情的方式引导他，哪怕此刻他依然抽泣着，哪怕他尝试过后只是进步了一小点，更重要的是，他能产生这样的信念：失败并不可怕，即使失败了，他们依然爱我。我有力量面对挫折，我也有能力面对挫折，看，我已经做得越来越好了！

这，才是真正解决问题！也是共情陪伴的意义所在。

> **父母共情陪伴能力提升练习：**
>
> 不再着急解决问题，不再代替孩子解决问题，让孩子成为解决问题的主导者。
>
> 在日常生活中，家长很容易陷入"代替孩子解决问题"中，把孩子的问题变成了自己的问题。长此以往，不仅很容易让双方产生消极情绪，也不利于孩子能力的培养。试着把问题还给孩子，陪伴他慢慢解决。

比如，当孩子早晨上学磨蹭时，家长与其一边气急败坏地催促，一边替孩子收拾物品，然后急匆匆地出门，不如提前一天让孩子做好准备，第二天早上只适度提醒。这样，孩子会感受到自己的进步，增强自我掌控感。哪怕出现可能迟到的情况，也会让孩子学会自己承担责任。

第四章

共情陪伴的五个步骤

共情陪伴的步骤可以用"停、看、听、说、做"五步来概括:

停——按下你的暂停键;

看——SAFE 法,帮你真正看见孩子;

听——你的感受我知道;

说——共情回应的三个技巧;

做——解决问题的四个基本原则。

很多家长刚开始接触共情陪伴方法的时候,十分兴奋,感觉自己掌握了一套与孩子沟通的万能公式。他们惊喜地向我反馈:"我发现孩子真的很配合,我只是说了一句,'妈妈知道你还想玩儿,我也想陪你玩儿,可是时间已经很晚了',他就乖乖地收拾玩具,和我一起读绘本,准备睡觉了。"但两个星期后,他们又很沮丧,因为共情"失灵"了,不管用了!孩子还是我行我素。慢慢地,家长也开始露出"真面目",重拾原有的那一套育儿方法,对孩子连吼带叫,过后又后悔不已。"我知道要共情,我也知道该如何说,就是做不到,等自己明白的时候,已经晚了!"这段内心独白,九成以上刚接触共情陪伴的家长,似乎都经历过。

其实,共情除了上一章介绍的换位思考(认知共情)、感同身受(情绪共情)、积极回应(行为共情)、正向引导(鼓励期待)四个层次外,还可以通过三个环节(放下、了解、回应)之五个步骤(停、看、听、说、做)来实现(见图4.1)。

图 4.1 共情陪伴的三环五步法

从某种程度上说，这个三环五步法将共情陪伴的步骤拆解得更细致，更有助于我们真正做到共情。对初学者来说，三环五步法是手把手的指导；对共情陪伴能力较高的人而言，也是不错的自我觉察和反思的工具。

第一步：停——按下你的暂停键

丁丁妈妈下班回到家，在门外就听到了 2 岁女儿悦悦的大哭声和奶奶的责骂声："你怎么总是不小心，三天两头让妹妹受伤！"妈妈赶紧开门进去，发现奶奶正抱着悦悦，悦悦的额头上鼓出来一个大包，丁丁拿着一个飞机模型站在沙发上，冲奶奶吼："才不是我干的！"妈妈一把搂过悦悦，边检查伤边生气地说："丁丁你又干啥了？你都 5 岁了，能不能有个哥哥的样子！赶紧过来给妹妹道歉！"丁丁扭过头去不说话。

这个画面，很多家长并不陌生，也很容易产生共情。当然，此刻你们共情的对象是丁丁妈妈，因为作为家长，我们经常会处于混乱状态，很难控制住自己的情绪，特别是对有多个孩子的家长而言。

我们怎样才能做到"临危不乱"，控制住自己的情绪，以更好地与孩子沟通呢？第一步：停。下面，我们看看丁丁妈妈按下暂停键后的效果。

丁丁妈妈在确认悦悦的伤并无大碍，做了简单处理后，把丁丁带到卧室，蹲下来看着他说："妈妈刚刚看到悦悦受伤了，特别着急。你能告诉我当时发生了什么事情吗？"丁丁的眼眶红了："我在玩飞机，妹妹觉得很好玩，她追在我后面跑，然后摔跤了，头碰到了桌子。我准备过去扶她，但奶奶非说是我故意让妹妹受伤的。"

"听到奶奶那么说，你感到很生气、很委屈，还有一些害怕，是吗？"丁丁妈妈继续问。

"嗯。妈妈，妹妹的伤要紧吗？要去医院吗？"丁丁问。

"不需要去医院，妈妈很高兴你关心妹妹。"妈妈给了丁丁一个拥抱，然后说，"妹妹还比较小，不会保护自己，很容易摔跤。"

"妈妈，我有个办法，下次我带妹妹在卧室里玩，那样就不会碰到桌子了。"丁丁大声说。

同样的场景，妈妈能够按下暂停键时，就会让理智脑回归，采用不一样的回应方式，和孩子沟通的效果也截然不同。大家可能还困惑于到底怎样让自己停下来，我们一起看看停的三个层面。

停的三个层面

按下暂停键，需要我们提醒自己从三个层面及时停下来，才能做好共情沟通的准备。

物理层面：停下手头的事情

相信大家都有这样的体验：我们正在与他人交谈，如果对方一边做其他的事情，一边回应我们，我们就失去了继续交流的渴望，草草结束对话，因为不管是有意还是无意，对方都在给我们传递一个信号——他对我这个人或我说的内容不感兴趣，或者此刻他很忙，无法关注到我。回想我们在和孩子交流时，是不是也经常一心二用、心不在焉？其实孩子也能感受到，只不过有的孩子已经习以为常，与其意兴阑珊，不如"各自安好，互不干扰"。

真正的共情陪伴，从我们放下手中的事情，全身心关注到对方开始。就像案例中的丁丁妈妈一样，把丁丁带到卧室，蹲下身来和丁丁处于一个高度，都在传递给丁丁一个信号：此刻只有我和你，我想和你交流。孩子感受到被重视，自然会慢慢放下戒备，全情投入与我们的沟通中。

认知层面：放下固有的价值判断

阻碍我们与他人共情的最大敌人，就是先入为主的偏见。受文化背景、个人经验等多重因素的影响，我们很容易带着固有认知去评价对方。如我们更倾向于给黄头发的青年而不是戴着眼镜、看上去很文静的女性贴上"坏人"的标签；在学校，两个孩子发生冲突，家长和教师更容易认为是平时"调皮"的那个孩子挑起的事端……但事实很可能与我们想的大相径庭。

在上面的案例中，妈妈和奶奶很容易陷入"哥哥应该保护妹妹""哥哥调皮"这样的偏见中，所以不假思索地批评哥哥。哥哥感受到自己"被冤枉"时，会很生气、很委屈。如果这些情绪没有被看见，哥哥很可能会"破罐子破摔"，慢慢发展成家长"认为"的样子。

我们团队培训教师的过程中，经常强调：很多时候，眼见都不一定为实，所以当孩子之间发生冲突，或者孩子处于消极情绪时，教师一定要先放空自己，不带主观猜测和评判，蹲下来，看着孩子问："能告诉我发生什么事情了吗？"这种态度和言语信息传递给孩子的是：我在这里，我想了解事情的经过。这种不偏不倚的态度，会让孩子感受到被信任，愿意把事情梳理后表述出来。这个复述过程，一方面可以帮助孩子调节情绪，另一方面也可以帮助孩子梳理事情的前因后果，自己找到解决问题的方法。

所以，当妈妈对丁丁说出"你能告诉我当时发生了什么事情吗？"这句简单却充满魔力的话后，丁丁的眼眶红了，这是丁丁被妈妈信任后，原本委屈情绪的安全流露。

感受层面：觉察和理解自己的情绪

当处于强烈的情绪状态时，理智脑会失去控制，我们很容易陷入情绪化表达，因为着急而责备，因为生气而攻击，因为害怕而指责。想要做到共情，必须对自己的情绪保持良好的觉察，及时调节自己的情绪，停止情绪脑的工作，才能放空自己，去感受对方的所思所想所感。如丁丁妈妈担心妹妹的伤势，生气丁丁的"没轻没重"，于是口不择言地指责丁丁"你都5岁了，能不能有个哥哥的样子"。好在丁丁妈妈的觉察能力不错，她很快意识到自己的情绪，让自己及时停了下来。

"但是，我觉察能力不好，遇到生气的事情，很难控制住自己，也不想控制自己。"很多家长这样说。如果你也有这样的困惑，或许以下几个协助调节情绪的方法能有所帮助。

提醒自己：放下先入为主。我们放下自己，允许自己了解情况时，会帮助我们打开很多扇窗户，去更好地理解孩子的行为。这部分能力越强，"发火"的概率就越小。例如，在聚餐时，5岁的妞妞和2岁的佳佳坐一起，妞妞把精美的水果拼盘挪到了自己面前。奶奶觉得有些尴尬，正想斥责妞妞，妈妈碰了一下奶奶的手，轻声对妞妞说："你为什么把拼盘放在这里啊？"妞妞说："因为这里面有牙签，很危险，不能让妹妹拿到牙签。"

觉察自己：留意情绪的身体线索。当我们情绪比较激烈时，身体也会有自然反应，不过反应部位因人而异。比如很生气时，有的人是嗓子冒烟，有的人是脑袋发晕，有的人是胃部痉挛，有的人则是手臂发抖。我们可以尝试多与身体做联结，感知特定情绪下身体反应最明显的那个部位，因为身体反应往往比大脑反应来得更快。身体的感受提醒我们：我正在生气，我需要深呼吸，我需要离开一会儿，帮助自己冷静下来，从而降低情绪爆发的可能。

接纳自己：随时都可以停下来。现实情况是，即使做好了前两个准备，我们也不会百分百停下来，一定会有情绪失控的时候。其实，我们无须太苛刻，觉察到自己情绪失控的时刻，都可以停下来，告诉自己：我是人不是神，生气也是人之常情。在接纳自己情绪的基础上，帮助自己冷静下来；接下来，真诚地向孩子道歉，从放下自己的主观评价开始，展开积极沟通，就像前面案例中的丁丁妈妈一样。我不建议家长做情绪化表达，但当事情已经发生时，也无须过度责备自己。这一过程，既能让家长从"让自己后悔的沟通方式"中学习和改进，也能让孩子明白家长生气的原因，从而提升自己的情绪理解能力。任何时候，共情无须完美，其核心在于让对方能够感受到你的真诚、理解和接纳。每一次沟通后，双方的感觉都很舒服，关系更紧密，更有力量，这才是核心。

父母共情陪伴能力提升练习：

在停下来共情陪伴孩子时，能够给自己打多少分？（0~10分）

停下当下的事情，专注于孩子。（　　分）

停下对孩子的评价，对孩子充满好奇与期待。（　　分）

停下情绪脑，放空自己，让孩子感受到安宁与力量。（　　分）

学会停下来，不是要求家长事事、时时以孩子为中心，而是让孩子感受到家长对自己的尊重与全然陪伴。家长因为其他事情不能停下来时，真诚地告诉孩子即可。

第二步：看——SAFE法，帮你真正看见孩子

我们通过学习和训练让自己能够及时停下来之后，就可以开启"看"和"听"这两个环节了。这两个环节的作用是尽可能全面了解信息，特别是关键信息。

我们先看下面一个案例。涛涛和几个小朋友在公园玩儿的

时候，碰到了嘟嘟，嘟嘟摔倒在地上。妈妈赶紧扶起嘟嘟，对涛涛说："涛涛，妈妈提醒过你好多次，要控制自己，别太兴奋。再这样，就没小朋友和你玩儿了。"旁边的木木说："阿姨，他刚刚还撞倒我了。"涛涛站在那儿，手拧着衣服，挤出一个笑着的表情："我还不和他们玩儿呢。"妈妈更生气了："你还笑，都不觉得愧疚吗？赶紧回家！"

在孩子给别人带来"麻烦"时，大部分家长的第一反应是斥责孩子不懂事，逼孩子马上道歉，他们认为此刻不需要与孩子共情，也做不到。但是，作为家长，我们不分青红皂白就责备孩子，能帮助孩子认识到自己的"问题"吗？显然不能，因为很可能，家长并没有看见事情的全貌，也没有从孩子角度了解事情到底是如何发生的。此刻，需要我们学会用 SAFE 法来观察和看见更多的关键信息，从而学习如何真正读懂孩子。

S：看情境（Situation）

这件事情发生在什么时间、什么地点？有哪些人在场？他们有没有说一些或做一些什么？要知道，我们的行为并不是孤立发生的，除了受个性特点影响外，还很容易受环境中其他信息的刺激，特别是对小孩子而言。

一位朋友告诉我，他小时候循规蹈矩，学习成绩也很优秀，是老师和家长眼中的好孩子。他们学校操场旁边，有一个橘子收购点，秋天橘子成熟的时候，果农们便把自己家的橘子运来售卖。不知道谁起的头，同学们玩起了恶作剧，趁着挑橘子的果农不留意，悄悄拿几个橘子，然后快速跑回来，相互炫耀自己的战果。我的朋友说，看着同学们乐此不疲的样子，他也鬼使神差地跑到一个老爷爷身后，悄悄拿了一个橘子。就在他准备跑掉的时候，老爷爷发现了他，捏住他的胳膊说："小小年纪，你就不学好。"朋友涨红了脸，赶紧把橘子放了回去，旁边的人在说什么他好像也听不见了。穿过人群走向教室的时候，他看见老师正望着这个方向，心里害怕极了。

其实，在他家乡，橘子并不是稀有的水果，每家每户都有。他当时做出那个举动，更多的是受周围小伙伴的影响，他也想体验那种刺激的感觉。一个下午他都忐忑不安，不敢与老师对视。令他意外的是，随后几天，老师也一直没有和他提这件事。直到上大学后，他主动说起此事，老师才告诉他："你当时已经很害怕、很羞愧了，我无须多说什么。"老师的话令朋友很感动，他很感谢老师看见了自己的"窘迫"和"悔恨"。很显然，对那时候的他而言，老师什么都不说，就是最好的回应。

再回到前面提到的涛涛的案例，我们可以想象，小朋友们在一起玩耍、奔跑的时候，情绪兴奋，动作幅度大，很容易发生碰撞的情况，但很少出现一个小朋友故意去撞倒其他人的情况。家长如果对此上升到孩子的"品质"有问题，批评孩子故意"使坏"，或者责备孩子"言而无信"（承诺自己要注意动作的幅度却没有做到），那就太冤枉孩子了。我很理解家长希望自己的孩子能够进退有度、合理控制自己的情绪和行为的心情，但实际上这一愿望不太可能在家长苦口婆心提醒几次后便实现。有两方面的原因：一方面，从孩子的生理发展水平来说，他们的大脑皮质抑制区并没有发育完成，缺少成熟的硬件支持；另一方面，从自我控制的经验来说，他们也没有习得有效的方法，特别是对神经容易兴奋的孩子而言，更需要家长给予充足的时间和耐心来指导。

很多时候，家长脱口而出的责怪孩子的话，一方面是对孩子"恨铁不成钢"，另一方面，也有"自我保护"的嫌疑，通过责备孩子来表示在尽力教育孩子，给自己和周边人一个交代。我们可以试着感受，在涛涛这个案例中，旁边木木的"告状"对妈妈的焦虑和生气情绪起到了火上浇油的作用。

A：看动作（Action）

除了看当时的整体环境，还要仔细看孩子的动作。在涛涛这个案例中，妈妈如果看到了涛涛用手拧衣角的动作，并能正确解读这个动作背后的含义，可能就不会认为涛涛在"嬉皮笑脸"了。这并不是涛涛毫不在意妈妈的评价的表现，反而是紧张和害怕的反应。当有小朋友因为自己的动作而摔倒时，大部分孩子会有自发的内疚感，妈妈如果没有捕捉到这个情绪，反而大声斥责，孩子马上会产生"害怕""委屈"等情绪。当这些情绪在一定程度上超过原本的内疚感时，他可能就会用一些行为和语言来保护自己，如攻击对方、蔑视、不在乎等。涛涛拧衣角的动作，就是他多种情绪的体现。

FE：看表情（Facial Emotion）

了解关键信息的另外一个方法就是观察面部表情，这也是非常重要的一个非言语信息。大部分时候，孩子能做到表里如一，所以我们可以通过他的面部表情去推测他的情绪，如竖起的眉毛表示生气，耷拉的眉毛表示受挫，等等。但也需要结合肢体动作、言语信息包括语调语速去理解面部表情，因为有时候孩子的确会伪装，如案例中的涛涛那样。

不管怎样，观察这些非言语信息去了解关键信息非常重要。心理学家赫拉别恩曾提出一个公式：信息传播总效果

=7% 的语言 +38% 的语调语速 +55% 的表情和动作。[1] 我们把语调语速及表情和动作都视为非言语信息，那么人际交往中的信息沟通就只有 7% 是由言语信息决定的。由此可见，涛涛的表达中，言语信息"我还不和他们玩儿呢"并不真实，只是用来表达自己的委屈，因为言语信息很可能经过思考和加工，而非言语信息大部分都是高度自发的，来不及伪装。而且，非言语信息包含环境、肢体动作、面部表情等，通道更丰富，更有助于我们真实、全面地了解信息，特别是包含关键要素的信息。

在"看"这个环节，有一个基本原则需要把握，那就是积极关注。用适当的目光接触来表示"我想听你说"，切记不要死盯着对方看，这会给孩子较强的压迫感。轻微点头等一些肢体动作，能表示对孩子表达的认可，让孩子有继续说下去的欲望。"我理解"的表情，能让孩子感到轻松，而不是被质疑。

第三步：听——你的感受我知道

听比说更难，一不小心，就会陷入不想听、不会听、听不懂的境地，这种情况在家庭教养中比比皆是。

---

[1] 周增文. 肢体语言的心理秘密 [M]. 北京：北京工业大学出版社，2008：2.

《有人能听到我说话吗？》是"共情陪伴"早年引进的一本经典绘本，我个人非常喜欢，经常用作教师培训和家长讲座的素材。故事讲述了主人公杰克从不被听见而胆小，到能够大胆表达自己的经历。书里面的画面让家长很有熟悉感，许多家长在听完故事后，不好意思地说，他们家经常有类似的对话，比如：

孩子：妈妈，明天我们去动物园好不好？

妈妈：你今天练琴了吗？

孩子：练了。妈妈，明天能去动物园吗？

妈妈：等会早点睡觉啊。

孩子：明天能去动物园吗？

妈妈：不去了，上个星期才去的。

孩子：……

很多家长反馈，孩子到了小学高年级后，回家就把自己闷在屋里，不和家长沟通，因此认为是孩子叛逆了。其实不然，是因为在孩子很小的时候，家长就没有与之建立起温暖的共情的沟通模式。好在，家长只要察觉到这一点，就可以主动做一些事情来改变现状，特别是学会倾听孩子，因为正如伏尔泰所说，耳朵是通向心灵的路。

我曾在北京师范大学开设一门选修课——汉字中的心理奥秘，和学生们一起分享蕴含在有趣的汉字中的我国先贤的心理学思想和智慧。比如，我们现在看到的"听"（聽），经历了由甲骨文到金文到篆文再到简体的转变。最初，听的字形是一个耳朵介于两个嘴巴之间，表示竖起耳朵听他人说。金文中，似人站在高处，侧耳倾听的样子。篆文中，说话的嘴巴换成了"眼睛"和"心"。这说明，我们在听的时候，要充分调动耳朵、眼睛和心灵，仔细观察、用心体会，才能辨别出最真实的声音。

下面，我们将从家长常见的五个倾听层次展开论述。这五个层次分别是听而不闻、听而不专、听我想听、听懂你说、听你想说。看看和孩子互动的时候，我们是处于哪一层，怎样帮助自己更好地提升倾听能力。

第一层：听而不闻（完全不听）

在这一层，家长通常身体在孩子身边，心不在。他们过于沉迷于自己的事情，而忽略了孩子的需求和声音。从家长的主观描述来看，这种情况更容易出现在爸爸身上，他们似乎更容易被电视、手机等物品吸引，却听不见孩子的呼唤。哪怕孩子跑到他们面前，希望与他们互动，他们的反应也很粗暴或敷衍。

有的家长试图解释，不是故意不理会孩子而是没听见。判断家长没听见还是有意不想听的依据，就是他们的态度。能够做到高质量陪伴的父母，哪怕沉浸在自己的事情中，但当孩子提醒他们认真听时，他们会马上道歉，并全情投入与孩子的互动中，或者会给孩子解释自己为何暂时不能配合。

经常对孩子听而不闻的这种"人在心不在的陪伴"，会生硬地切断与孩子沟通的桥梁。孩子在被忽视的环境中，会不断产生对自己的怀疑，进而影响安全感和自信心的建立。比如，为什么我的爸爸不喜欢和我玩儿？是我做错了什么吗？可是我很想和他玩儿，我能做点什么引起他的注意呢？但是我的爸爸好像就是不喜欢我，因为我不够好。

有时候，我开玩笑地对家长们说："现在，你们对孩子爱搭不理，以后，他们也会和你们无话可说。"成功从来没有捷径，亲子关系也是。

第二层：听而不专（敷衍地听）

在听对方说话时，放下手头的事情，真诚地看着对方，耐心地听，这是人际沟通中最基本的尊重。但有的家长和老师在听孩子说话时，手头总是有忙不完的事情，显得非常敷衍，我们称为"听而不专"。

有一次，我们去幼儿园做培训，有一个小朋友一边哭着，一边拉着张老师的衣角，不断重复着："我想妈妈，我想妈妈……"张老师一边忙着手头的事，一边回复他："等放学了，妈妈就来接你啦。"但小朋友依然哭闹不止。

说实话，其实张老师做得还不错，她一直在用自己的方法安慰小朋友，没有恐吓和斥责。但她认真听小朋友说话了吗？显然没有。中午分析这个情况的时候，张老师委屈地说："我忙啊，旁边还有好多孩子等着我照顾呢。"其余老师也有"你们这些专家站着说话不腰疼"的想法。于是我们现场演绎了"蹲下来认真听"和"边忙边听"的区别。

我们请张老师扮演有分离焦虑的孩子，团队的李老师扮演需要处理这一状况的老师。只见李老师蹲下来，认真地看着"孩子"，轻轻地抚摸着她的头说："老师知道，你特别特别想妈妈，让老师抱一抱你。"李老师给了"孩子"一个拥抱，然后说："老师现在要准备小朋友的午餐，你在小凳子上等一会儿，老师忙完马上去找你，好不好？"这个过程用时大概50秒，"孩子"感觉心里平静一些了，也愿意配合老师坐在小凳子上。

接着，李老师又模拟了"边忙边听"的回应方式，她一边张罗着其他事情，一边不断重复："老师知道你想妈妈，等放学就可以见到妈妈了。"老师一心多用的方式,让"孩子"感觉老师好像也很焦躁,于是她更焦虑了,也更害怕,紧跟在老师后面,抓住这根"稻草"不放。这个过程下来,远远不止50秒,持续50分钟也有可能。

感受到其中的区别,下午回到班级后,在孩子又哭闹的时候,张老师停了下来,认真听孩子说,给他温暖的回应,孩子果然安静了很多。

读到这里,我们可以进行一个简单的反思:与孩子在一起时,我们在认真听他说话吗?有眼神和表情的交流吗?在孩子想表达的时候,我们是给他机会让他完整表达,还是着急打断呢?带着这样的觉察,相信我们的倾听能力会不断提升。

第三层:听我想听(以自我为中心式听)

处于这一层的家长,愿意与孩子沟通,也能够听孩子说,但他们会过于沉迷于自己感兴趣的话题,并对此有先入为主的看法。简单而言,就是只听到想听的,而不在乎孩子想表达的。

生活中,我们很容易听到这样的对话。

场景：奶奶接孙子放学

奶奶：今天在幼儿园都吃什么了啊？

孙子：包子。

奶奶：什么馅儿的？你吃了几个啊？

孙子：奶奶，你看我把小石子踢好远！（开始踢路边的小石子。）

奶奶：问你话呢？吃饱了吗？

孙子：奶奶，我们家的蛋糕还有吗？

奶奶：为啥要吃蛋糕啊？是因为没吃饱吗？是不是老师没给你吃饱啊？

孙子：我还没吃饱，我要吃蛋糕。

奶奶：为啥老师不给你吃饱啊，你找老师要了吗？

孙子：奶奶，我要回家吃蛋糕。

奶奶：老师怎么这样啊，明天我得说说。

这段对话很有意思。作为奶奶，最关心孙子的衣食住行，通常与孩子聊的话题也是这一类。但不是所有的孩子都能很清晰地回忆自己吃了几个包子，都是什么馅儿的，特别是对小班孩子而言。他们的思维是形象的、跳跃性的，他们更关注眼前的事情，比如踢路边的小石子。而奶奶在听的时候，是选择性的，带着自己的主观推断，不断追问孩子是否吃饱了。孩子不断听到"吃"这个字，可能马上想起了美味的蛋糕，于是问奶奶家里是否还有蛋糕，他很期待！为了能够吃到蛋糕，他必须告诉奶奶自己没有吃饱。奶奶通过"听我想听"的沟通方式，听到了符合自己预判的内容，一场家长对老师的误会由此产生。

家长如果总是有选择地去倾听，除了可能引发类似上面的误会，得到并非全面真实的信息外，还有另一个后果，那就是会显得咄咄逼人，让孩子变得不愿意与之交流。

第四层：听懂你说（理解式倾听）

听懂你说，是一种理解式倾听，能够综合对方的言语、表情、语调语速、动作等信息，听懂对方真正想表达的，特别是言语背后的情绪和感受。

我儿子四年级的时候，有一次放学回到家，把书包扔在沙发上，坐在那里沉默不语。

我：怎么了？
儿子：没怎么。
我：感觉你有一点儿不开心。

儿子：这个破学校，上得真没劲。

我：好像遇到你不满意的事情了。

儿子：是，特别不满意。凭什么啊，为什么我不能进篮球队？我觉得自己一点儿都不差，居然没被选上。

我：你觉得很不公平。

儿子：太不公平了，我投篮的命中率挺高的。居然说我身高不够，我是矮一点儿，但并不代表我以后还矮啊！

我：你们校篮球队的挑选标准有哪些？

儿子：……

此次谈话接近尾声的时候，儿子不那么生气了，和我分享了学校篮球队的挑选标准。通过分析与对比，他发现好像除了热爱篮球和投篮命中率高，自己并没有其他的优势。但他还是有一些意难平，因为那段时间，他的梦想就是进入篮球队。失落了几天后，他兴致勃勃地告诉我，他申请加入了一个篮球兴趣队。

在这里，我对儿子做的便是理解式倾听。我不断感受着他语言和动作背后的情绪，力求做出积极回应。孩子在被共情之后，不但能够慢慢冷静下来，还能自己找到解决问题的办法。要做到理解式倾听，需要遵循以下几个原则（见图4.2）。

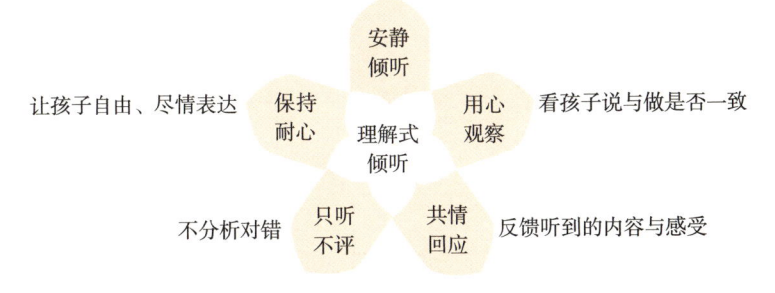

```
           不打断孩子说话
              安静
              倾听
让孩子自由、尽情表达  保持        用心    看孩子说与做是否一致
              耐心  理解式  观察
                   倾听
          不分析对错  只听  共情   反馈听到的内容与感受
                不评  回应
```

图 4.2　理解式倾听

第一，安静倾听，不打断孩子说话。要做到这一点，其实非常难，特别是当孩子处于某些情绪中，语言表达不流畅时，家长会很着急地说，"你说啊，你倒是说啊"，或者直接替孩子说出来。家长这种过于着急的态度，会给孩子带来很大的压力，迫使他丧失与父母沟通的意愿。

第二，用心观察，看孩子说与做是否一致。孩子没有倾诉欲望，或者不确定能否安全表达时，可能会说一些言不由衷的话，但肢体动作或反常行为会"出卖"他的真实情绪。我儿子嘴上说"没怎么"，但把书包扔在沙发上、沉默不语这些行为，表明他其实"有什么"。但他能否把"有什么"说出来，家长的回应很关键。

第三，共情回应，反馈听到的内容与感受。如果家长对孩子表达的内容和感受，能够进行精准回应，那么孩子就可能会打开"话匣子"。假设在我儿子说"没怎么"之后，我回应的是"没怎么，你躺这儿干吗？赶紧做作业去"，他可能就会拖着书包进房间，与我无话可说。但我真诚地说"感觉你有一点儿不开心"后，他便开始做更多的表达，让谈话能够继续深入下去。

第四，只听不评，不分析对错。这一点对生怕失控的家长来说，特别难，我们很容易只关注孩子言语中的某些突出字眼，给孩子讲道理，给建议。我儿子当时就读的学校是很多家长心中的理想学校，但他居然评价这所学校是个"破学校"，还说"上得真没劲"。我们如果马上表现出焦虑和急躁，驳斥孩子，"这么好的学校你还不知足，你还想上什么学校啊？不读书了，你以后怎么会有出息呢？"相信谈话会就此中止，或者以喋喋不休的责备来收尾，根本就不会有后面启发孩子智慧的交流了。我们需要明白：孩子在有情绪的时候，哪怕说出了一些不该说的话，也并不代表他真的那么想或马上那么做，那些气话只是用来表达他的情绪罢了。当下的首要任务，是努力读懂和接纳他的情绪，继而为后续解决问题奠定基础。

第五，保持耐心，让孩子自由、尽情表达。家长在与孩子沟通时，很容易认为孩子小题大做，出于让孩子更坚强乐观的目的，打断孩子的倾诉，或者认为事情已经解决了，让孩子赶紧去干正经事。其实，当孩子收到共情的回应、感觉到被理解后，他就会产生强烈的分享欲望，甚至挖掘出一些自己都没有意识到的情绪。我儿子刚开始呈现出来的是失落和难过，继而表达出愤怒和委屈，再到后来是释然。让孩子自由、尽情表达，不仅能够帮助他释放负面情绪，还有助于他通过梳理事情的经过找到解决问题的办法。当然，这样做也能够促进亲子关系，在下一次遇到失败和挑战的时候，孩子愿意继续向我们倾诉和寻求帮助。

第五层：听你想说（完全性倾听）

能够做到理解式倾听的家长，已经非常了不起。但还有一个更高层次，那就是完全性倾听。

如果说理解式倾听是关注对话的内容、对方的情绪和感受，那么完全性倾听更多了一份对孩子的接纳以及深层理解，能听懂孩子想法和情绪背后的内心需求，即孩子的言外之意、弦外之音。我们会将孩子当作一个独特的个体，结合孩子的个性特点、成长经历等多方面要素，做到完全性倾听与了解。

对于完全性倾听与理解式倾听共性的部分，我们不再赘述。下面简单分享了解和接纳孩子的成长经历对倾听的影响。

我经常和老师们分享，不要孤立地去看和听孩子的行为和语言，因为任何现象都是相互作用的结果。有时候，也不是所有的问题都要帮孩子解决，或者一定要求孩子马上去解决。就如我不能为了不让孩子失望,就帮他和校领导沟通,让他进入校篮球队,也不能自以为是提建议,比如好好吃饭、努力锻炼,说不定就能长高了,明年就有机会进入校篮球队。进校篮球队并不是我的愿景,好好吃饭也只是一个无力的说辞,这些都是为了解决当下问题想出的办法,并且是把本属于他的问题变成我的问题的"笨办法"。

有位幼儿园老师和我们分享:一个中班女孩,每天早上入园的时候,都会和她打招呼和聊天。有一天,小女孩很早就到了学校,见到她之后说:"老师,昨晚我爸爸妈妈又吵架了。"那一刻,老师感觉很难过,但什么都说不出来,只是把女孩抱进怀里,并告诉她,老师在这里。其实,这位老师已经做了最好的倾听和回应。她听到了女孩的难过与无助,还有女孩对她的信任,她能做的,就是在幼儿园里给女孩温暖与支持,这也正是女孩需要的。作为老师,她可以和家长交流夫妻不和对孩子的影响,但无法解决家庭矛盾;作为老师,她能够给孩子温暖,但不能评价孩子父母的对与错。

关于完全性倾听,我们再来看看乐乐妈妈的例子。乐乐妈妈最近有些担忧。由于她和丈夫工作的原因,乐乐在3岁前一直住在奶奶家,上幼儿园后才回到他们身边。乐乐妈妈发现孩子和自己并不亲近,而且有很多"坏习惯"。比如,到了该去上兴趣班的时间了,乐乐还想继续看动画片,妈妈耐心地提醒了两次没有效果，于是直接关掉了电视。乐乐边跳边叫喊："我还要看，我还要看！你是个坏妈妈，我不喜欢你！我要找奶奶！"乐乐妈妈既难过又生气。

本来就因为没有亲自带女儿长大而感到愧疚，听到女儿说自己是个"坏妈妈"时，乐乐妈妈的情绪崩溃了。

如果说有什么办法可以帮助乐乐妈妈，唯有从接纳开始。接纳这一段经历已经成为过去，接纳自己就是感到失落，为女儿更信任和喜欢奶奶而伤心，接纳女儿有一些不好的习惯需要慢慢纠正。在接纳的基础上，才能理解孩子的声音，"你是个坏妈妈"只是孩子在要求没有被满足时的情绪表达，并不是孩子真的那么"憎恨"她。听到孩子对奶奶有强烈的依恋，不妨让孩子和奶奶多见见面。她也可以多和孩子奶奶聊一聊，或许能找到一些和孩子共处的好方法（见图 4.3）。

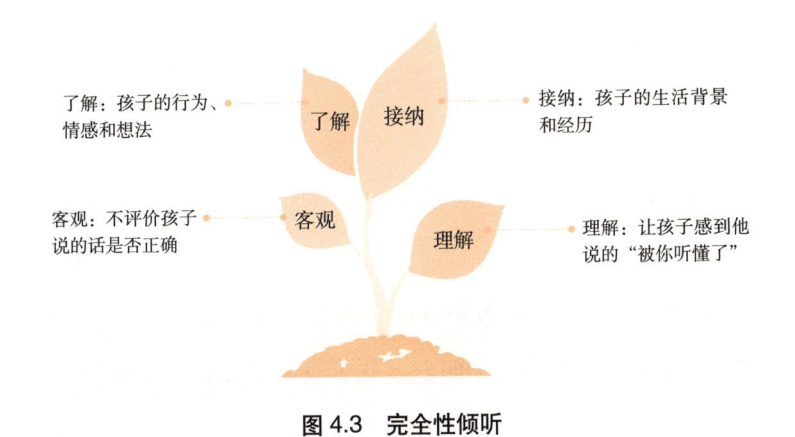

了解：孩子的行为、情感和想法

接纳：孩子的生活背景和经历

客观：不评价孩子说的话是否正确

理解：让孩子感到他说的"被你听懂了"

图 4.3 完全性倾听

如果我们能够完全放下，不带任何评价和批判，而是充满好奇和信任地去倾听孩子时，不仅孩子会更加信任我们，愿意倾诉自己的喜怒哀乐，我们自己也会变得柔和而有力量，能够给孩子真正的共情回应和有效支持。在这一小节的最后，我们列举一系列无效说教与共情倾听的对比，期望帮助大家更好地了解两者的差别（见表4.1）。

表 4.1　无效说教与共情倾听的对比

孩子的话	无效说教	共情倾听
我再也不跟雅丽玩儿了！	没关系，她不是故意的。	你对她特别生气吧。
我不会。	胡说！赶紧做！	这好像很难。
瞧，我搭的城堡！	我正忙着呢，你自己先玩儿啊。	你感觉很自豪！
我同桌特别讨厌，老师如果不换座位，我都不想上学了。	别人还嫌弃你讨厌呢。	你们之间发生不愉快的事情了？
为什么我的朋友都可以去看电影，而我不可以去？	你看他们都是什么人，哪一个成绩好？	你似乎感觉我对你不公平，没有尊重你的意愿。

用卡尔·罗杰斯的一段话作为本节内容的结尾：我可以证明，当你心理处于压力状态时，有人真正倾听了你，并没有附带任何评价，没有尝试分散你的责任，也没有想改造你，这种感觉真的极好！每当这个时候，我都觉得自己的压力纾解了，

体验到的恐惧、内疚、绝望、迷惑等情绪都得以抒发。当我倾听别人或被别人倾听时，我就能够用全新的角度看待自己的生活，并继续下去。你会惊奇地发现，很多不可能解决的事情得到了解决，很多看起来不能解释的困惑变得非常清晰。①

> **父母共情陪伴能力提升练习：**
>
> 倾听的几个层次中，你处于第几层？
> 提升倾听能力，试着做到：
> 给孩子说的机会，不随意抢话；
> 耐心听孩子说完，不轻易打断；
> 尊重孩子的观点，不片面评价；
> 接纳孩子的情绪，不盲目否定；
> 真诚回应，不虚伪迎合。

第四步：说——共情回应的三个技巧

通过动作和语言对孩子的情绪和想法进行积极回应，让其

---

① 卡尔·罗杰斯. 论人的成长 [M]. 石孟磊，等译. 第2版. 北京：世界图书出版有限公司，2018：8.

感受到被理解和接纳，这就是共情回应。很多家长在学习共情后，陷入了"知道说什么是错的，但不知道如何正确说"的局面。下面和大家分享共情回应的三个技巧，分别是内容回应、情感回应和行为回应。我们从这三个技巧出发，不断进行刻意练习，慢慢地就会让共情回应越来越自然。

共情回应技巧一：内容回应

内容回应，顾名思义，就是重复你听到的孩子表述的内容，或者把看到的事实描述给他。请看下面两个例子是如何进行内容回应的。

3岁的豆豆：妈妈，我不想去幼儿园，幼儿园里没有妈妈。

内容回应：你不想去幼儿园，因为幼儿园没有妈妈。

5岁的成成学拍皮球，怎么也学不会，把球扔在地上，哭了起来。

内容回应：你很努力地在拍球，但怎么也学不会。

我们可以看到，即便没有用到情绪词，这也是让人比较舒服的共情回应，因为家长回应的内容没有指责、否定、批判，更像是在确认孩子的言行。这也会让孩子产生被理解的感觉，会有继续倾诉的欲望。

内容回应一般适用于以下几种情况：第一，初步练习阶段，家长对情绪回应还不太自然时，可以从内容回应开始；第二，某些场景下，家长对孩子的具体情绪感知不太清晰；第三，作为回应的第一步，紧接着再进行情绪回应。

在使用内容回应时，有一个基本原则需要掌握，那就是一定要放下指责和评价，只如实地描述内容。对不确定的部分，可以用"我听到你说……"来回应。下面，我们列举几个不同的回应，以帮助大家感受和明晰其中的要点（见表4.2）。

表 4.2　不同回应的示例

孩子说的内容	无效回应 1	无效回应 2	内容回应
妈妈，妹妹是个坏孩子，总是把我的书画得乱七八糟。	你怎么能说妹妹是个坏孩子呢？	等会儿妈妈批评妹妹去。	妈妈听到你说，妹妹把你的书画乱了。

共情回应技巧二：情感回应

情感回应，就是对孩子所说内容背后的情绪情感进行回应。情感回应既能让孩子产生更高层次的共鸣，也能有效帮助孩子提升情绪识别和理解能力，尤其是对年龄较小或情绪调节能力欠佳的孩子而言。通过和父母的情绪对话，孩子能很好地将情绪体验和引发情绪的事情联系起来，帮助自己去觉察和理解。

　　3岁的豆豆：妈妈，我不想去幼儿园，幼儿园里没有妈妈。

　　情感回应：你感觉很害怕。

　　5岁的成成学拍皮球，怎么也学不会，把球扔在地上，哭了起来。

　　情感回应：你感觉很受挫。

　　在做情感回应的时候，家长们往往有两点顾虑。第一点，万一我没有把握准确孩子的情绪，表达错误怎么办？第二点，我一定要遵循"你感觉……"句式吗？我觉得有点拗口。

　　的确，家长对孩子情绪的觉察和敏感度，会影响共情回应的精确度。但在生活中运用共情时，这并不是最重要的因素。不管能不能精准感受孩子的情绪，家长只要能保持真诚的态度，哪怕说得不准确，孩子也不会觉得不舒服，反而会真诚地向我们表达他的真实感受。

　　对于第二点，我们完全可以根据自己的语言风格来调整："我感觉你很生气。""你生气了？""特别生气，是不是？"这些语句都没有问题，自己觉得舒服即可。但千万不要使用指责性的语句："自己学不会，你还生什么气！"这是对孩子感受的否定，违背了共情的基本原则。

共情回应技巧三：行为回应

在孩子情绪比较激动的时候，我们还可以做一些动作来回应。如在他特别难过的时候，给他一个拥抱；在他特别生气的时候，适时地握着他的手。我们跟孩子的肢体接触，既能帮孩子控制自己，不做一些过激行为，也能转移他的注意力，平复他的情绪。同时，这些动作也是在传递一个信号：爸爸妈妈一直在支持你。当然，在孩子紧张的时候，我们也可以和他一起做加油的动作，给他鼓劲，帮他缓解焦虑。

行为回应，要讲究一个"度"，让自己和孩子都觉得舒服的度。比如，有的孩子在很生气的时候，就想自己安静地待会儿，那我们就不去打扰；有的家长不太习惯做一些很亲昵的动作，那么也应该给自己时间，慢慢找到适合自己的节奏和尺度。

在看完共情回应的三个技巧后，有的家长会疑惑：这三个有先后顺序吗？还是可以单独使用？在生活中我们会发现，这三个技巧的使用并没有严格的要求，它们既可以单独使用，也可以混合使用。对年龄较小有分离焦虑的孩子，妈妈回到家后，可以拥抱并亲亲他，说："一天没看见妈妈，特别想妈妈，你很难过，是不是？妈妈也想你。"这里就是内容回应、情感回应和行为回应的结合，是一个综合回应的过程。但综合回应并不适用于所有场景。比如，12岁的孩子很伤心，因为自己养了多年的小狗去世了，孩子默默流泪，什么话也不想说。妈妈只需走到他身边，给他一个温暖的拥抱，并不用说任何话，此时的行为回应胜过一切。

即便如此，我们还是建议，如果孩子年龄比较小，还处在发展情绪能力的阶段，家长最好尝试三种回应有效结合的方式，或许效果更佳。

第五步：做——解决问题的四个基本原则

有时候我们必须做点什么，才能帮助孩子解决当下的问题，并从中积攒经验。这是共情陪伴五个步骤的最后一个，但并非必要的一个。

不管是在写这本书的过程中，还是在平时举办培训和讲座的时候，对"做"这一部分，我都很谨慎，或者说压力很大。一方面，从人本主义心理学来讲，我们更注重共情回应部分，因为从理论上说，每个孩子都有向上生长的生命力，有自我成长的需求，有自己解决问题的渴望。一个人被理解和接纳后，就会激发出这些力量，自己独立解决问题，因为这本应该是他自己的事情。但我们面对的是孩子，受认知经验少的影响，他们有时候的确会缺乏一些解决问题的方法和思路，需要我们给予一些指导。所以，我也会与老师和家长们说，不同于完全不给当事人建议的心理咨询中的共情，家庭教育中的共情，是可以给孩子一些指导的。就像我们前面提到的正向引导部分，家长给予孩子鼓励和期待，与孩子一起战胜问题，孩子就会获得积极成功的经验，形成成长型思维。

但是，"爱子心切"的家长，很容易过度重视"做"这一部分，对前面"停、看、听、说"的部分敷衍了事，没有为充分施展"做"的部分打下基础，以致共情效果大打折扣。大家如果想更清晰地把握其中的区别，以下四个原则可作为参考。

原则一：不急于让孩子抽离情绪

"伤在儿身，疼在娘心"，很多家长看到孩子处于消极情绪时，会过度感同身受，希望孩子马上能从消极情绪中走出来，变得开开心心。如果共情之后，孩子还是很生气或很难过，家长就会纠结，是不是自己的共情力度不够或方法不对，还能做点什么让孩子感觉舒服一些呢？我们的建议是，能做的就是不评判，给孩子时间和空间，让他去感受和经历情绪，让他感觉到你会在他需要的时候陪伴他就可以了。

越想做点什么，越说明家长是不安定的，自身是焦虑和不信任孩子的，这种情绪会被孩子敏锐觉察到。家长淡化处理，可能有不一样的效果。

我儿子小时候，每年暑假都会和爷爷奶奶回老家待一段时间。与婴幼儿时期不同，大概从5岁起，他开始"多愁善感"。在临近出发的前几天，有一天晚上睡觉前，他突然躲在被窝里哭了起来。

我：发生什么事了？

儿子：我要和爷爷奶奶回老家了。

我：是不是因为要和爸爸妈妈分开，有一些舍不得。

儿子：（继续哭。）

奶奶：那要不然我们就不回去了。

儿子：那不行，我还要回去和表哥玩儿呢。

我：这真是一件让人纠结的事。

那天晚上，儿子哭了20多分钟，哭着哭着声音变小了，平静了一会儿后，突然又大哭起来。我也不再说什么，只是在他哭的时候，拍一拍他。第二天白天，他的情绪已经平复了，吃喝玩乐都不耽误，还和表哥打电话说马上就要见面了。到了晚上睡觉时，他又开始哭，我只问了一句，"又担心回去后见不到爸爸妈妈了？"拍一拍他的后背后，就去忙自己的事了。这一晚，他哭的时间短了一些。第三天白天，我主动对他说："回不回老家，你可以自己决定，你会想爸爸妈妈，爸爸妈妈也会想你。"晚上，他又如前两天那样，开始伤心哭泣，几分钟后说："我回去后，想你们的话，或者你们想我，咱们可以打电话。"然后很快睡着了。到了出发的那一天，他的情绪基本很稳定，他和我们拥抱了下，就和爷爷奶奶上了火车。到老家后，他变得乐不思蜀，只前两天主动给我们打过电话，接下来的几天，就是我们主动和他联系了。

孩子什么时候可以从情绪中走出来，与这件事对他的重要性、自身的个性、情绪调节能力密切相关，家长无须操之过急。从某种程度上说，孩子经历的每一种情绪，其实都是一笔非常宝贵的财富。他学着与情绪共处，也学着把这些情绪表达出来。如果家长急于让孩子从情绪中抽离，可能会弄巧成拙。一种结果是加深他的焦虑，另一种结果看似通过解决问题、转移注意力让情绪暂时消失了，其实并没有，只不过是换一种方式藏在潜意识里，变成他以后应对类似事件的隐患。如果我刻意压抑我儿子对离别的忧伤,他长大后可能会害怕离别,或处理不好离别。

原则二:不直接代替孩子解决问题

洲洲妈妈说,洲洲情绪非常不稳定,稍不如意就大发脾气。洲洲用积木搭建一个高塔,试了几次,都没有成功,非常受挫。妈妈使用共情回应的方式,说:"妈妈知道你很生气,还难过,都试了好几次了,妈妈也难过。"洲洲说:"等会儿爸爸回到家,我还想让他看到惊喜呢!"妈妈说:"你想让爸爸进门就看到你的作品对不对?没关系,妈妈帮你搭一个高塔,你再自己试试怎么搭。"妈妈边说边做,很快搭了一个很漂亮的高塔,就在妈妈拿出手机想给高塔拍张照片的时候,洲洲推倒了高塔,哭着说:"你这个不好看,我不要!"妈妈很生气也很困惑:"你不想让我搭,你早说啊,我也是一片好心。"

在这个案例中,其实妈妈在前半部分的共情做得还是不错的,看到孩子生气和受挫,表达了自己对孩子的理解,也让孩子进一步表达了他想让爸爸回到家就看到自己的作品、给爸爸一个惊喜的愿望。可惜的是,到最后,也许是因为爸爸很快就要到家了,也许是因为妈妈太想帮助孩子完成这个惊喜,她提出了自认为最有效的解决办法——帮孩子搭。

在孩子遇到挫折时，家长常常会直接代替孩子解决问题，但我们不建议这样做。这种做法会带来以下危害：第一，孩子变得不自信。孩子会形成这样的认知：我没有能力解决问题，我的爸爸妈妈永远比我强，遇到问题只能找他们帮忙。第二，孩子变得没有责任感。原本属于孩子的事情，变成家长的事情后，那么即使成功了，成就感是家长的，失败了，责任也是家长的，他只是一个旁观者。下面的例子就很好地说明了问题。

有一次参加线下亲子活动，几组家庭比赛，看哪组家庭用提供的材料最先完成搭建一座房子的任务。我们只分配任务，不明确指定方法。其中一个家庭，孩子一直指挥爸爸："爸爸，你来，爸爸，你上。"时间截止的时候，他们没有完成任务，孩子生气地说："都怪你，爸爸，都是你没做好。"爸爸也很生气："那你怎么不干，就知道指挥我。"妈妈一边说一边做："别吵了，别吵了，你们看我已经快弄好了。"比赛结束，我和家长沟通之后了解到，他家孩子平时在外面比较"脆弱"，在家比较"霸道"，家中经常由家长包办孩子的各种琐事。

原则三：不以自己的感受代替孩子的感受

源源刚上小学一年级，妈妈发现最近几天他总是拿一点零食放进书包里，理由是要和小朋友分享。刚开始的时候，妈妈还挺开心，觉得孩子小学生活适应得挺好，迅速融入了学校，交上了好朋友。有一天，家里的零食不多了，源源说必须去买一点，他还要带去学校呢。妈妈说："偶尔一天没有带问题也不大啊，小朋友之间是相互分享的。"源源着急地说："不行。童童说了，如果我不给她带，她就不和我玩儿了。"妈妈心中一惊："你每天都给童童带吗？"源源得意地说："是啊。我们现在是最好的朋友。"妈妈继续不动声色地问："那童童也每天都给你带吗？"源源说："没有。我给她带。"

这个例子，是几乎每位家长都会遇到的情况。把自己想象成源源妈妈，你此刻的感受是什么？是不是有生气、心疼等情绪？觉得童童小朋友有点"欺负"人，只知道获取，不知道付出！担心自己的孩子一味迎合别人，缺乏主见，还伴随着一些心疼和委屈。我们如果不能及时觉察自己的情绪，并及时停下来，就很有可能将下面的话脱口而出："好朋友应该是相互帮助、相互分享的，童童这么对你，说明她并没有把你当好朋友，你们也不是真正的好朋友，不要再给她带零食了。"当然，你也可能允许孩子继续给童童带零食，但是要孩子很严肃地告诉童童："我可以和你分享零食，但你不能威胁我，否则我就不给你带了。"

应该说，在孩子成长过程中，家长不断向孩子输出自己的价值观并没有错，这也是我们培养和教育孩子的过程。但我们发现，不管孩子的年龄多大，"讲道理"的方法很少奏效，有时候是因为他们并不明白我们讲的"大道理"，有时候是因为他们不愿意倾听，内心并不接受，因此这样的沟通是无效的。也有家长朋友会反驳我：不需要他听懂，他能够遵守就好，以后他自己会慢慢体会到。

幸好源源妈妈是一位共情能力较强的妈妈，当觉察到自己有这些情绪后，她及时停了下来。她想，孩子这么重视这件事，而且乐此不疲，原因是什么呢？下面是她和源源展开的对话。

妈妈：妈妈感觉，你很重视和童童之间的友谊，特别怕失去她这个朋友。

源源：是啊。我们是同桌，下课了总是一起玩儿。

妈妈：每天都给她带零食，你是什么心情？

源源：开心啊，我想把我喜欢的都分享给她。

妈妈：那她说如果你不带零食，她就不和你玩儿了，你是什么心情呢？有没有觉得有一些生气？

源源：还好吧，她又不是小美（另一个同学）。

妈妈：听起来你真的很喜欢童童。

源源：那当然。

妈妈没有再说什么,陪着源源去买零食。妈妈说,她的做法得到了源源爸爸的支持,但遭到了老人的强烈反对,老人认为这样会把孩子培养得"软弱",对男孩的成长不利。爸爸妈妈对爷爷奶奶说:"孩子还小,有一些事情需要他自己去经历和感受,有时候,孩子的世界和大人的不一样,我们的感受不一定就是他体验到的。"这样做,源源妈妈其实也并不是很自信,她在陪源源买完零食后,认真地对源源说:"妈妈听到你好像被威胁的时候,有一些生气,还有一些担忧,不过这只是妈妈的感受,重要的是你自己怎么想。如果童童的做法让你觉得不舒服,你是可以拒绝她的,哪怕她是你的好朋友。"

接下来的几天,妈妈和源源聊了很多关于朋友的话题,比如,"不同年龄的人可以做好朋友吗?""好朋友之间会吵架吗?""好朋友喜欢的东西一样吗?""好朋友是一辈子的吗?""我们会有几个好朋友?"当然,他们只是聊天,双方都基于自己的经历和理解,分享自己对这个话题的看法及理由,并不是妈妈对源源的单方面讲道理。

几天后,妈妈发现源源好像不带零食了,源源说:"好像每天都是我给她带,挺没意思的。而且,我发现我不带零食的时候,她也和我玩儿,她自己都忘记自己说过的话了。"

育儿不是一件简单的事情,每个家庭、每个孩子都不一样,面对同一个问题的解决方法也不一样。在列举这个案例的时候，我其实有些犹豫，在"欺凌""霸凌"等词汇能轻易触动人敏感神经的今天，我担心家长在看这个案例的时候，会不会因为过于担心"孩子被欺负"而教孩子必须直接反抗。孩子有勇气面对"霸凌"，有一个前提：他在遇到问题后，敢于向老师、家长寻求帮助，这有赖于孩子平时同家长和老师的良好的信任关系。也就是说，敢于直面"霸凌"的孩子，不会觉得没有人支持自己而放弃和成人沟通，不会觉得自己给爸爸妈妈带来麻烦而不敢倾诉。所以，做一个懂孩子、让孩子信任并且有力量的父母尤为重要。

这一切，皆以读懂孩子的感受、不以自己的感受代替孩子的感受为基础。

原则四：允许孩子做失败的探索

我们总是希望孩子和自己都能够付出最小的代价获取最大的成功。在生活中，我们发现很多父母在共情部分做得很好，能够耐心地帮助孩子梳理情绪，但到了解决问题的最后阶段，却因为不愿意看着孩子"走弯路、做无用功"就很急切地亲力亲为，帮孩子解决问题。下面的例子就是典型的案例。

小梦在搭积木的时候失败了，难过得大哭。爸爸安抚好小梦后，鼓励小梦再尝试一次，小梦同意了。到了关键部分，小梦又按之前的方法搭，爸爸眉头一皱："还记得你上次是怎么失败的吗？"小梦看了爸爸一眼，把积木换了一个地方，爸爸又说："再想想？"小梦再换一个地方，爸爸说："这样可以。"在接下来的搭建过程中，小梦每次动手之前，都会看一眼爸爸：如果爸爸是认可的，她就继续；如果爸爸是疑虑的，她就会换一种方式。小梦越来越紧张，动作越来越慢……

爸爸的脑海里可能已经有了一幅蓝图，所以他知道快速搭建成品的最优方法是什么，也希望孩子能快速找到这个最优方法。可惜的是，这个方法孩子并不知道。如果父母不给孩子自由探索的机会，那么可能至少有三点危害：

第一，不利于孩子自信心的培养。如果解决方法是父母直接教给孩子的，而不是他想到的，那么孩子会下意识地认为，成功还是属于父母的，只不过是假借他的手而已。

第二，不利于孩子抗挫折能力的培养。当孩子在成人的指导下，快速获得成功，他也会更关注成功的结果而不是尝试的过程。对美好结果的过度关注，必然会让孩子丧失尝试的勇气，毕竟，万一尝试不成功呢？

第三，不利于孩子解决问题能力的培养。任何事情，解决方式从来不止一种，当下最优的方法，换一个场景，未必是最优。孩子如果失去探索的兴趣和信心，不能享受探索的过程，自然也体验不到发挥创造性思维，寻找多个解决问题方法的乐趣,更不用说相关能力的培养了。

至此,我想起一本非常喜欢的绘本——《再试一次》,这也是我在讲课时经常使用的绘本。故事的主人公是猫头鹰小欧,他想搭建一个世界上最高的高塔(未必真的是世界上最高,但它是小朋友的梦想)。在尝试两次都失败了的时候,他很受挫,想放弃。老师在了解了事情的经过后,与小欧共情:"尝试了两次都没有成功,你一定很难过。打起精神来,小欧,你可以的。"老师继续引导小欧,可以从哪里找到搭建高塔的方法。小欧想起自己曾经看过一本书,他找来了这本书,认真翻阅,并发现了第一个方法——大的积木要放在下面。他兴奋不已地去尝试,充满了干劲。

在这里有一个细节:其实作为成年人,老师肯定知道小欧没有把书本的内容完全看完,没有掌握全部方法,但老师"看破不说破"。果然,虽然小欧这一次搭得比之前任何一次都要高,但就在他以为自己快要成功的时候,塔又倒了。这一次,他的受挫情绪更严重,他沮丧地对老师说:"我就是做不好。"老师再次与他共情,鼓励他:"是不是还有方法我们没找到呢,我们再看看。"小欧再次打起精神,从书本中找到另外一个方法——积木要横着放,不能竖着放。在第四次尝试后,他成功了!小欧欢呼雀跃。

在这个故事中,虽然小欧尝试了4次,或者可能不止4次,但他获得了真实的成功体验,积累了宝贵的经验:第一,失败不可怕,我失败了好几次,但还是成功了;第二,虽然我失败了,但是我的老师依然鼓励我,支持我;第三,要想获得成功,除了要不断尝试,还要找到正确的方法;第四,我自己能找到方法,并验证这些方法。

具备这些认知的孩子,我相信他们一定会有应对成长路上的任何挫折的底气和能力!

至此,我们已经全面梳理了实践共情陪伴的五个步骤:停、看、听、说、做。有家长曾把它作为指导自己提升共情能力的五字诀。在某些场合,我也把它概括为共情的三环五步法:

第一环:放下——停(自己层面)
第二环:了解——看、听(了解对方)
第三环:回应——说、做(共情回应)

在这五个步骤中,对我们而言,最关键也最难的一步,莫过于停,"过于执着、关注自我"是我们践行共情的"拦路虎"。最需谨慎和容易被家长过度使用的是回应部分,很可能说得过度、做得过多。

好在,我们10多年的实践研究成果表明,只要家长愿意带着觉察和反思，按照三环五步法不断练习，每个人都可以成为共情高手，能够更好地爱孩子和爱自己。

> **父母共情能力提升练习：**
>
> 停：物理层面（停下手头的事情）
> 　　认知层面（停下价值判断）
> 　　情绪层面（停下情绪脑）
> 看、听：观察与倾听孩子，了解关键信息（孩子的情绪感受和心理需求）
> 说、做：积极回应孩子（共情回应，积极引导）
>
> 回忆最近发生的一件与孩子之间的冲突，如果用"停、看、听、说、做"的方式回应，你会如何做，如何说？

第五章
共情陪伴的底层逻辑

上一章，我们介绍了共情陪伴的三环五步法，但在现实生活中，很多家长依旧会发出这样的感叹：方法我都知道了，但我就是做不到共情，这是为什么呢？要解答这一问题，我们需要了解卡尔·罗杰斯提出的人本主义心理学的一些基本理论，掌握几个基本的心理学概念，才能秉持人本主义心理学理念，从内心深处信任孩子，同时了解到孩子的独一无二，以做到真正的接纳与共情。

接纳——爱他，如他所是

讨好型人格形成的根源

随着大众对心理学认知的普遍提高，很多专业术语成为网络上的高频词汇，如"讨好型人格"。具有讨好型人格特质的人，会过分压抑自己的真实想法，一味地满足他人的需求，期望通过这样的行为得到他人的认可。大家在说起"讨好型人格"时，很多情况下带着"哀其不幸，怒其不争"的态度。

很多家长只要看到孩子在与同伴交往时，并不是十分"强势"或者不太有主见，就会担心和焦虑：我的孩子不会有讨好型人格吧？

玲玲妈妈最近就有这样的困惑。玲玲已经上小学二年级了，妈妈发现她和同小区的伙伴在公园玩儿的时候，经常被分配一些她自己不喜欢的角色，但为了能够融入圈子，她还是接受了这样的安排。妈妈恨铁不成钢地说："你告诉他们，这不公平。如果不轮流玩儿，那你就别和他们玩儿了。"玲玲保持沉默。妈妈继续叹气："你要再这样不争气，干脆就别出来玩儿了。"

遇到这种情况，我一方面会努力与家长共情，但另一方面也会提醒家长，别轻易给孩子贴标签，而是要结合方方面面去看孩子的行为。有时候，孩子有"讨好"的行为，不见得就有"讨好型人格"，也许是孩子暂时能想到的融入圈子的办法罢了。家长与其愤怒，还不如想一想，如何共情孩子、帮助孩子。

事实上，真正讨好型人格形成的根源在于家庭中父母和孩子互动的方式：

"你要是不听话，妈妈就不喜欢你了。"

"考试考 100 分，爸爸就带你去动物园玩儿。"

"动作再不快点儿，你就一个人在家，我只带弟弟去。"

"你要是不乖，就和奶奶回老家去。"

这样的话语，我们是不是听起来非常熟悉？家长把对孩子的喜欢、爱、陪伴当成了控制孩子、让孩子听话的手段。孩子只有满足父母的需求、表现出父母期望的样子时，才能得到父母的关爱和赞赏。违背父母的需求和期望，就会被父母否定、批判、嘲笑、打骂，有时甚至是冷暴力或者忽视。

对孩子而言，父母的这些办法几乎百分之百有效。孩子一边恐惧和委屈地哭着，一边答应父母的要求，变成"听话"的孩子，因为对幼小的孩子而言，父母无疑是他们心目中的权威，他们的生存与安全感完全来源于父母。大家有兴趣，可以搜索"恒河猴实验"和"罗马尼亚孤儿院"，这两个案例足以印证父母的爱和陪伴对孩子来说何其重要，毫不夸张地说，其重要性丝毫不低于食物。

  孩子为了逃避或不再经历这种被父母否定的痛苦，不得不隐藏起自己的真实需求和感受，甚至刻意做点什么来迎合父母，只为得到父母的关注和肯定。久而久之，这就成了他们的一种习惯——逐渐把父母的需求"内化"为自己的需求，也成了自己与他人交往的认知参照：我不重要，我没有价值，我不值得被爱，我的想法不重要，我只有不断地满足别人的需求和期望，才能获得别人的关注和爱。

  所以，每当家长在疑惑孩子为什么不自信、没有主见时，我想请家长一起思考几个问题：孩子有自信的底气吗？孩子能够清晰地感知自己的需求和觉察自己的感受吗？孩子是无条件接纳自己的吗？孩子自己喜欢自己吗？

内在评价标准

  读小学二年级的佳佳对妈妈说："妈妈，如果这次考试我得了90分以上，你能同意我养一只小狗吗？"如果你是佳佳的妈妈，你会如何回应佳佳呢？

  A. 可以啊，没问题，你努力吧！

  B. 90分可不成，起码得95分以上。

  C. 等你得了90分再说吧！

D. 你就知道提要求，考试本来就是你的事儿。

这些都不是最佳回应方式。选项 A 显得心不在焉，缺少一些真诚；选项 B 可以看出已经陷入了和孩子讲条件的怪圈；选项 C 明显表露出对孩子的不信任；选项 D 可以形容为一桶冷水泼在孩子头上。

可能有的家长说：我会选 A，我也真的会给她买，我想让她明白一个道理，那就是自己想要的东西需要通过自己努力去争取。这听起来似乎有一定道理，但是否有更好的回应方式？我们一起看看佳佳妈妈的回应。

妈妈对佳佳说："妈妈能感觉到你真的很想养一只小狗，而且努力地想办法来达成这一心愿。"佳佳马上回答："对啊，我可想养小狗了。"妈妈停顿了一下，说："但是佳佳，这是两件事情。如果我们做好养小狗的准备了，你哪怕考 0 分，咱们也可以养小狗；如果没有做好准备，那考 100 分也不行。这是两件事情，不能混为一谈。"佳佳愣住了，没想到妈妈会这么说，但随后又很开心，和妈妈一起讨论，养小狗要做好哪些准备，自己是否已经达到这些要求。这样的回应方式，既让佳佳感受到被接纳，又让她发自内心地为自己所追求的事情而努力。

通常，我们有两个评价系统：一个是外在条件，如考上好大学、找到好工作、获得物质报酬等；另一个是内在感受，如自豪、幸福等。我们如果形成了条件化的价值取向，可能会一直追逐外在的满足，但这种满足带来的愉悦非常短暂，无法获得内心的安定。我们如果更在乎内在感受，则更可能以内心的平静、幸福作为选择的参考标准，更容易激发出内驱力，因为我们是真正出于热爱而行动，而不是为了某个外在条件。

喜欢真正的你

小丹和爸爸在公园里玩儿，看到同学小艾戴着一条闪闪发亮的星星项链，他非常羡慕。小丹对爸爸说："爸爸，我也想要星星项链。"如果你是小丹的爸爸，你会如何回应呢？

A. 你一个男孩子，要项链干什么？

B. 别人有的东西你都要有吗？她会唱歌，你会吗？

当孩子羡慕别人拥有的东西，表示自己也想要拥有时，很多家长是不是会不由自主地拒绝孩子，还会趁机打击孩子一番？当然，也有小部分家长会马上满足孩子的要求，见不得孩子受一点委屈，特别是并不昂贵的物品带来的委屈。

爸爸问小丹："能告诉我，你为什么想要星星项链吗？"小丹说："因为我觉得这很特别，我也想要变得特别。"爸爸抱了抱小丹："你想变得特别，让大家都看见你的特别，是不是？可是，你一直很特别啊。"

小丹问：“真的吗？我一直很特别？”爸爸说：“是的。你有很多特别的地方，你的眼睛很特别，你的耳朵很特别，你的想法也很特别，就像刚才的想法——你想让自己变得不一样。”爸爸继续认真地对小丹说：“我喜欢你，喜欢真正的你，独一无二的你。”小丹听到爸爸的表述，害羞地笑了。

不知道看完这个故事，你的感受是怎样的？此刻，我的内心充满了感动和温暖，感动来自小丹对自己和爸爸的坦诚，温暖来自爸爸温柔的回应。如果在我们的成长过程中，有一个人，总是无条件地喜欢我们、支持我们，让我们看到更多属于自己的美好，我们是不是就更容易做真实的自己？于我们而言是这样，于孩子而言更是如此。

在开办共情陪伴线上和线下的工作坊时，我们经常布置一个作业，请参加课程的学员，回到家后选择一个对象（家人、朋友、自己皆可），对他说"喜欢你，喜欢你，喜欢××样的你"，并感知在说这句话时自己的感受和对方的反应。我特别喜欢学员们的分享，以下是一些学员的故事。

学员珍妮（化名）：在生活中我其实挺习惯表达爱，我很认真地对老公说：“喜欢你，喜欢你，喜欢为我做饭的你。”"喜欢你，喜欢你，喜欢睡觉打呼噜的你。""喜欢你，喜欢你，喜欢总是包容我的你。"之后，我突然觉得自己好幸福，把自己感动得热泪盈眶。老公听完后笑了笑，拥抱了我，然后做了一桌可口的饭菜。

学员航妈（化名）：我不习惯表达爱，做了很久的心理建设才完成本次作业。我对5岁的儿子说："喜欢你，喜欢你，喜欢搭乐高的你。""喜欢你，喜欢你，喜欢认真吃饭的你。""喜欢你，喜欢你，喜欢按时睡觉的你。""喜欢你，喜欢你，喜欢淘气捣乱的你。"说完后我觉得自己更有力量了，也意识到自己陪伴孩子的时间远远不够。儿子却害羞地跑开了，一会儿又来拉我一起搭积木。

关于这个练习，有太多感人的故事，我来不及一一描述，也无法完全展现当事人当时的感动。此刻你如果正在家中，不妨放下书，先对自己说三个"喜欢你"，然后也可以和家人一起做这个练习。相信我，你一定能感受到满满的爱在心田流淌。

无条件接纳

绝大多数情况下，当宝宝还未出生时，我们可能对他有各种期待和想象，从性别到外貌，从性格特点到将来的职业发展，但最终都会以"不管怎样，只要宝贝健康就好"作为每一次想象的结尾。在我看来，这是一种非常美好的与宝宝进行情感联结的方式，也可以促进夫妻之间的关系，为两口之家到三口之家提前做好准备。

随着宝宝呱呱坠地，不管他是怎样的，一刹那，我们就接受了他，认为他本来就该是这个样子，并充满了爱意，把原本的想象抛到脑后。仿佛他就是这世间最可爱、最漂亮的小东西，一切美好的形容都不为过。我们热忱地把喜欢和爱化为行动，源源不断地传递给孩子，及时地满足他的一切需要，从生理到情感。孩子饿了，我们马上喂奶；孩子困了，立即哄他入睡；不自觉地对着他微笑，连续看几十分钟也不觉得乏味。在父母的精心照料下，孩子尽情地展现着自己的生命力。

父母对孩子的这种爱和回应，基于无条件接纳。这种接纳不需要任何条件，不需要任何回报，看重、认可孩子，欣赏他的存在，喜欢他，爱他本来的样子。而且这种爱与生俱来，自然舒展。最重要的是，这种感受不以某个特定条件、孩子的某个品质、整体的价值为依据。我爱你，只因为你是你，不是因为你漂亮，不是因为你乖巧，不是因为你成绩好，而仅仅因为你是你。

看到这里，部分家长可能还是有些困惑：无条件接纳孩子，爱孩子本来的样子，具体到生活中，该如何操作呢？非常简单，我们需要调整心态，把孩子当作独一无二的个体，不但看到他们的优点，也接纳他们的缺点，因为这些都是他们的一部分。不再按照自己的期待规划孩子的未来，而是让孩子在自己的人生道路上展翅飞翔。

接纳孩子的"缺点"。在这里，我更愿意用"暂时的不足"来替代"缺点"。有人说，上帝很公平，关上一扇门的同时会为你打开一扇窗。的确如此，每个孩子都有可爱的一面，也会有让人烦恼的一面。有意思的是，这两方面往往是对立统一的。比如，一个"胆小"的孩子，可能很会保护自己，几乎没让大人为他的安全问题操过心；一个"粗心"的孩子，可能反应速度很快；一个"脸皮厚"的孩子，可能有较好的社交意愿和社交能力。因此，作为家长，我们需要转换看待孩子的视角，不要总是盯着孩子的"不足"。有些家长恨不得"一口气吃成个胖子"，想马上把孩子的短板补起来。我的建议是，对于小朋友，家长更要"扬长"，通过发挥他的优势，增强其自信心，带动短板的成长。

接纳孩子的感受。情绪是非常主观的感受，没有是非对错之分。比如，餐桌上，爸爸夹了一些胡萝卜丝给妞妞："吃点胡萝卜吧，补充维生素。"妞妞不开心地说："我不喜欢吃胡萝卜。"爸爸劝妞妞："胡萝卜多好吃啊，你看爸爸，吃得多香。"爸爸一边大口吃胡萝卜一边夸张地表演。妞妞叹了口气："爸爸，那是你的感受。我们俩的感受不一样。我不喜欢吃胡萝卜，就像你不喜欢吃菠菜。"爸爸一下子不知如何回应，扭头看着妈妈。妈妈笑着说："妞妞说得对，我们的感受不一样。

要不吃完饭我们查一查胡萝卜里面有哪些营养,可不可以用其他食物代替。"妞妞觉得这个提议真不错。

接纳孩子的个性。这一点很难,我们经常带着刻板印象或自己的主观期望,如希望男孩"坚强",希望女孩"温柔",强势的家长希望孩子"好胜",等等。可生命是一个特别神奇的存在,从精子与卵子结合的那一刻开始,专属于这个生命的特征便已形成,从头发到肤色,从容貌到体型,从智商到气质类型,包括声音特点、喜爱偏好都是那么独一无二。

有趣的是,虽然每个人都是独一无二的,但孩子并不是一开始就知道自己是什么样子的,不是一开始就十分了解自己,而是在与父母的互动中,不断地认识、喜欢和接纳自己。在此基础上,不断探索自己的可能性,活出真正的自己。父母如果带着有条件的爱和孩子互动,会限制孩子接纳和全面认识自己。

比如,一个男孩性格内向,但他的父母在看向他的时候眼里是发光的,丝毫不觉得这有什么问题,那么男孩会认为内向只是自己的一个特点,并不影响父母喜欢自己,也不影响自己喜欢自己。有了底气,他才能带着好奇心去探索更多可能性,更充分地认识自己,欣赏自己的优点,接纳自己的不足。反之,父母如果觉得外向的人更有力量感,能获得更多的资源,就会通过有意或无意的评价和行为,把孩子训练成一个"外向"的人。例如，总是强迫孩子和别人打招呼，希望孩子成为群体中的主角。孩子慢慢会意识到自己的某一方面不被父母喜欢和接纳，而他又必须依赖父母满足自己的物质需求和情感需求，于是会陷入矛盾中。

一方面，他会迎合父母，按父母的期待去表现自己；另一方面，又因为违背自己的本来样子，从而潜意识里抵触，在做出迎合行为的时候，并没有体会到由衷的快乐。这两方面力量不断拉扯，孩子会不自觉地出现回避同类场景、产生焦虑情绪、对自己产生怀疑和不接纳自己等现象。他把大部分心力都放在顺从或抵抗父母的有条件的爱上，也就没有多余的能量去认识和感受自己的多面性，以及允许多面性存在了。

爱他，如他所是

这几年，"做最好的自己""做更好的自己"频繁出现在媒体的宣传中，这是社会发展到一定程度后，个人价值的彰显，是社会的进步。做自己喜欢的事情，做自己擅长的事情，追求自在的状态，是我们一生的追求。如果每个人都能做最好的自己，群体的力量也会更大，社会进步也会加快。

要做真正的自己，有两个基础条件：第一，能够清晰地认识自己。如《中庸》所言："唯天下至诚，为能尽其性；能尽其性，则能尽人之性；能尽人之性，则能尽物之性；能尽物之性，则可以赞天地之化育；可以赞天地之化育，则可以与天地参矣。"

第二，有做自己的勇气。这份勇气，最初来源于父母的理解、接纳和支持，也就是无条件的爱。我们如果能够做到无条件接纳孩子，就会更多地看到孩子作为独立个体闪光的一面，会发自内心地尊重他、与他共情。孩子就能很好地与自己的各种情绪建立良好联结，能够展现出强大的生命本能，不断地探索未知的自己，享受生命的馈赠。

部分家长在看完这部分内容后，可能会有一个困惑：无条件接纳孩子，如何与溺爱孩子做区分？在孩子明显做出违反规则的行为时，该如何处理？无条件接纳，不等于无条件满足孩子的任何需求，不等于认同和接纳孩子的所有行为，也不等于放弃自己的价值观。如何把握这个度，我们将在第六章共情不等于共行一节与大家分享。

父母共情陪伴能力提升练习：

对自己说"喜欢你，喜欢你，喜欢××样的你"。
在说完后，觉察自己的感受有什么变化。

> 对孩子说"喜欢你,喜欢你,喜欢××样的你"。
>
> 在说完后,觉察自己的感受有什么变化,孩子的情绪反应是怎样的。
>
> 也可以把练习的对象换成其他人。

真诚——真实,表里如一

父母的"小套路"并不得人心

小美是四年级的小学生,马上要期中考试了。妈妈和小美商量好,放学后小美先自主完成作业,妈妈6点回到家后和小美一起复习重点与难点知识。这一天,妈妈白天在公司一直保持高强度工作状态,还为了辅导孩子功课和领导申请提前半小时下班。她急匆匆地赶到家时,发现小美刚刚打开作业本,据奶奶描述,在这之前,小美一直在看电视。

妈妈对小美说:"我知道你很想看电视,但是……"小美打断妈妈:"别和我共情了,不管用,我知道你下一句就是,'但是,你应该先完成作业'。"妈妈愣在那里,一时间不知道如何回应小美,感觉十分生气和无助。

在分享完自己的案例后,小美妈妈感到十分挫败,对我们说:"所以,我觉得共情有时候并没有效果,反而不如直接打骂一顿省事和管用。"她的经历引起了很多家长的共鸣。

这样的共情方式,当然效果不佳,因为这是一种言不由衷的假共情。四年级的小学生,不管是从家长的语言表达中,还是从家长的情绪中,都能敏锐地捕捉到妈妈想表达的重点在"但是,你应该……",妈妈此刻不过是披着共情的外衣想控制自己而已。妈妈既没能保持真诚,没有表达自己真实的想法,也没有敞开心扉与小美沟通,自然难以引起小美的共鸣。比如,一个人一边拍桌子,一边说"我不生气",在其他人看来,这是口是心非的表现,因为情感层面的交流和言语层面"我不生气"所表达的意思并不一致。这种交流方式很难让双方在彼此信任的基础上进行沟通,也很难让对方真正信服。

网络上流传一句话,叫"自古深情留不住,唯有套路得人心",但是,从心理学来说,人际交往中最有效的"套路"就是真诚。很简单,没有谁喜欢跟当面一套、背后一套的人交往,相比之下,我们更喜欢那些能够当面对自己提出质疑的人。

人际沟通中,真诚是最基本的尊重。古罗马著名哲学家马库斯·图留斯·西塞罗曾经说:"没有诚实,哪来尊严。"《孟子·离娄上》也曾记载:"诚者,天之道也;思诚者,人之道也。"意思是:诚,是上天的准则;追求诚,是为人的准则。

真诚是获得尊重的基础

那是不是像小美妈妈说的,直接冲孩子把怒火发泄出来更有用呢?发脾气只是情绪化的表达,并不是一种真实的状态,没有能够将自己的感受和需求做深度的联结,而是在负面情绪的怪圈里跳不出来。我们在前面已经多次强调过恐吓对亲子关系、孩子成长的消极作用了,那么父母应该如何做呢?我们需要从理解什么是真诚开始。

真诚,是指共情的主体(父母)要表里如一,不伪装,不掩饰,真实地表达自己的情绪和感受。卡尔·罗杰斯认为,真诚、无条件积极关注、共情是心理咨询起效的三个必要条件。其中真诚尤为重要,是基本的人际沟通态度。他在《个人形成论》中曾表述,"个人似乎会发现,在真实的生活情境中,把自己任何一种强烈的或持久的情感态度,向有关的他人直接并且发自肺腑地表达出来,终究是件令人满意的事情。这比拒绝承认这些情感的存在、任凭其累积到足以爆发的程度,或者在事过境迁的其他情境中表现出来,会更加令人满意"。"如果真实的情感得到接纳,尤其是把它们当作自己的情感来表达,而不是把它(们)作为别人的什么事来谈论,那么,通常就不会有那种担心家庭关系会遭到破坏的恐惧。""如果能够更自由地表达自己，就会解除心理防御，真实地倾听他人。"[1]

在和孩子沟通的过程中，如果家长能做到真诚，起码可以在以下几个方面获益。

首先，有助于家长的自我接纳和自我成长。 卡尔·罗杰斯坦言："我越向我自己的真实以及他人的真实开放……我就越发尊重复杂的生活过程，所以我不再急于设定目标、塑造他人、操纵他人。我变得更加满足于做我自己，同时让他人也可以做他自己。"[2]

接受真实，就是接受许多的不完美。我们如果能够做到真实，就意味着开始与自己和解，放弃做一个完美的家长，接纳真实的自己。很多家长在刚开始学习和实践共情的时候，经常从自责开始，为自己的"无知"给孩子和家庭带来一些麻烦感到后悔。其实大可不必。我们可以试着询问孩子一个问题：是愿意接受现在的爸爸妈妈，还是愿意换一个"十全十美的别人家的爸爸妈妈"？答案肯定是前者。我们回到现实生活中，就能够更好地感知当下的自己，感受自己的情绪以及情绪下的真实需求。

---

[1] 卡尔·R.罗杰斯.个人形成论：我的心理治疗观[M].杨广学，等译.北京：中国人民大学出版社，2004：300.

[2] 卡尔·R.罗杰斯.个人形成论：我的心理治疗观[M].杨广学，等译.北京：中国人民大学出版社，2004：19.

其次，家长的真诚能让孩子感受到被尊重、拥有安全感。当家长能够真实地面对自己的情绪和需求，并积极表达给孩子时，孩子会有被尊重的感觉，会有安全感，同时能感受到父母无条件的爱。要知道，伪装和压抑自己并不能持久，突然爆发的情绪会像炸弹一样让孩子更加手足无措。没有人愿意面对"阴晴不定"的人，更不用说孩子了。如果家长能对孩子真诚以待，那么孩子也能成功地寻求到存在于他内心的真实。

在前面的案例中，妈妈认清了自己的真实想法后，与小美进行了深入的沟通。小美也告诉妈妈，她内心非常抵触之前的安排，一来觉得节奏太快，二来觉得妈妈对自己控制太多，但她不知道如何反驳妈妈的"一片好心"。敞开心扉沟通之后，母女俩进行了约定，以后再遇到类似事情，双方都可以自由、坦诚地表达自己的想法，然后一起协商、找到解决办法。

最后，帮助孩子学习情绪理解和情绪表达。家长保持真诚，还有一个非常重要的作用，特别是对年幼的孩子而言，能够帮助他们在真实的场景中，学习如何识别和理解他人的情绪，学习如何真诚地表达自己的情绪。基于这样的互动，孩子会坦然接受情绪是自己的一部分，与之积极共处，而不是否定和逃避。这部分内容在第四章我们有举例描述，此处不展开来讲。

有的家长会反问："父母真诚，就能解决孩子做作业的问题吗？"我只能说也许能，也许不能。但是我们需要先厘清一个事实，那就是做作业是孩子自己的事情，并不是妈妈的事情，妈妈只提供辅助和引导。依据我们过往的经验，家长越早分清楚哪些是孩子的事，哪些是自己的事，让孩子对自己的事情拥有自主权并承担责任，就越能激发孩子的内在动力。

如何做到真诚一致

"真诚透明"，在关系中真实地呈现自己，并以合适的方式表达出自己的感受。这点说起来容易，但做起来很难，家长很容易陷入"过度隐忍——一触即发"的极端循环中。

如何做到真诚表达呢？我为大家介绍两个实用的方法：

第一，对自己保持开放和接纳。 根据卡尔·罗杰斯的理论，在关系中，治疗者或教育者越是他自己，越是不戴专业面具或个人面具，来访者或孩子就越有可能发生建设性的改变和成长。真诚意味着我们对此时此刻流淌过自己心头的情感保持接纳，内心保持开放的态度。在小美这个案例中，妈妈觉察到了自己的感受和需求，然后对小美说："我现在很生气，因为双方约定的事情并没有被遵守，我需要冷静一下。"妈妈冷静下来后，再去询问小美没有遵守约定的原因，一起商议解决办法。

第二，允许自己做不完美的家长。 当我们很累的时候，如果孩子要我们陪他玩儿，我们可以理性平静地和孩子表达自己的情绪和现状,而不是带着焦躁情绪进行低质量陪伴。比如,妈妈可以这样和孩子说:"宝贝,妈妈知道,你特别想和妈妈一起玩儿,可是妈妈现在非常累,需要休息一会儿,明天妈妈陪你好吗?"在这个过程中,孩子也会学着体谅父母,这何尝不是一种提升孩子共情能力的教育?我们作为家长,无须处处逞强,可以适当向孩子示弱,激发他们的力量感。

真诚不等于伤害

当然,我们说要真诚,并不是说要毫无顾忌地说实话。我们想象这样一个场景:一个长相普通的女孩子,拽着男朋友追问:"我好看吗?"男朋友实话实说:"哦,真的挺一般。"我想大部分人都不会这样直接说出来,这很容易破坏彼此之间的关系。同理,我们在面对孩子的时候,也不是一定要完全实话实说。

比如,孩子兴致勃勃地创作了一幅画,从家长的审美角度来讲,可能认为孩子的画作水平一般(需要提醒的是,我们不能随意按自己的经验来判断孩子对艺术的感知),不过孩子认为自己画得非常好,高兴地跑过来问:"妈妈,我画得好吗?"此时,我们就不能"真诚"地说,"画得真不怎么样,跟隔壁牛牛相比差远了"。当然,也不需要违心地捧场:"宝贝,你画得真是太好了！"我们可以真诚地回应："你刚刚画画的时候特别认真，让我很感动，而且，你选用的颜色都很明亮，好温暖。这幅画独一无二。"如此，我们就将孩子的关注点转移到无论他画得怎么样，他都是妈妈心中最爱的宝贝。这样既不会打击孩子画画的热情，又不会让孩子盲目自信，还能让孩子感受到妈妈浓浓的爱和关注。更重要的是，我们赞美和肯定孩子的时候，可以通过细节的描述，让孩子感受到我们是真的在肯定他。

当我们学会真诚地表达自己时，孩子也会感受到真诚的价值，并将其作为自己的基本价值观。这是一种态度，一种即使知道自己存在不足，也仍然珍爱自己的态度，是我们卸下伪装，真实表露出内心最糟糕的感受后，发现依然被接纳的释然和宽慰。

真诚，是做自己的必经之路。

父母共情陪伴能力提升练习：

练习真诚地表达自己的情绪和感受，而非情绪化地表达。（要点：真诚地表达自己，阐述事实即可，切记不要带入过多指责和讲道理。）可以用以下句式：
我感到……（情绪），因为……，我希望……

信任——相信，相信的力量

你相信孩子吗？

这是一个很具挑战性的话题。很多家长信誓旦旦地说：我当然相信自己的孩子。但当冷静下来后，会发现这个回答很苍白无力。如果相信，应该就不会"有一种冷叫妈妈觉得我冷"；如果相信，就不会有那么多追着孩子喂饭的爸爸妈妈；如果相信，就不会有那么多"唠叨"的家长……看到这里，或许很多家长急了："伍老师，不能这么说，孩子还小，我不盯着怎么行？"

相信孩子，并不是件容易的事，因为我们爱孩子，也很容易怀揣"我大他小""我有经验他没有经验"的态度，这本质上是一种不信任。在卡尔·罗杰斯看来，生而为人，就有一种向上、向善的本能，这是人本主义心理学的基本人性观，每个人都渴望成为最好的自己。人们不喜欢别人对自己"指手画脚"，而是需要无条件支持和信任。

父母不信任孩子的危害

追求信任是正常人的普遍心理，也是我们奋发进取、积极向上、实现自我价值的内驱力。孩子最希望获得的就是父母的信任。父母在跟孩子的互动中，经常性地透露出不信任，就会对孩子的成长造成不利影响。

不信任，伤害亲子关系。良好的亲子关系是家庭教育的基础，而信任又是构建良好亲子关系的基石。作为父母，我们如果对孩子缺乏应有的信任，孩子也将不再相信我们。他们会渐渐把我们关闭在心门之外，不再愿意和我们沟通交流，不再愿意接受我们善意的提醒，即便在外面受到伤害，也会选择默默忍受而不愿向我们求助。

项目组李老师曾给我分享过一个她家的故事：有一天，她下班回到家，看到老公正一个人气呼呼地坐在沙发上。一问才知道，父子俩闹矛盾了。原来她家读六年级的儿子给玩游戏时认识的一个网友转了 30 块钱，说是请对方吃肉，因为那个网友的爸爸妈妈都不在家，他已经一周多都没吃上肉了。她老公一听就急了，觉得自己单纯的儿子是被人骗了，所以就批评了儿子几句，告诉他不要成天"傻乎乎的"，别人说什么就信什么，被人卖了还给人数钱。结果她儿子生气了，不仅把爸爸赶出了房间，还"砰"的一声关上了房门。

晚餐过后，她去找儿子聊天。儿子闷闷不乐地说："妈妈，你是不是也不相信我？我没有被人骗，钱是我主动给的，那个网友也不是坏人，真的，他还帮我解过题呢！"她抚摸着儿子的肩膀说："妈妈相信你，而且觉得你很善良，这是多好的品质啊。"儿子半信半疑地望着她:"那你想找我说什么?"她拉了把椅子坐在儿子对面,继续说道:"妈妈想跟你做一个约定,你在年满 18 岁之前,在任何时间、任何地点都不能单独见网友,自家楼下也不行。如果确实要见,一定要请爸爸妈妈陪同。妈妈相信你交朋友的能力,但爸爸妈妈也有自己的责任,我们要对你的安全负责。你觉得可以吗?"她儿子欣然同意了,还小声对她说:"妈妈,我以后有什么事都只告诉你,再也不告诉爸爸了,他总是不相信我!"

你看,同样是告诫儿子警惕网络的风险,爸爸的不信任,让儿子把他直接推到了门外,不愿意再听他说。而妈妈的信任,则换来了亲子间流畅的沟通和具有保护意义的约定。

父母是孩子生命中最重要的亲人,是他们爱和能量的补给站,也是他们的避风港。父母和孩子之间的亲密关系,除了有天然亲情的滋养,还需要尊重、信任的保驾护航。如果我们总是不相信孩子,那么亲子关系的小船总有一天会翻,届时,受伤最深的一定会是孩子。

不信任,伤害孩子的自主性。因为对孩子缺乏信任,我们会下意识地帮助孩子规划好一切。而这样时时刻刻且无微不至的关心关怀,会导致孩子自主性和独立能力的丧失。项目组一位老师曾给我分享过她陪儿子去露营时遇到的一对母子的故事。当时他们参加的是一个三天两夜的亲子露营项目。在这三天两夜里,她不断听到那位妈妈这样说:"宝宝,你喝水了吗?去喝点水。""宝宝,你上厕所了吗?去上一个吧!一会儿我们就出发了。""宝宝,现在该睡觉了,去洗漱吧!记得刷牙要刷够 3 分钟。"那个孩子也很乖,妈妈说的一一照做,没有一点不耐烦。但这一切却让我们项目组的老师极度不适,因为,当时那位妈妈口中的"宝宝"已经是个身高一米八,就要步入 18 岁的高二学生。试想一下,这个孩子上了大学,离开了妈妈,他将如何独自面对未来的生活?

信任无形,却充满力量

英国教育家斯宾塞曾说过:"当孩子感到被爱、被信任,奇迹不久就会出现在你眼前。"我们对孩子的信任是一种无形的力量,能够激发孩子的内在潜能,让他有勇气面对成长中的各种挑战。

有一天,因为车限号,我坐地铁去上班。中间上来一对父子,孩子看上去五六岁的样子。我赶紧站起来给孩子让座。这时,孩子的爸爸看了看孩子,用眼神询问他是否要接受我的帮助。小家伙一面用小手紧紧握住我座位旁的立柱,一面仰起头特别坚定地对我说:"谢谢叔叔,不用了。我已经长大了,自己能站稳。"在孩子说完这句话之后,那位爸爸伸出手摸了摸孩子的头，对我说："您坐吧！我相信他可以的。"听到爸爸这样说，孩子的眼睛亮闪闪的，充满了无所畏惧的勇气和力量。是爸爸的信任，让这个五六岁的孩子愿意尽自己最大努力站稳，而他也确实做到了。

罗杰斯认为每个人都有自己的潜能和积极向上的动力，每个人都可以迈向自我实现。而父母的信任，就是激发孩子潜能的那束光。当我们告诉孩子"爸爸妈妈相信，你能行！"时，孩子就多了一份尝试和坚持的勇气；当我们相信孩子能够做出正确的选择，赋予他选择的权利，并支持他按照自己的想法行事时，孩子就多了自主的机会；当我们相信孩子行时，孩子就会用行动回应我们。

父母的信任不但会让孩子充满勇气，也会让孩子在为人处世上更有底气。

有一个女孩在学校被怀疑偷了同学的东西，老师把她带到办公室，希望她能承认错误并向同学道歉。她明确告诉老师，她没有偷，但无论她怎么说，老师就是不相信。在最无奈的时刻，女孩哭着喊："老师，你要是再这样冤枉我，我就告诉我妈妈了。"在这一刻，老师感到很震惊，她本来还想着，如果女孩一直不承认，她就要打电话叫家长了。在老师心里，所有孩子都是害怕叫家长的，但是，这个女孩却主动提出要叫家长。之后，女孩的妈妈来了。她并没有像大多数家长那样，听了老师的一面之词后，就上前责骂自己的孩子，而是告诉老师："我相信我女儿，这中间一定有什么误会，希望老师先调查清楚。"妈妈无条件的信任，给了女孩在面对外界责难时坚持自我的底气。

当孩子发自内心地相信不论什么时候，不论遇到什么事情，爸爸妈妈都会跟他站在一起，他即便真的错了，也依然是爸爸妈妈最爱的孩子，永远不会被厌弃时，他才能放开手脚做自己。而这样的孩子，成就一般不会低。

信任孩子，从放下开始

有意愿是改变的开始。相信了解了不信任对孩子的危害，以及信任对孩子成长的积极作用，大多数家长都会想要尝试着去信任孩子。只是我们要如何信任？又信任孩子的什么呢？信任一定要从放下开始。

信任孩子，就放下比较，相信孩子有自己的成长轨迹和方向。在日常生活中，我们经常喜欢拿自己家孩子去和别人家孩子比较。当孩子在一些方面不如别人的时候，我们就变得特别焦虑，唯恐孩子落后于人。其实，每个孩子都是独一无二的，都有自己的优势和劣势，孩子之间并不具有可比性。

读过《爱因斯坦传》的人都知道，爱因斯坦小时候，语言发育迟缓,不服从权威,喜欢顶撞老师,5岁的时候曾拿起椅子扔向一位家庭教师,吓得对方仓皇而逃,再也没有露面。他总是不合群,对其他孩子的打闹嬉戏无动于衷,只喜欢沉浸在自己的奇思妙想里,对小小的罗盘充满兴趣。我们如果将童年时的爱因斯坦和大多数小孩儿做比较,让他一遍一遍地练习说话,告诉他必须要听话,赶他出去跟小朋友玩儿,那我们可能就毁掉了一位世界上杰出的科学家。

桃花在春天绽放,菊花在秋天盛开,每种花都有自己的花期和形态,孩子也一样。相信孩子,就放下那些无谓的比较,允许孩子沿着自己独有的生命轨迹慢慢成长,我们只需在静静的支持和陪伴中静待花开。

信任孩子,就放下偏见,相信孩子会向着积极的方向成长。 很多时候,我们对孩子的不放心、不信任都源于一种偏见,认为孩子必须被"盯着",才会向积极的方向成长。就比如写作业这件事,好像我们不去督促和监督,孩子就只会偷懒一样。但是罗杰斯却用他的经验告诉我们:人都具有向更完善方向发展的天然趋势。他曾举过一个地下储藏室里的土豆的例子[1]来帮助我们理解这一点:

我记得童年时代,我们把冬天吃的土豆放在地下室的

---

[1] 卡尔·罗杰斯.论人的成长[M].石孟磊,等译.第2版.北京:世界图书出版有限公司,2018:102—103.

储物箱里,地下室上方不远处有个窗户。这种环境不利于土豆生长,但是土豆总会发芽——淡白的幼芽,与春天播种在土壤里时抽出的健壮的绿芽完全不同。但这些细长的幼芽会伸向窗外远处的光线。这些幼芽的发育是异常的、徒劳的,是我所说的定向倾向的极端表现。它们永远不会长成植物,也不会成熟,更不会实现其真正的潜力。但是在最恶劣的环境下,它们依然尽力去实现自己。

在罗杰斯眼里,生命的本质特性就是朝着充分展现的、自我实现的、积极的方向去成长。当我们能够认同这一点,相信这一点时,我们就能放下偏见,发自内心地信任孩子。

岳岳是我一位朋友的孩子。我这位朋友也是搞教育的。一般来说,做教育的人对自己孩子的期望都会很高,对孩子也会有很严格的要求。我这个朋友却不是这样。她经常对我说:"人生是他的,我相信他会对自己负责。"所以,她从不过多干涉儿子的学习。至于兴趣班、培训班这些,儿子不要求,她从来不会主动给儿子报。虽然她的资源很丰富,但她儿子从小学到中学读的都是最普通的学校,大学也只读了一个二本。讲到这里,你可能觉得,信任了半天,就读了个二本啊!这还有什么可信任的?但大学从来不是人生的终点。就是这个在普通二本大学就读的孩子,大二的时候,爱上了人工智能,现在他已经是世界排名前列的美国普林斯顿大学的在读博士生了,研究方向是人工智能在医学领域的应用。

我们不去讲这个孩子未来的前途,只从成长本身来看,其实这就是他在妈妈的信任下,在放松的状态里,逐渐释放自我潜能,迈向自己想要的那个未来的过程。每个孩子都有自己的天赋,我们只有给予孩子充分的信任,他们才有释放自己的天赋、积极成长的可能。

信任孩子,就放下掌控欲,相信孩子没有搀扶和监督也能做好。信任不只体现在语言上,更要体现在行动中。很多父母嘴上说着信任孩子的话,手上却做着不信任孩子的事。下面分享的是大洲的故事。

在高三之前,大洲一直是"别人家的孩子",据妈妈描述,他爱学习、有礼貌、自控力好。但到了高三,一切都变了,孩子经常逃课去打游戏。爸爸妈妈慌了神,怎么好好的孩子在这节骨眼上叛逆了。他们给孩子讲各种道理,拜托老师对孩子严加管教,妈妈哀求、爸爸恐吓,甚至剪掉了家里的网线。但这些方法,对一个17岁的小伙子,好像一点都不起作用。他越来越痴迷于游戏,相应地,学习成绩也滑坡得越来越厉害。

"儿子,就当妈妈求求你了,你再坚持一年,等上了大学,爱怎么玩游戏,你就怎么玩。"大洲妈妈苦口婆心地劝说。大洲回应:"妈妈,也当我求求你了,别再逼我了。要不然这样,这一年，你们养我花了多少钱，算我向你借的。等我 18 岁生日一过，我就出去工作，然后把这些钱还给你们。"

对于爸爸妈妈所讲的那些为他好的人生大道理，他更是讥诮地说："我看你们是为了自己。我考上好大学，你们脸上有光；我没考好，你们觉得没面子。"

大洲的妈妈是一位小学老师，爸爸是政府机关工作人员。那段时间，两人感觉天都要塌了，四处打听北京、上海是否有靠谱的心理医生，要带大洲去看病，破除"心魔"，但大洲对妈妈的提议嗤之以鼻。

妈妈的情绪压力越来越大，好在她得到一位她信任且懂心理学的同事的帮助。在同事的启发下，她静下心来，思考了几个问题：考大学到底是孩子的事还是自己的事？如果步步紧逼，万一孩子出了什么问题，她能承受吗？相比之下，是否上大学，还是一件重要的事吗？最重要的是，孩子玩游戏背后的心理需求到底是什么？

在拨开这些迷雾后，她真诚地反思，在某种程度上，大洲说她"爱自己"是对的。以前，大洲是她的骄傲，她很害怕听别人说，作为老师，自己的孩子都教不好，怎么教别人的孩子。她也没有思考大洲为什么沉迷于游戏，一直觉得孩子是被其他同学蛊惑，是游戏公司太罪恶。

爸爸妈妈在和大洲深入沟通后，了解到他玩游戏其实主要有两个原因：第一，从游戏中，能够体验到即时成就感，缓解高三学业带来的压力；第二，不管是在游戏中，还是反抗爸爸妈妈这件事本身，都让他有一种"自我控制"的感觉，有一种人生自己说了算的感觉。

妈妈给大洲道歉："对不起，以前我没体验到你说的压力，我就觉得作为学生，谁没有压力，你凭什么不能坚持。以后，你要是想玩游戏，就回家玩吧，大大方方的。"

刚开始，大洲并不相信妈妈的话。一次逃学玩游戏回家后，妈妈什么都没有说。后来，大洲尝试在家玩了两天游戏，妈妈还是没有说什么，只有一个要求——每天两人一起散步聊聊天。这一个月中，大洲在家玩游戏的时间，几乎和上学的时间持平。妈妈偶尔也焦虑，但一直和自己的心理咨询师保持沟通，处理自己的情绪问题。

第二个月，大洲正常上学了，基本没有在家玩游戏，理由是没意思。听到这个答案，妈妈哭笑不得。她很坦诚地和大洲说："哪怕你还是继续玩儿，我也不会说什么。但你做了这个选择，作为妈妈，我还是很开心的。下次有压力，想回来玩儿，随时可以。"后来，大洲以高出省重点线 40 多分的成绩，考入了南京某高校。儿子的改变，让她深刻地感受到了信任的力量。

其实，每个人都希望拥有自己可以掌控的人生，孩子也不例外。在我们放下对孩子的掌控欲后，孩子就能慢慢学会自我管理、自我抉择，自己对自己的人生负责。

信任孩子，就放下质疑，相信孩子的情绪感受是真实存在的。父母对孩子的不信任是多方面的，其中非常容易忽视的就是孩子的情绪感受。很多父母会质疑孩子的情绪感受，认为孩子是无中生有、装模作样或带有目的性。我身边就有很多这样的例子。

慧慧（化名）是我们学部的在读本科生，大二下学期，她的抑郁情绪非常明显，严重影响了学习，她还有自伤行为和自杀倾向。评估后，我们联系了慧慧的家长，希望他们能够给孩子办理休学，带孩子去专业医院求助。结果，慧慧的妈妈在电话里特别不屑地对辅导员说："老师，让您费心了！不用理她，她就是矫情，高中的时候就这样，动不动就割腕，吓唬谁呢！我们可不吃她这套，你们也别当回事儿。"最后还是辅导员陪着慧慧去的医院，慧慧被诊断为重度抑郁。听到这个结果，慧慧的父母还是不太相信，依然认为慧慧是装的。在我们做了大量家长工作之后，他们才勉强接受慧慧是真的生病了，她的抑郁不是矫情，不是装出来的，不是为了逃避学习，她是真的在被抑郁折磨着。

我们很为慧慧难过。相似的例子在大学里，甚至高中阶段都屡见不鲜。很多父母都只在乎、只相信自己的想法和看法，对孩子的情绪要么忽视，要么质疑，给孩子带去了非常大的伤害。因此，我们要信任孩子，就不光要相信孩子本身，还要相信孩子的情绪和感受，这样才能给孩子想要的温暖。

信任不是放任，更不是妄想，是带着相信的支持和陪伴。 我们要无条件信任孩子：相信孩子的本性是善良的，是积极向上的；相信孩子作为一个生命体，会有自己独特的成长体系；相信孩子有独属于自己的成长历程和节奏；相信孩子有自己的情绪和感受；相信孩子会成长为一个健康、健全的独特个体。

但信任并不等于放任，也不是说我们信任孩子就可以对孩子不闻不问。信任要以了解和现实为基础。比如，对孩子能力的信任，是相信孩子有能力做好自己这个年龄阶段分内的事情。对3岁的孩子来说，自己穿袜子、自己穿衣服、自己吃饭都是分内的事。这时，我们就要给孩子提供充分的自我练习的机会，克制住自己想要包办的欲望。对10岁的孩子来说，写作业就是分内的事，我们就要尊重孩子自己的时间安排，相信不用我们督促他们也能自己完成。越接近青春期的孩子，越在意我们对他们的信任。

信任要以孩子的年龄、认知、神经发育为前提，不能盲目。如果我们对一个两岁的孩子说"妈妈相信你可以自己做饭给自己吃"，这不叫信任，这叫妄想。在生活中，我也接触过一些这样的家长。他们以信任为幌子，做着忽视孩子的事情，这对孩子的发展也十分不利。

信任是有温度的，是我的眼里有你，我的心里装着你，但我的手却不抓紧你。对孩子最好的信任，是带着相信的支持和陪伴。

相信，相信的力量

用一个心理学上非常有名的实验作为信任部分的结尾。这个实验叫"罗森塔尔实验"，顾名思义，这是一项由美国心理学家罗森塔尔设计的实验，测验信任和期待对人的影响。实验非常简单，他到一所乡村小学，给各年级的学生做了语言能力和推理能力测验。测完之后，他没有看测验结果，而是随机地选出20%的学生，同他们的老师说这些孩子很有潜力，将来可能比其他学生更有出息。8个月后，罗森塔尔再次去这所学校，奇迹出现了，他随机指定的那20%的学生的成绩真的有了显著提高。

为什么呢？是老师的期望和信任起了关键作用。老师们因为相信专家的结论，相信那些被指定的孩子的确有前途，对他们寄予了更高的期望，投入了更大的热情，更加信任和鼓励他们。这些孩子的自信心得到了增强，因而比其他的学生进步得更快。

信任是共情的底色，缺少了信任，共情就像一束塑料假花，即便看上去色彩鲜艳，也毫无生机。没有信任的共情，家长感动了自己，却触动不了孩子。孩子不但不认可，还会带着防备心越走越远。我们希望跟孩子建立起良好的亲子关系，希望孩子阳光自信，希望孩子在青春期的时候依然把我们当朋友，那么我们首先要做到信任孩子。爱的最好证明就是信任。当我们发自内心地信任孩子时，孩子会遵循他们的机体智慧，朝着健康的方向发展，不知不觉中长成他们最好的样子。

父母共情陪伴能力提升练习：

和孩子一起制订一个家庭计划（计划是全家同意并能够实现的），并积极完成，如全家一起每周运动一次，和孩子一起感受彼此支持的力量及共同行动的乐趣，从而建立对自己及家人的信任。

第三部分

践行共情陪伴，您还可以收获更多

第六章
提升共情效果的
七个锦囊

在了解了共情，体会到了共情的价值并学习了方法后，我们会有一种如获至宝的感觉，于是迫不及待地想要使用共情。这种感觉就像婴儿学步一样，当婴儿发现自己能够向前挪出一小步时，那一瞬间，他的内心骤然溢满喜悦，身体充满力量。然而，婴儿开始学步总是会有摔倒的时候，实践共情也是一样。

我们虽然对共情的理念和方法已经有了比较深入的了解，但还是无法做到有效共情，或者感觉自己已经与家人和孩子共情了，对方的回应却让我们怀疑自己，质疑共情的有效性。现在的你是否也有这种感觉呢？如果有，那我先要为你竖一个大拇指，因为此时的你已经从一位共情"学习者"转变为一位共情"实践者"，你已经行走在成长的道路上。本章内容，将为你在共情这条路上走得更好、走得更稳保驾护航。

看见自己,更有力量

共情的第一步叫作"停",停下手头正在做的事情,放下自己的价值判断以及先入为主的偏见和成见。方法并不难,但我们在面对现实的情境时,却发现要停下来真的不容易。参加共情陪伴儿童心智成长指导师培训课程的一位学员曾在督导课上与大家分享:"我也想与我儿子共情,但是每当他哭闹不休的时候,我就感到十分烦躁,根本无法控制自己的情绪。"这位学员的分享引起了很多妈妈的共鸣:"我们也知道要先停下来,但做不到啊!"那么,是什么阻碍了我们,让我们停不下来呢?是我们自身的情绪,是我们成长中那些没有被关照和疗愈的创伤。因此,想要稳稳地停下来,停在孩子情绪爆发的那个当下,我们还需要做到:对自己和自己的情绪有清晰明了的认识、理解和接纳。也就是说,共情他人的前提,是要看到自己,爱自己。

觉察自己的情绪

了解自己的第一步是觉察自己的情绪。如果我们能够清楚觉察自己的情绪，我们就为大脑皮质的理性工作创造了条件。我曾看过的一起惨案或许能让你对情绪觉察的重要性更有感触。

惨案发生在一对夫妻之间，夫妻二人因为生活琐事发生了争执，妻子一气之下发动了车子，丈夫见势用身体阻拦，并猛烈捶打挡风玻璃。谁料，愤怒的妻子非但没有停车，反倒突然加速，将车前的丈夫狠狠撞飞，丈夫当场重伤身亡！是这位丈夫无知，不知道血肉之躯阻挡不了钢铁汽车的前行吗？还是这位妻子无知，不知道开车撞过去是会出人命的吗？当然不是。只是当他们被愤怒的情绪控制，成为情绪的奴隶时，所有的理性思考都被按了暂停键。曾经轰动一时的重庆万州公交车坠江事故，不知你是否还有印象？事故的原因不过是一名乘客因坐过了站，跟司机发生肢体冲突，司机急打方向盘，导致公交车坠江，15个人葬身江底。由此可见，一个情绪失控的人，可能给自己和身边的人带来巨大的灾难。

控制情绪真的有这么难吗？不是的。有研究表明，暴风雨般的愤怒，持续时间往往不超过12秒，爆发时摧毁一切，但过后却风平浪静。控制好这12秒，就能以合理的方式排解负面情绪。如何把握住这12秒，让被隔绝开的理性思考能力回归呢？答案是：做好情绪的自我觉察。

在我们的成长中，身边的亲人最关心的是我们的健康、学习成绩、事业发展等，对我们情绪的关照却微乎其微。因此，我们中的大多数人也缺乏对自己情绪的关照和觉察。倒不是觉察自己的情绪有多难，而是我们的头脑一直没有建立起这样一种意识。所以，从此刻起，从你读到本书的这一段起，请鼓励自己建立这样一种意识，告诉自己：我要和情绪成为朋友，不再忽视它、漠视它。带着这样的意识，我们一起来看看要如何觉察自己的情绪。

情绪看似无声，却有迹可寻。想一想，我们在愤怒的时候，会有哪些反应？是不是会面红耳赤、眼睛圆瞪、音量提高、语速加快，甚至扬起拳头、叉腰跺脚、浑身发抖，似乎感觉整个人要原地爆炸了？无论是身体上的异样反应，还是神情的改变，或是语音、语调、语速的变化，都是情绪发出的信号。只要我们有意识地接收这些信号，不屏蔽它们，我们就能很快觉察自己的情绪状态，进而调节它。当然，在觉察和调节之间，还有重要的一步，叫作承认情绪，或者说接纳情绪。

接纳自己的情绪

情绪没有好坏对错，只是伴随着我们的认知和意识过程所产生的对外界事物的感受，是对客观事物和我们主体需求之间关系的反应。因此，不论我们产生怎样的情绪，都应该被允许、接纳。只有允许和接纳，才能让情绪自然流淌，才能让我们从更深层次看到自己的需求。只是，在日常生活中，我们会习惯性地给情绪贴上标签，对那些体验感较差的情绪，我们会不自觉地严加封锁，似乎否定情绪就代表着这一情绪不存在。

相信以下这些语言你一定不会陌生，"哭什么哭，有什么好哭的"，"多大点事儿啊！有什么好生气的"，"都在一个屋里住着，有什么可害怕的"……试想一下，当我们置身于一个万人瞩目的舞台，我们面对台下一双双审视的眼睛，紧张得腿肚子直打战，这时有人对你说："不就是个表演嘛，有什么可紧张的。"你听到这句话，能马上做到不紧张吗？答案是不能。实际上，当我们对自己说"有什么可……我不应该……"的时候，我们只是在否定自己的情绪。

同样，我们对孩子说"有什么可……你不应该……"的时候，只是在压抑孩子的情绪。然而不管是否定还是压抑，都不会使情绪消失，只会让情绪堆积在心里，一点点蚕食我们身体和心理的健康。所以，请试着接纳你的情绪吧！你在感到生气的时候，勇敢面对自己的生气，对自己说："我生气了，这是可以的，是正常现象。"你在感到羞愧的时候，坦然面对自己的羞愧，对自己说："是的，我感到羞愧，这是可以的。"

也许你还会想，承认了自己的情绪，不就等于承认了自己的无能吗？其实不然。鲁迅说："真的猛士敢于直面惨淡的人生,敢于正视淋漓的鲜血。"能够接纳自己情绪的人,才是真正睿智和勇敢的人。接纳意味着承认,意味着不评判、不逃避。

比如,在亲子互动中,孩子顶嘴是再正常不过的现象。但绝大多数父母会在被顶嘴那一刻触发对孩子失去控制的恐慌感,而这种恐慌感则会乔装成愤怒发泄出来。如果缺乏对情绪的觉察和接纳,父母极容易陷入与孩子的情绪对抗,轻则责骂,重则动手打孩子。这样做,不仅损害亲子关系,还会对孩子的心理健康造成负面影响,甚至对孩子造成不可逆的伤害。

有了觉察,在我们愤怒的那一刻,我们会意识到自己在生气,会在头脑中警醒自己:生气会让我变得非理性,这时的言语、行为有可能会伤害我的孩子,我现在需要冷静。而接纳意味着允许:我允许此刻的自己是生气的,不自我否认说我没有生气,也不自我攻击说我怎么可以生气,更不自我逃避说我不生气了。我们只是跟生气待在一起,关照自己的情绪,跟内在的情绪对话:我怎么了?我为什么在这一刻会如此愤怒?是因为权威性受到了挑战?是因为在孩子面前丧失了尊严?还是因为孩子可能脱离我的掌控?弄清楚原因,再沿着原因继续去探寻:权威受到挑战对我意味着什么?在孩子面前丢了尊严意味着什么?孩子脱离我的掌控又意味着什么?

这时,你可能会触碰到你的"内在小孩",你会看到那个无力、挫败、担忧甚至恐慌的自己。接纳你在此刻感受到的情绪，不评判它的对不对和该不该，也不疯狂地轰它离开，就只是静静地和这种感受待在一起，允许自己在此刻是无能的、渺小的、挫败的、恐惧的，然后我们再进行下一步。

你看，一定是先有觉察和接纳，才有直面，才有机会正视情绪背后的需要，从根源上探索解决问题的办法。

看见你的内在需要

没有无缘无故的情绪，每一种情绪都与我们深层次的期待和需要有关。可以说，情绪是我们内在的语言。觉察情绪，接纳情绪，静下心来跟自己的情绪对话，会帮助我们读懂自己的需要，更好地与自己共情，与孩子共情。

记得我儿子 8 岁的时候，一天，我工作非常繁忙，一直到晚上九十点钟，才拖着疲惫的身体回到家。到了家门口，我想着别吵着爱人和孩子，就自己用钥匙打开门，轻手轻脚地放包、换鞋。只是还没走到客厅的沙发跟前，就听到"砰"的一声响，是我儿子摔门的声音。我当时就有点恼火了，心想：这大晚上的，多影响楼上楼下的邻居休息！但因为太累了，我忍了一下，什么也没说，坐在沙发上眯着眼睛休息。两分钟之后，又是"砰"的一声，我的怒火一下子就上来了，从沙发上站起来。还没等我开口，我儿子已经冲到我跟前，一边冲我喊着"爸爸就是个说话不算话的大骗子",一边朝我砸来一个纸团,正好砸我鼻子上。我再也忍不住,冲着儿子吼起来,看着儿子眼睛红红的哭着跑开,我特别挫败地坐在沙发上。这时我才想起今天是儿子参加演讲比赛的日子,我原本答应儿子要去看他比赛的,结果一忙起来就忘记了。自责的情绪瞬间溢满了我整个心房。

在这一刻,我沉下心来与自己的情绪展开了一场对话:

情绪:刚刚你体验到了什么?

我:生气、挫败、自责。

情绪:你这些情绪分别在诉说什么?

我:生气是在诉说我对儿子的不满,挫败是在诉说我对自己的高要求,自责是在诉说我对儿子的爱。

情绪:除了这些你还体验到什么了吗?

我:委屈。

情绪:它在诉说什么?

我:我不是故意的,只是今天太累了。

情绪:那你需要什么?

我:休息。

情绪:还有吗?

我:跟儿子和解。

通过跟情绪的对话，我明确了自己生气和自责背后被忽视的情绪——委屈，也看到了我此刻的需要——休息，并修复同儿子的关系。同时也知道了此刻我为什么无法做到共情——我太累了。大家看，即便是每天都在实践共情、传播共情的我，在身心疲惫的时候，也难以"停"下来。我想说，这其实非常正常，因为我们是人不是神，而人总会有脆弱的时候，所以千万不要因此苛责自己。当你因为自身状态不佳而没能与孩子共情时，比自责更有价值的做法是接纳自己的情绪，接纳自己的无力，先照顾好自己的内在需要。

"感觉是一切虚幻事件的核心。它从未确立过任何事情，但又和任何事情息息相关。情绪是埋在所有真实上面的尘土，不把它们清理干净，真相就无从裸露。"这是我非常喜欢的一位作家也是我心理咨询博士班的同学毕淑敏说过的一段话。所以，在日常生活中，我们在感到心力交瘁的时候，不妨停下来，通过和情绪对话，层层梳理，看清自己的情绪、感受、需要、渴望，与自己深层次共情，找到"爱自己"的正确方式。

爱自己一百分

从心理学的视角看，每个人都是不自由的，都在被潜意识控制着，而情绪是进入潜意识的端口。觉察自己的情绪和状态，在明显感到自我力量不够的时候，给自己留一些时间和空间，让自己恢复良好的身心状态，这样我们才能以稳定的状态去面对孩子、与孩子共情。英国教育家斯宾塞曾说："精力充沛和它带来的饱满情绪，既然比任何其他事情在幸福中占较重要的地位，教人保持良好健康和饱满情绪就比什么都重要。"那要如何做呢？答案是：爱自己一百分。你可能要问，什么叫爱自己一百分？搞心理的天天说要爱自己，到底怎么做才是爱自己呢？

　　说到这个话题，我不禁想到我曾经教过的一名学生——唐唐。记得有一次，唐唐所在的小组想要开展一个关于婴幼儿认知发展的实验项目。前期，她和同组的小伙伴做了大量的工作，查找文献、订计划、做方案、写可行性分析……每天从早忙到晚，忙碌了一个多月。但是，最后由于一些特殊原因，他们的项目申请没能审核通过。这就意味着他们这么长时间的辛苦都白费了。与唐唐一组的小伙伴有的唉声叹气，有的义愤填膺，有的后悔当初不该选择这个调研方向，有的开始自我怀疑，觉得是自己能力不够……只有唐唐表现得十分淡定。我很惊讶，好奇地询问她："面对这个结果，你似乎并不像其他同学那样有比较大的情绪反应，你是怎么做到的？"她说："虽然这个结果不是我所期盼的，却是有可能发生的事。我并不后悔当初选择这个项目，也不责怪自己没有用心准备，我已经做到了'尽人事，听天命'，为什么还要自己为难自己呢？"

大家从唐唐身上看到了什么？我从她身上看到了一种做人做事的通透，一种对自己无条件的爱和接纳，一种"不以物喜不以己悲"的豁达。我这里对大家说的"爱自己"，并不是指在物质层面上，让大家吃好穿好玩好，而是让大家学会从情感层面关照自己，这是一种更深层次的爱。这种爱源于这样一个基本信念：我相信，不管我的外表如何、出身如何、收入如何，也不管我做着怎样的工作、有着怎样的成就、处在怎样的境况之下，我都是有价值的，都是值得被爱的。

爱自己意味着全然接纳真实的自己，不去挑剔和贬低；意味着接受构成自己的一切和所做的一切，不做任何评价或批判；意味着允许自己有情绪，但不会让情绪一直折磨自己；意味着能看见并照顾自己的情绪和需要，不否定、不漠视；意味着你的情绪和需求很重要，而我的也同样重要。所以，你在感觉很累的时候，暂且放下手中的事，允许自己先休息一下；你在感到情绪低落的时候，给自己一点时间，允许自己暂且放松一下，吃点甜品，逛个街，做一点让自己心情舒畅的事。

父母是孩子最好的榜样，我们的一言一行，我们的内在价值感，都会影响我们的孩子，他们也会在潜移默化的学习模仿中掌握爱自己的方式。而当我们对自己爱得足够时，我们的身心能量也会提高，再面对孩子的情绪风波，也就更有力量稳稳地"停"下来，从容地与孩子共情了。

> **父母共情能力提升练习：**
>
> 引发我们消极情绪的真正原因，可能并不是孩子的行为（这只是一个导火索而已），而是我们的一些内在需要没有得到满足。试着与自己对话，观察内在的自己，并及时"充电"。
>
> 在生活中，适合你的"充电"方式有哪些？找到爱自己的方式，及时发现自己的需要，为自己加油。

没有最好，只有更好

上一节，我们说到要先学会觉察自己的情绪，接纳自己的情绪，从情绪出发，洞察自我的观点、期待与渴望，为自己留出"蓄力"的时间和空间。这样我们才能有力量"停"下来，进而与孩子共情。而当一切准备就绪，我们开始与孩子共情之后，有很大一部分家长又会陷入新的焦虑——完美主义焦虑。

"伍老师，昨天我带儿子去超市，他非要买那个玩具熊包装的糖，我不同意，他就在地上打滚，我试着共情回应：'妈妈知道你想要那个糖，妈妈不同意给你买，你很难过，但咱家还有一罐没吃完呢，等吃完了妈妈一定再给你买。'可他根本不听，还是哭个没完，是不是我哪里做得不好啊？"

"伍老师，上次我闺女在幼儿园玩大型玩具，不小心钩破了裙子，回来跟我哭，我共情回应：'你的新裙子破了，你一定很难过吧！那下次你穿裙子去玩时小心一些就好了。'您看我这么共情对吗？"

……

在共情陪伴儿童心智成长指导师培训课程中，设有教学督导的环节，为此我们会提前收集学员的困惑和问题，上述问题就是其中典型的一类。而这类问题的核心模式就是对不对，好不好，就像学生考试一样，似乎只有拿到了 100 分，才算做到了合格的共情。实则不然，共情不是考试，也没有严格意义上的标准答案，它仅仅是在你所共情的那个时空点上，你对另一个人的看见和理解。所以，在这里我想跟大家做一个澄清：没有完美的共情，只有在实践中不断提升共情能力的自己。只要我们本着共情的态度和价值观，做就对了。

共情无关对错,看见就是价值

我们每天和家人生活在一起,按常理而言,我们应该会容易感受到家人的爱。但当你坐下来静静地回忆与感受你和家人之间相处的时光,描述一下平日里令你感到充满爱意的场景时,你可能会有所犹豫,因为你会发现那些贴着爱的标签的语言,好像并没有让你感受到爱。

回想一下你18岁之前,父母跟你说得最多的话是哪些?有没有下面这几句?

> 在学校好好学习,认真听课。
>
> 别整天就想着玩,有空多做几道题,你看看人家×××!学着点儿。
>
> 今天的作业写完了吗?
>
> 考试成绩出来了吗?这次考得怎么样?
>
> 都几点了还不睡,等着明天上学迟到吗?
>
> 你能不能给我争点气!
>
> 别一天到晚想那些没有用的,你现在最重要的任务是学习。
>
> ……

再回想一下你在做了父母之后，对孩子说得最多的话是哪些，有没有上面这几句？或者你的孩子还小，那有没有下面这些：

> 都跟你说了别跑，你不听，摔着了吧！
> 吃糖对牙齿不好，不许吃啦！
> 别玩了，赶紧回家，这天都要黑了。
> 说了不行就是不行，你再哭，我走了。
> 小朋友又不要你的玩具，妈妈给他玩一下怎么啦？
> ……

仔细思考一下这些话，你感受到了什么，是父母对你浓浓的爱和期盼吗？我想你的答案可能跟我相同——不是。虽然从理性层面上讲，我们知道父母爱我们，我们也爱孩子，但是在每天细碎的生活中，在跟父母、孩子的互动中，这份融于血液里的爱似乎并没能很好地传递出去。

是什么阻隔了我们爱的流动呢？是对"人"的忽视。我们被各种各样的事情包裹着，每天只看到"事"，而没有看见"人"的时候，爱就被扭曲了。而共情恰恰是在呼吁我们先看到"人"，再去处理"事"。有了这份对人的关注，不论我们所给予的共情是否完美，对孩子来说，都能感受到你对他这个

"人"的在意，对他这个"人"的关注。这样的价值是无与伦比的。

早些年，我参加过一个培训，当时做的一个练习给我留下了非常深刻的印象。培训师请我们排成一队，站在一位学员对面，然后我们依次走到该学员跟前，注视着他的眼睛，坚定地对他说"我看到你了"。我排在队伍的中间，当我面对他说出这句话时，我非常清楚地看到他红红的眼眶里，有泪水奔涌而出。就是这么简简单单的一句话，让这么一位身高七尺的中年汉子泪如雨下。那一刻我十分震惊，也是欣喜的。震惊的是"看到"的价值，欣喜的是，在未来我想要做的正是帮助更多的人了解"看到"，学会"看到"。

所以，千万不要纠结于你的共情够不够完美，语言够不够准确，只要你在践行共情，你在关注孩子的情绪，关注孩子的内心体验，那么你跟孩子的互动就是有价值的。

共情没有好坏，真诚就是价值

共情能够发挥积极作用的重要前提是一直怀揣着真诚，并对被共情者无条件积极关注。真诚，意味着我们不是戴着虚假面具，而是以一种未经修饰的面目，真实地面对孩子。卡尔·罗杰斯认为真诚带来信任。无条件积极关注的基本含义是对一个人表示出尊重与接纳、看重与认可，欣赏其价值，喜欢他、爱他。而且，这种感受是自然发生而非强迫出来的。最重要的是，这种感受并不以对方的某个特点、某个品质或者整体的价值为依据，它是无条件的。换言之，可以将其理解为："我们尊重、喜欢、接纳一个孩子不是因为他表现得很乖、很聪明、长得漂亮，而是因为他这个人，因为他就是他！"

孩子们都是敏感的，虽然他们的认知能力尚未发展完全，但他们能够敏感地感受到我们是否真诚、是否无条件积极关注。相对而言，要做到无条件积极关注，对我们大部分家长来说确实存在困难，并不是知道了就能够马上做到的，需要我们慢慢改变自己的固有思维和习惯性的关注模式。但真诚不一样，只要愿意，我们就能够轻而易举地做到真诚。

为什么说共情没有好坏，真诚就是最大的价值呢？因为相比以什么样的口吻或什么样的语言模式说话，真诚的表达更能触动孩子。比如，有的时候，孩子确实做得不对，而我们明明已经很生气了，却强压着自己的怒火，逼迫着自己柔声细语地、沿着共情的脉络去表达："妈妈理解你，因为……所以你感到……对吗？但是……"

此时，我们口中说的话和我们整个人散发出来的情绪气场是高度不一致的。这样的共情还不如我们真诚而直接地告诉孩子"你这样做，妈妈真的很生气"来得有价值、更真实，因为我们如果不能够真诚表达自己，在与他人沟通时，就像戴了一个面具，在彼此之间竖立起一道墙。当孩子无法看清我们内心的真实想法时，他的内心也会充斥着紧张感和不安全感。其实，不论是孩子还是我们，都愿意和真诚的人打交道，原因就在于真诚可以增加彼此的信任，而只有在信任的人面前，我们才会感觉到安全。共情的核心价值之一就是让孩子感受到安全和温暖。

与其纠结于自己是不是做到了完美共情，不如思考在跟孩子的互动中我们是否做到了真诚。只要我们能够展示真实的自己，表露真实的情绪，基于客观事实，不夸大、不贬低地跟孩子沟通，那么孩子就能真切地感受到我们与他之间的关系是开放的，爱是流动的，他是安全的。

共情没有最好，实践就是价值

有人说过这样一句话："站在岸上的人永远学不会游泳。"共情也一样，与其不断斟酌共情方式到底对不对，不如直接尝试去做。只有在实践中，我们才能真正领会共情的含义，掌握共情的精髓。宋代诗人陆游曾作过这样一首诗："古人学问无遗力，少壮工夫老始成。纸上得来终觉浅，绝知此事要躬行。"说的也是这个道理。所以，不要担心自己没有做到最好，只要你在实践共情，就很有价值。

我们之所以纠结于自己是否做到了最好，本质上是对自己可能做得"不好"的不接纳。而实际情况是，共情没有最好，只有在一次次的实践当中才能变得更好。只要我们卸下完美主义的包袱，不给自己设限，不以评判的视角来看待自己的共情，接纳当下的自己，允许自己有错漏、不足，以放松的状态共情陪伴孩子成长，对孩子来说就是最好的。

苏珊是共情陪伴儿童心智成长指导师培训课程的一位学员，也是一位宝妈。在分享共情体验时，她是这样说的：

我家戴维特别爱哭，一个男孩，却像个小女生一样，总是哭哭啼啼的。没买到喜欢口味的冰激凌，会哭；不小心磕着碰着了，会哭；连我回家时，不是他开门，也会哭。而且一哭起来，半天都哄不好，特别闹心。以前，每次面对哭哭啼啼的儿子，我的情绪都会经历一个从无奈，到逐渐暴躁，再到抓狂，忍不住发脾气，事后又懊悔不已的过程。

学习了共情之后，我开始试着接纳他，允许他哭，理解他是因为还没学会其他的情绪表达方式，只能用哭来表达和宣泄自己的情绪。我也试着接纳自己在面对孩子负面情绪时，有时会焦躁的情绪，试着用情绪稳定的状态守护在他身边，抱着他，陪伴他让情绪一点点流出，慢慢恢复平静。虽然有的时候，我还是会被戴维的哭逼得"原地爆炸"，但我不会再像之前那样陷入自责。我承认自己不是一个100分的妈妈，也允许自己有做不到的时候，对自己的放过让我的内在变得柔软而有力量。慢慢地，我发现，虽然戴维还是爱哭，但是他哭的时间在一点点缩短，也愿意在我的引导下尝试用语言表达自己的情绪。我相信，只要我坚持用共情的方式跟儿子互动，儿子的情绪处理能力一定会越来越好。

　　苏珊的分享，让我们看到，只要我们秉持共情的理念来对待自己、对待孩子、对待家人，那么改变就会一点点地出现。佛罗里达州立大学心理学家安德斯·艾利克森曾提出这样一个概念，叫作"刻意练习"。其核心假设是：专家级水平是逐渐练出来的。人本主义心理学大师、共情理念提出者罗杰斯也曾特意强调：共情能力有先天的成分，但更多是通过后天刻意练习而达到的。可见，提升共情能力的最佳途径就是实践。我们现在所做的每一次共情，不论是否到位，不论是否准确，都是一种刻意练习，是共情水平提升的一次积累。接纳当下的自己，努力尝试，不断实践，卓越的共情能力必会离我们越来越近。

共情不等于共行

不少朋友会有这样的困惑：我理解孩子的情绪，也明白他的需求，只是他的需求并不合理，这时该怎么办？比如，孩子不想上幼儿园，与他共情之后，他还是紧紧地抱着你，哭闹着不肯放你离开。这时，你会怎么做？继续一遍遍地安慰，还是跟孩子发一通火，愤然离去？或者干脆带孩子回家？

根据以往的经验，我们发现，如果只是面对生活中的小事，与孩子共情好像没那么难。但如果是面对比较激烈的事件，家长就会疑惑，到底怎么做才是共情，是尊重孩子的想法，满足他的需求。在这里，我要跟大家分享一个共情的原则——共情不共行。

情绪无对错，但行为有好坏。对孩子的情绪，我们要做到全然接纳，但对孩子情绪状态下的行为，我们就不能一概而论，对那些必定不能被认同的要求，要温柔而坚定地予以拒绝。

那么在实际生活中，究竟如何判断孩子的哪些"行"可以"共"，哪些"行"不能"共"呢？

符合孩子成长需要的"行"要"共"

我们知道，儿童成长的不同阶段会出现一些典型行为。比如，10个月左右的孩子，经常喜欢扔东西，他们会不断将手中的皮球、纸巾、布娃娃等扔出去。那是因为在这个阶段孩子开始萌发基本的自我意识，在"扔"的过程中，一遍一遍体验到自己与这些物品原来是分开的。所以，"扔"这一行为就是孩子成长的正常现象，我们需要予以接纳。但是很多时候我们往往会忽略这一点，以为孩子就是在调皮捣蛋。

又如3岁的豆豆在门口，一边哭一边跺脚，冲着妈妈喊："出去，你先出去。"原来，听到妈妈的敲门声，豆豆急匆匆地跑过来想给妈妈开门，但爸爸先一步打开了。豆豆不开心了，大哭起来，一边哭一边要求妈妈退出去，关上门，他要重新完成开门的动作。

有经验的妈妈可能已经分析出，孩子此时的行为是秩序敏感期的典型表现。进入秩序敏感期的孩子有一个共同的特点，就是"固执己见、特别偏执"，即使以前非常听话的孩子也会突然变得什么话都听不进去，很多事情必须按照自己的意愿来，稍不如意就大吼大叫，甚至哭闹。从幼儿的成长需求看，这时的他们不只需要情绪上的接纳，还需要行为上的支持。所以，此刻最好的共情，不是围着孩子，跟他说"妈妈知道，你想要开门，但被爸爸抢了机会，你很生气"，而是要一边说，一边走出去，关上门，重新敲，给孩子让他来开的机会。但是这一点，很多家长都不理解，曾经有一位妈妈在讲座现场这样质问我:"这不是纵容孩子吗?让他养成了习惯,以后不是更变本加厉,一不顺心就开始哭闹了吗?"

其实,育儿的过程也是一个权衡利弊的过程。我们知道,孩子此刻的任性不是故意的,而是孩子为维护自己的秩序感所做出的努力,不能把孩子此刻的行为归为"蛮不讲理""胡搅蛮缠"。从孩子的长远发展来看,尽量满足孩子的"有序愿望"可以让孩子在未来具有更强的自理能力、更强的规则意识,同时养成更多良好的习惯。而破坏和镇压,会让孩子产生强烈的心理冲突,不利于孩子的安全感及规则感的建立。这样对比来看,我想大家都能得出这样的结论:只要无关安全,符合孩子成长需要的"行"是可以"共"的。

危害环境、自己或他人的"行"一定不能"共"

虽然我们刚提到,对符合孩子成长需要的"行"我们要去"共",但是并不是孩子所有的行为都是源于成长发展阶段的特定需要,有这样几种"行"是一定不能"共"的。

第一类是伤害环境的"行"。有的孩子在有情绪的时候,会做出一些伤害环境的行为。比如我曾经遇到的一件事情。当时我和一位朋友在一家餐厅用餐,在我们旁边就餐的是一家三口,小孩儿看上去三四岁的样子。一开始,小家伙还很安静,但我们吃到一半的时候，小家伙突然发起了脾气，他大声喊着："我就要吃冰激凌，我就要吃冰激凌。"孩子的妈妈轻声劝着："你都已经吃了一个了，再吃就该闹肚子了，下次再吃好吗？"孩子不同意，继续吵着要吃冰激凌，妈妈依然没同意。这时，孩子抓起手边的杯子，"啪"的一声就扔了出去。好在杯子是塑料的，那位妈妈赶紧捡起来放在距离孩子远一些的位置，然后继续轻声安抚。杯子的落地没能让小家伙有所收敛，他还在嚷嚷着要吃冰激凌。孩子的爸爸厉声呵斥他："吃什么吃？听不懂话吗？再闹腾给你扔出去。"听到爸爸这样说，小家伙更伤心，小胳膊用力一扫，桌上的两盘菜"哗啦"一声就落了地，盘子碎了，菜汁溅得到处都是。妈妈一边向服务员道歉，一边说麻烦再给他们上一个冰激凌。

　　我们不难看出，孩子此时的行为是在对爸爸妈妈表达自己的不满。吃不到想吃的冰激凌，可以生气，但摔东西、砸东西、踢打东西等类似的行为却不可取。当孩子做出这类行为的时候，我们一定要严肃对待，及时引导。我们是要与孩子共情，但共情并不是放纵，也不等于没有规则。如果这位家长在孩子扔杯子时，就让孩子明白，生气可以，但扔东西不可以，那么孩子就可能不会做出毁坏盘子的行为。当然，这时的引导也是有方法的，直接批评或指责孩子并不能帮助孩子认识到自己的错误，反而会激起孩子更强烈的情绪反应。

在类似的情境下，家长首先要对孩子的情绪和行为做一个区分，然后遵循先处理情绪，再纠正行为的顺序进行共情干预。也就是要先共情孩子此刻的情绪和想法，帮助孩子冷静下来。如果是在一些公共场所，最好先将孩子抱离现场，找一个人少的地方，让孩子能没有负担地抱着你尽情地哭。情绪发泄出来了，他的反应强度就没有那么大了。然后我们和孩子商量解决问题的办法。最后，在孩子情绪彻底平复之后，明确告诉孩子，不论是出于什么目的，都不能随意毁坏东西。同时给孩子提供一个在他特别生气时可以怎么做的方案，比如深呼吸、数数等等，并带着孩子一起练习。多次练习下来，孩子有情绪时，可能就不会再毁坏东西了。

第二类是伤害自己的"行"。有时候，孩子生气时的发泄行为极有可能会伤害到自己，如生气时用头撞墙、掐自己。有一些未被满足的行为本身也很不合理，可能会伤害孩子的身心。上面例子里的孩子，已经吃过一个冰激凌了，如果再吃，极有可能导致肠胃不适，严重时还可能引发急性肠胃炎。这时候，我们就不能因为共情孩子吃的欲望还没有被满足就同意他再吃一个。即便孩子大哭大闹，我们依然要坚持共情不共行的原则。理解、接纳他的情绪，允许他哭，耐心地陪伴他，回应他的情绪和感受，不批评、不指责、不制止，但也不能因为他一味哭闹就做出退让，应以温和而坚定的态度告诉孩子，哪些事情不能做。我们温和的坚持，会让孩子在放松的环境中明白：这件事情真的不可以，不是因为妈妈不喜欢我，故意为难我，而是因为对我有害。那么慢慢地，在面对同样的情景时，孩子会更愿意接受妈妈的建议，也能更加平静地同意不做出那些"不被允许的行为"。

第三类是伤害他人的"行"。很多孩子在生气的时候，会出现打人的情况。不少妈妈应该有过这样的体验，不答应孩子做某件事，比如不让他继续看动画片，孩子会一边哭闹，一边挥着小手打你。因为孩子还小，力气也不大，我们就没太重视。但孩子上幼儿园以后，在与同伴交往中，也会出现出于抢玩具等而跟小伙伴动手的情况。之所以会这样，一方面是因为孩子情绪管理能力和方法不够，另一方面是因为他已经习惯了这样的反应方式。所以，在孩子出现打人行为之初，我们就要及时制止孩子的这种行为。在共情孩子的情绪之后，引导孩子明白，不论什么时候，伤害他人都是不对的。

我们与孩子共情是为了让孩子在爱和理解的氛围中学会更好地面对情绪，处理问题，而不是为孩子建立一个成长的温室，让孩子在里面随心所欲。我们要让孩子看到生活的真实，知道即便自己有情绪，也须有所不为，这样才能让孩子的未来之路走得更好。

无关痛痒的"行"可以斟酌着"共"

前面我们说了什么情况下要共行，什么情况下不能共行。那抛开上述情况，既不是成长需要又不涉及原则，我们该怎么处理？《共情的力量》一书中，有这样一句话："把共情付诸行动是一门需要实践的艺术，而且能给出共情的回应需要耐心、决心和灵活性。"在这里我想跟大家强调的是共情当中的灵活性问题。我们一起看下面这个例子。

周末，妈妈陪嘟嘟去儿童乐园玩。嘟嘟最喜欢玩沙子，一进入乐园就跳下沙坑，开心地玩起来。快两个小时过去了，到了吃午饭的时间，妈妈不断地催促："嘟嘟，玩得差不多了，赶紧出来吧！""嘟嘟，再玩最后五分钟，妈妈带你去吃饭。"但不论妈妈说什么，嘟嘟总是头都不抬地秒回一句："不要！"又过了几分钟，妈妈的声音再次响起来："嘟嘟，我们该去吃午饭了，一会儿没位子了！你赶紧出来吧！"嘟嘟不同意，还想继续玩。妈妈急了，冲着嘟嘟喊起来："你这孩子怎么回事？给我出来！"嘟嘟依然搭建着自己的沙堡，没有要出来的意思。妈妈彻底崩溃了，一下子拽住嘟嘟的胳膊，把他从沙池里拉了出来。嘟嘟一边大哭着说"你松开，我还没弄好呢！"一边探着身子，想要回到沙池里去。母子二人拉锯起来。

如果你是这位妈妈，此时你会怎么与嘟嘟共情？是允许嘟嘟回到沙池，然后陪着他一起完成他最后想要完成的沙堡作品？还是坚持"共情不共行"，一边说着"妈妈知道你还想要玩，但是我们必须要走了"，一边强行把孩子抱走？一般来说，吃饭这件事情可早可晚，早一会儿晚一会儿也并不要紧，而孩子正在以极为专注的状态完成着他的"工作"，甚至已经到了"废寝忘食"的地步，这难道不是一件令人骄傲的事情吗？孩子不想虎头蛇尾、半途而废，想要把事情做完，难道不值得鼓励吗？我们看见这些，就不会给孩子贴上"这个孩子真不听话""这个孩子没有一点时间观念"这样的负面标签。这样无关痛痒的"行"，我建议家长可以斟酌着"共"，因为你权衡之后就会发现，"共"的好处显而易见。

或许，有的家长会驳斥："伍老师，这样会不会破坏孩子的规则感呢？"就这个案例来分析，不会有那么严重的后果。规则感的培养是一个很大的话题，虽然此处无法展开来讲，但如果生活中我们能做到以身作则、提前约定、适当提醒、温暖陪伴，一两次因共情"破坏"规则并不会起到消极作用，反而能让孩子和我们的关系更紧密、更愿意遵守规则。

真正的共情，一定有所行动，但行动的方式、方法因人因地因时而异。在孩子因为丢了心爱的玩具而难过不已时，我们共情的行动可以是抱着她、轻轻地拍着她进行安抚；孩子因为我们不小心弄倒了他的积木而生气不已时，我们共情的行动可以是先道歉，然后陪着孩子一起把积木重新搭起来；在孩子特别悲伤需要独处的时候，我们共情的行动可以是默默陪伴；在孩子玩得特别尽兴的时候，如果时间允许，我们共情的行为可以是再允许他多玩一会儿。

我们与孩子的互动，无须严格遵守某个法则或公式，也不需要做非黑即白的判定。只要我们不被自己的情绪和偏见掌控，真正站在孩子角度去思考，共情孩子的感受，明白孩子真正的需求，那么我们的"行"就不会是盲行，不会是溺爱，也不会是纵容。我们的"行"会让孩子感受到世界的柔和、父母的温暖，感受到满满的爱与支持。

> **父母共情陪伴能力提升练习：**
>
> 情绪无对错，但行为有好坏。符合孩子成长需要的"行"要"共"；危害环境、自己或他人的"行"一定不能"共"；无关痛痒的"行"可以斟酌着"共"。
>
> 在这个板块中，家长很容易把握不好度，甚至盲目参考他人的标准。试着放下焦虑，我们以孩子健康积极发展为目标时，或许心中就有了答案；我们充分考虑到自己情况和孩子特点时，或许就放下了比较。

你随时可以停下来

如前面所说,共情无须完美,但共情能力的提升之路唯有刻意练习。本小节,我将和大家分享,我们可以从哪些角度停下来,从此刻开始共情。

随时停下来,与自己共情

要学会共情他人,首先要能看见自己。我们自己如果都没能很好地与自己共情,又怎么能做到准确地与孩子共情呢?在前面讲解共情陪伴三环五步法的时候,我们提到过要做好共情沟通的准备,需要从三个层面及时停下来。这三个层面分别是物理层面:停下手头的事情;认知层面:放下固有的价值判断;感受层面:觉察和理解自己的情绪。很多时候,物理层面的停我们能较为轻松地做到,但认知和感受层面往往会刹车失灵。当我们专注于孩子、专注于问题的解决时,我们往往会忽视自己。这时,就要求我们及时觉察,随时停下。

感到自己情绪暴起时,可以停下来

为人父母,我们既要忙工作,又要照顾好老人小孩儿,每天都有一堆事要处理,自然也会有各种情绪。一般情况下,在

我们情绪好的时候，即便孩子捣蛋、哭闹，我们依然能够和颜悦色，但当我们自身情绪低迷的时候，孩子即便什么过分的事都没做，我们依然会大发雷霆。

　　一次，我的一项课题申报遇到了麻烦，需要重新找资料、写报告，一整天都很忙碌。碰巧那天我爱人需要加班，只能由我去幼儿园接儿子。离园的时候，接到孩子，我拉着他的手就走，老师交代的事情也没有听清。刚向前走了几步，就听见儿子说："爸爸，你抱着我走吧！"听到这句，我心里的怒火一下子就释放了，冲孩子大声说："抱什么抱，都多大了还要抱，自己不会走吗？"当说完这句话，再看到儿子眼泪汪汪的样子时，我突然意识到自己的不对，儿子只是想要我抱而已，他并没有做错什么。我冲孩子发火，是把自己在单位的坏情绪发泄到孩子身上了。我立马"停"下来，做了几次深呼吸，重新调节了一下自己的情绪。放松下来后，我蹲下身跟儿子道歉。这时，我才从儿子口中得知，他在户外活动中跑步摔了，膝盖蹭流血了，走路很疼，所以才想让我抱。他不是不会走路，也不是没有长大。老师刚刚也交代过，他以为我已经知道了，结果我非但没安慰他，还冲他发脾气。沟通完之后，儿子的情绪平复下来。我抱起他，他紧紧搂着我的脖子，像小麻雀一样在我耳边叽叽喳喳地说着幼儿园发生的事。这一刻，我内心无比庆幸，幸好及时看到了自己的情绪，并且停了下来。

在成人面前，孩子都处在弱势的位置，所以在我们负面情绪积压的时候，孩子哪怕什么都没做，或者只是说了一句平平淡淡的话，都可能被我们当作发泄情绪的对象。其实，这对孩子来说真的不公平，甚至有些残忍。所以，作为父母，我们要慢慢培养自己情绪觉察的能力！在感到自己情绪暴起时，赶紧停下。

发现自己被偏见裹挟时，可以停下来

相比于情绪的自察来说，对认知偏见的觉察要更难一些，因为它更为隐性。也就是说，很多时候，我们都是陷入认知偏见中却不自知的，甚至因为某种偏见和孩子争执，像敌人一样逼迫孩子做他不喜欢做的事。

比如，明知道孩子不喜欢吃胡萝卜，却逼着孩子一定要吃下去，就因为营养专家说胡萝卜素对孩子身体有好处。其实，这就是我们的认知偏见在作祟，以为只有吃胡萝卜才能摄入胡萝卜素。其实不然，我们只要查阅一些资料就能发现，西蓝花、菠菜、空心菜、甘薯、芒果、哈密瓜、杏、甜瓜等蔬菜水果，也都含有胡萝卜素。这么多选择，总有一种是孩子喜欢的。

可能有的家长会说，孩子不愿吃就不吃，这不是在助长孩子养成挑食、偏食的坏习惯吗？当然不是。孩子获得均衡的营养很重要，方式却并不局限于某一种。一个孩子经常性地被逼迫着吃某种东西，长此以往，会对他的心理造成很大伤害，甚至有患上厌食症的风险。这难道不是与我们的初衷背道而驰了吗？经过这样的梳理，不知道你有没有发现，很多时候，我们的惯性思维就是给一些小行为扣上一顶大帽子，将一件小事置于放大镜之下，或者做一些舍本逐末的事。

我儿子3岁的时候，有一次，我带他去商场玩儿。一般商场里都有现场涂鸦、作画、捏橡皮泥的地方。儿子想要捏橡皮泥，我就带他去了。他说想让我帮他捏个小马，我就在旁边给他捏，虽然捏得不像，但是四肢、头、身体这些总是有的。我捏好以后拿给他看，他一个用力，就把马腿捏扁了。我在那里假装小马，一边喊着"哎呀，我的腿"，一边假装拍他屁股。他看到我的反应，知道我在跟他玩儿，就笑呵呵地跑开了。过了一会儿，瞅着机会，他又一把捏在了马头上。我往回拿的同时，我儿子也松手了，就见那个马头咕噜咕噜地掉在了地上，被我儿子踩在了脚底下，看上去像只脏了的乌龟。我就跟儿子说："看，像不像只乌龟？"他瞅了瞅，是有点像，于是笑嘻嘻地拿起来看了看，又拿起一块橡皮泥丢在地上，一脚踩了上去，这次踩完以后的橡皮泥看起来像朵花。我们父子就把捏橡皮泥游戏玩成了踩橡皮泥游戏，玩得很高兴。旁边的小朋友看了也想学，于是也将橡皮泥扔在地上，只是脚还没落下，橡皮泥就被妈妈捡了起来，孩子还挨了一顿训。孩子不干，于是妈妈的责备声和小孩儿的哭闹声汇成一片。

从妈妈责备孩子的话语中，我也听出了她对我的不满。在她的认知里，橡皮泥就是用来捏的，只有捏才能发挥橡皮泥的最大价值，而像我这样，带着儿子踩橡皮泥的做法简直就是胡闹。在我的认知中，橡皮泥只是个游戏材料，既然是材料，儿子怎么高兴就怎么用，我不觉得有问题。我们先不去计较橡皮泥的最大价值是什么，但显而易见的是，在这一刻两个孩子的情绪感受不一样，亲子陪伴的质量不一样，思维习惯的养成也不一样。

当今社会，国家大力提倡培养孩子的创新能力和发散性思维。其实，孩子本身从来不缺乏创新能力和发散性思维，只不过在成长过程中，不断遭遇我们成人的围追堵截，那些充满创造力的想法、做法在一次次的批评、教育中慢慢被吞没了。这么多年，我致力于共情理念的传播，有很大一部分原因是希望能够帮助家长看到，孩子真的远比我们想的强大、优秀。只要我们有意识地停下来，我们就能看到。我们因为某种认知而跟孩子发生冲突的时候，警醒地问问自己：我这样的想法一定是对的吗？停下，反思，可能就会有不一样的态度，对孩子的影响可能是迥然不同的。对父母来说，转换认知同样意味着对自己的放过，不是吗？

觉察自己能量不够时，可以停下来

每个人都有被各种事情搅得身心疲惫、状态低迷的时候，如果把自己比作一块电池，此时的我们就是电量耗尽的状态，自顾尚且不暇，更别说与别人共情了。所以，我们觉察到自己处于这种状态时，要果断让自己停下来，不论对孩子还是对自己，都是最好的选择。这里的"停"和上面的停有所不同，上面的两个停，是停下来反思并做出调整，而这里的"停"却是指停下来休息，给自己点时间，让自己慢慢恢复状态。

作为父母，我们已经习惯了照顾孩子，也习惯了忍着自己的各种不适去直面家里的各种问题。但很多时候，压抑自己的情绪，不但不能有效解决问题，还可能适得其反，让事情变得更糟糕。所以，我们要学会给自己放假，学会搁置问题，学会在需要的时候让自己停下来。其实让自己停下来一点儿都不难，只要我们在心里种下停的意识，在需要停的情景下，真诚地表达自己就够了。

比如，你刚下班回来，筋疲力尽，孩子闹着要你抱，这时你可以看着孩子的眼睛真诚地告诉他："妈妈很爱你，但妈妈现在非常累，让爸爸先抱你一会儿，妈妈休息好了就会来陪你。"然后把孩子交给爸爸并果断走开。再比如，孩子哭闹不休，你感觉自己的能量已经耗尽了，这时果断求援，把孩子交给家里其他人，跟他们说清楚，你不是在闹脾气或推卸责任，只是需要休息片刻，让自己的状态恢复一下。同时也别忘了真诚地告诉孩子，你暂时需要休息，一会儿再来照顾他。

每个人休息的方式不同，有的人通过睡觉就可以很快恢复，有的人喜欢健身，有的人喜欢品尝美食，有的人喜欢做家务……这些方式没有好与不好之分，只要与我们契合就行。如果能休息的时间较短，那么坐下来喝杯水，闭目养神几分钟，听一首喜欢的歌，都会让我们的状态有所提升。

虽然有了孩子之后，我们多了父母这个角色，但并不是说从此以后我们就忘记了自己。所以每隔一段时间，给自己放个假，单纯地做自己是非常有必要的。在这段时间里，我们可以尽情地放飞自我，逛逛街、打打球、跳跳舞、爬爬山、看看电影。老话说，过刚易折，做事要张弛有度，育儿也是如此。适度的放松和休息，可以让我们紧绷的育儿之弦慢慢松弛下来，也会让孩子从我们身上学到要如何正确爱自己。因此，觉察到自己能量不够的时候，要随时让自己停下来！

随时停下来，与孩子共情

亲子互动的过程更像是一种在惯性之下的无意识行为。即便我们在头脑层面学了很多，但是一落到实际生活的真实场景里，我们还是会习惯性地采用以前的应对方式，这是非常正常的现象。接下来，我们就通过一个具体的家庭生活场景，共同来感受一下，要与孩子共情，随时停下都不晚。

情绪初起时，可以停下来

乐乐特别不喜欢吃青菜。有一天，妈妈用青菜做了蔬菜饼给乐乐，乐乐尝了一口就不愿意再吃了。

我们如果能在此刻停下来，与孩子共情，自然是最好的。虽然只是一个小小的情境，但是拥有高共情能力的父母一定已经看到孩子所做的努力，并愿意接纳孩子不想再吃的意愿。如果此时停下来，我们可以这样与孩子共情："很遗憾，这次的蔬菜饼不合你的口味，不过你愿意试着吃一口，真是太好了。下次妈妈用青菜再做其他的食物，到时候你再尝尝看吧，也许你会喜欢！"此刻的共情不但可以让亲子双方保持比较良好的情绪状态，还激发了孩子敢于尝试新食物的勇气，不论是对亲子关系还是对孩子的心理发展都十分有益。

情绪高涨时，可以停下来

（继续上面的情景）乐乐妈妈耐心地说："我知道你不想吃青菜，可是光吃肉营养不均衡，好不容易才给你做好的，快吃了吧。"乐乐听了，不但没吃，还把蔬菜饼挪得更远了一些。乐乐妈妈的怒火一下子就冒出来了："我费劲巴拉给你做一早上,今天你必须给我吃了!"说着,把蔬菜饼重重地放到乐乐面前,乐乐大哭了起来。乐乐妈妈更生气了,指着哭泣的乐乐说:"我告诉你,哭也没用,今天不把蔬菜饼吃了,你就给我饿着!"说完要去把乐乐的零食全部收走。

此刻,如果我们能够意识到,我们正在把自己的意愿强加在孩子身上,逼迫孩子做他不喜欢的事,于是选择停下来,与孩子共情,也会是一个不错的时机。这时,我们可以这样共情:抱着孩子,一边给他擦眼泪,一边对他说,"对不起,乐乐,妈妈不应该逼你吃蔬菜饼,我应该尊重你的意愿。很抱歉,下次妈妈不会这样做了"。此时的共情虽然不能让孩子像什么都没发生过一样愉悦,但是可以帮助孩子驱散心中的不安全感,感受到妈妈的爱。

情绪回落时,可以停下来

(继续上面的情景)乐乐从餐椅上站起来,紧紧拉着妈妈的手,不让她收,一边哭一边说:"你别收,我吃。"结果刚咬了一口,就"哗"的一声吐了。看到儿子吐了一地,乐乐妈妈也不敢再逼孩子了,赶紧把儿子抱离餐厅,一边清理,一边安抚。乐乐的情绪慢慢平复下来。

相信,此时大多数人是心怀内疚的,会不断在心里责备自己:孩子不吃就不吃呗!为什么非要逼迫孩子吃呢!有的家长还会因为内疚而做出一些补偿性的承诺。比如,以后再不让你吃蔬菜了,一会儿去买一大堆零食,等等。这些其实并不利于孩子行为习惯的养成。

所以,我们如果能在此刻想到共情,可以立即停下来,与孩子共情:"妈妈刚才没控制住自己的脾气,冲你发火,你一定吓坏了吧!妈妈跟你道歉,对不起。"当孩子的害怕情绪被看见时,他压在心里的那份恐惧就有了出口,他可能会再次放声大哭,但是哭过之后,整个人都会放松下来。

与孩子共情,什么时候都不晚。在实践共情的路上,千万不要因为没有从一开始就选择共情而自责,也不要因为孩子情绪已经平复下来就不再理会。在共情意识冒出来的那一刻,抓住它,随时停下来,与孩子共情,能让孩子获得爱的滋养。随着我们停下来的次数逐渐增多,共情能力自然而然也会有所提升。在这样的良性循环里,我们的共情水平也会越来越高。

道歉的力量

家长要勇于向孩子说"对不起"

当我们秉持共情的态度来跟孩子互动时,我们会发现,很多时候,可能不是孩子做错了什么,而是我们误解了孩子、冤枉了孩子，犯错的是我们自己。这时，我们就需要真诚地给孩子道歉。只不过，作为成人，我们习惯于盯着孩子的错误，指导孩子说"对不起"，却很少这样要求自己。能够做到给孩子真诚道歉的家长真的不多，为什么会出现这种情况？主要有三方面的原因。

其一，意识不足。我们的传统文化中有这样一句话："天下无不是的父母。"存着这种信念的家长会认为自己做什么事情，出发点都是为了孩子，即便有不当的行为或者言辞，也是为了孩子好。所以，从意识层面来说，他们并不会认为是自己的错，自然也不认为有给孩子道歉的必要。

其二，放不下面子。作为成人，在面对孩子的时候，大都会不自觉地表现出一种居高临下的权威感。我们犯了错，可能要被"打脸"的时候，会忍不住想要用自己的权威去压制孩子，以维护自己的面子。这种明知有错却抵死不认的情况，在心理学领域我们称为"自我防御"。在自我防御的状态下，虽然内心也有不安，但最后我们要么逃避和否认自己的错误，要么避重就轻地为自己找一个借口，却不会主动去给孩子道歉。

其三，以为孩子不懂。我记得儿子3岁多的时候，有一次，我在公园给他买了一个风车，他特别喜欢。回家路上，儿子玩累了，让我帮忙拿着风车。没想到一阵大风突然刮了过来，风车直接就被吹了出去，飞到了马路隔离带的另一边。紧接着,一辆车碾过去,风车零件碎了一地。儿子看到风车损坏了,伤心地哭了。我马上蹲在他跟前,向他道歉:"儿子,对不起,是爸爸没有拿好,让风车被吹走了。"这时旁边一个特别热心的奶奶说:"哟!宝宝不哭,奶奶给你个小玩具。"她一边安慰我儿子,一边对我说:"小孩子懂个啥是对不起,你跟他说那个没用,拿别的玩具哄哄就好了。"这时,我儿子抬起头来说了一句:"奶奶,我懂!"其实,不只是我儿子懂,大多数孩子都懂,只是很多家长以为孩子不懂而已,是我们的固有观念,阻碍了我们去向孩子道歉。

道歉的价值

"道歉"看似只是我们跟孩子日常互动中非常平常的事,却不是小事。我们如果能够做到真诚有效的道歉,不但会让孩子受益良多,也会拉近我们和孩子之间的关系,让孩子对我们更为尊敬和信任。道歉有如下价值。

树立榜样,教会孩子勇于承担

我们常说,父母是孩子的第一任老师,父母的一言一行都在潜移默化地影响着孩子。我们常常教导孩子,犯错误不可怕,只要及时改正,就是好孩子。但我们自己犯错时,却拒绝承认，拒绝道歉，找各种借口推卸责任，孩子会开始疑惑：大人是不是从来不会犯错呢？大人犯错是不是就可以不用道歉呢？慢慢地，孩子心里会生出一种不公平的感觉：凭什么我犯错的时候就要受到惩罚，还要跟其他人道歉，爸爸妈妈就不用。之后，孩子就开始效仿：你拒绝认错，那我也拒绝认错；你逃避问题，那我也逃避问题；你推卸责任，那我也推卸责任；你不愿道歉，那我也不愿道歉。久而久之，我们将孩子引上了一条只会逃避，不敢面对问题，也不敢承担责任的路。

孔子说："其身正，不令而行；其身不正，虽令不从。"言传不如身教，当"言"与"身"不一致的时候，孩子自然倾向于学习后者。所以，我们真诚道歉，会为孩子树立学习的榜样，帮助孩子学会正视问题、勇于道歉，养成敢于担当的好品质。

增进亲子关系

有的家长认为，承认错误，会破坏自己在孩子心目中的完美形象，让孩子对自己失望，从而破坏亲子关系。事实却恰恰相反。主动道歉，不但不会损害父母的权威形象，还会大大增加孩子对父母的敬重，亲子关系也会更加紧密。

《小欢喜》这部亲子剧，不知大家还有没有印象。剧中有一位叫杨杨的男孩，叛逆冷漠，却与舅舅亲近，跟父母关系紧张。有一天,杨杨写了一封讨伐父亲的信,被父亲扇了一记耳光。不过,父亲大发雷霆后进行了深刻的自我反思,并当着众人的面向儿子鞠躬道歉:"昨天我不应该打你。"青春期冷傲的杨杨蒙住毛巾轻声啜泣。道歉后,父母真正开始看见孩子、尊重孩子的感受,而孩子也感觉到父母对自己的关心和理解,亲子关系逐渐回暖。

美国教育家斯特娜夫人曾说过:"一个勇于承认错误、探索新的谈话起点的父母,远比固执、专横的父母要可爱得多。"勇于道歉不但是父母力量的体现,更是拉近亲子关系的魔法。即便为了维护良好的亲子关系,我们也要学会道歉。

促进孩子心理健康

回想一下你小时候,有没有明明你没做错什么,却遭到批评,而且父母已然发现自己错了,却仍旧没有向你道歉的时候?你那时候是什么心情?是不是特别委屈、特别伤心,甚至有些怨恨?一两次这样的遭遇,可能对我们的影响不大。但是,如果一个孩子经常遭到这样的对待,那么他的心理健康水平就会受到影响。有的孩子会开始自我怀疑,认为是不是因为自己不好,父母才这样对自己。这样的认知会让他们慢慢变得自卑、没有主见、习惯性地臣服于他人,听到批评声就下意识地感到害怕和理亏,即便不是自己的错,还是会感觉很愧疚。也有的孩子会将所受的委屈、怨恨一点点攒起来，织成一件刺猬般的铠甲，用叛逆、抗争来掩饰自己内心对爱和理解的渴望。

美国心理学家罗达·邓尼说："父母错了，或违背自己许下的诺言时，如果能向孩子说一声对不起，可以帮助孩子建立自尊，同时能培养孩子尊重他人的习惯。"道歉从来不是无关痛痒的事，及时诚挚的道歉的价值也不局限于此，关乎孩子心理的健康发展。

如何道歉

我之所以要在这里特意强调道歉的价值，是因为"不道歉"是我们实践共情路上一只容易被忽视的拦路虎。共情的核心要素是平等、尊重，家长对自己错误的视而不见、习以为然乃至狡辩，都在向孩子传递这样的信号：你是渺小的，你的委屈不值得被看见。这显然是与我们的共情理念背道而驰的。我想，没有哪位家长希望孩子跟自己离心，也没有哪位家长明知怎么对孩子好却故意反着来。所以，请在此刻建立这样一种信念：当我有错在先时，我要主动跟孩子道歉。

下面我们就来看看要如何道歉！道歉可不只是说"对不起"那么简单。跨文化言语行为实验项目在分析了7个国家人们的道歉的言语行为后,提出了道歉的 5 个组成部分,分别是语言表达(如我很抱歉)、解释、承担责任、补偿和承诺[1]。下面,我们结合一个案例,一起来练习如何道歉。

姐姐在画画,弟弟在玩小汽车,妈妈在厨房准备晚饭。不一会儿,客厅传来弟弟的哭声,妈妈赶忙跑过去,弟弟拿着半张纸坐在地上,看到妈妈来了,越发委屈地一边哭一边举着纸告状:"我要这张纸,姐姐不给我。"妈妈想都没想就批评姐姐:"一张破纸,弟弟要,你就给他呗!妈妈说多少次了,你是姐姐,要让着点儿弟弟!"姐姐生气地说:"那不是破纸,是我画了半天的画,被他撕坏了!"姐姐委屈得直掉眼泪。"那你也不能把他推倒啊!"妈妈把弟弟抱起来,继续批评姐姐做得不对。"他是自己扯断了纸摔倒的,跟我有什么关系,你就喜欢冤枉人。"说完,姐姐摔门回自己房间了。

显然,是妈妈冤枉了女儿,应该向女儿道歉。结合道歉的要素,我们一起就这件事情要如何道歉进行梳理。

语言表达:发自肺腑地跟孩子说"对不起"。

解释:清楚描述出自己犯错的原因——妈妈脾气太急了,没有了解清楚事情的经过,就冤枉你欺负了弟弟,让你受委

---

[1] Scher, S. J., Darley, J. M.. How Effective are the Things People Say to Apologize? Effects of the Realization of the Apology Speech Act[J]. Journal of Psycholinguistic Research, 1997, 26 (1):127–140.

屈了。

承担责任：以诚恳的语气告诉孩子——是妈妈做得不对。

在这里我想强调的是，承担责任是要将问题归因到自己身上，也就是说，我做错事是因为我自己的问题，而不是因为你的问题。如果这时候，我们刚说一句自己不对，紧接着就说孩子的不对，翻孩子的旧账、趁机批评教育，那就不是承担责任而是推卸责任了。所以，在道歉的时候，一定不要强调孩子的问题。

补偿：也就是做些事情来弥补孩子——妈妈帮你把画粘起来，你看妈妈还能为你做点什么呢？

承诺：明确告诉孩子自己以后会注意什么——妈妈以后会先了解情况再做处理，不会不分青红皂白就批评人，也不会让你一直让着弟弟了。

我们教育孩子知错要改，那么在道歉的时候，我们自己就要做到既知错又能明确怎么改，这才是道歉的正确方式。同样，孩子所期待的道歉，也不只是一句对不起，还需要一个合理的解释、有价值的补偿行为以及一个真心实意的承诺。

道歉的原则

你看，看似简单的道歉，并没有那么简单。如果我们将以上几大要素定义为道歉的步骤，那么在步骤之外，我们还需要遵守以下原则。

首先，道歉不是策略，真诚至上。有时候，我们选择跟孩子道歉，并不是因为我们真的认为自己错了，而是为了安抚孩子的情绪。这时，我们将道歉当成了一种让孩子情绪快速平复的策略，"对不起"三个字说得毫不真诚。如果你发现，你明明已经跟孩子说了对不起，但是孩子没什么反应或者更生气了，那么请先自省一下，自己的道歉是不是真诚的。没有诚意的道歉，是不会获得他人谅解的。

英国德比大学临床心理学教授保罗·吉尔伯特说："如果你道歉的目的只是平息对方的怒火，那么这种道歉对缓和双方的紧张关系没有多大帮助。这种道歉带有一种欺骗性而不是由衷地承认自己的错误。"试想一下，如果有个人对你说："好，都是我的错，行了吧！"你会有什么感受？是不是觉得心里更堵了？而且，如果我们习惯于将道歉当作策略，那么慢慢地，孩子会感受到我们的敷衍塞责、口是心非，有时候甚至会因为我们的道歉而更加愤怒，从此拒绝跟我们沟通交流。

把握道歉的度。在道歉的时候过分自责或者重复道歉，可能对孩子产生弊大于利的影响：一方面，会让孩子怀疑，是不是还有自己没发现的坏结果，增加了孩子的紧张和焦虑；另一方面，会让孩子完全忽视自己应该承担的那一部分责任，将整件事情都归咎到我们身上，孩子甚至会养成得理不饶人的性格。因此，在道歉的时候，我们秉持真诚的态度，客观地解释原因，在合理范围做出补偿和承诺即可，千万不要过度。俗话说，过犹不及，道歉也是如此。

不要期待孩子马上原谅。在我们跟孩子道歉的时候，潜意识里会有这样一个假设：孩子会在第一时间放下情绪，原谅我们。但很多时候，我们真诚道歉以后，孩子的情绪更大了，或者孩子明确说：我不原谅你。

记得儿子5岁时，有一次，我在跟他玩儿的时候不小心把他推倒了，他磕破了头，哭了好久。我一边安抚一边跟他说对不起，告诉他我不是故意的，下次会注意，并询问他能否原谅我。我儿子说："不。我现在还不想原谅你，我要再过1分钟才原谅你。"然后他吸着鼻子找妈妈求安慰去了。过了一会儿，他噔噔地跑了回来，仰着小脸，很严肃地对我说："1分钟到了，我现在原谅你了。"说完又跑开了。

孩子是柔软善良的，但他们也有自己的小脾气和小坚持。如果孩子没有像我们期待的那样第一时间原谅我们，请不要指责孩子。"我都道了歉，你还有什么不满意？""为什么你不肯原谅我？"真诚道歉是过错方的责任，而是否原谅却是受害方的选择与权利。我们希望孩子有一颗宽容的心，但能否马上原谅对方，除了与是否得到真诚道歉有关外，还与人、事、物对孩子的影响有关。不强求孩子原谅，也是我们尊重孩子的表现。

教育家斯宾塞曾说："受委屈的孩子很少会去反省自己有什么过错，因为愤怒和不平占据了他的心灵；而被感动的孩子则常常反省，因为感动增加了他内心的勇气和智慧。"能够获得父母的尊重，亲耳听到父母跟自己道歉的孩子，内心又怎会没有一点触动呢！我们犯错误了，请放下面子、放下偏见，勇敢地去跟孩子道歉吧！在我们的影响下，孩子也会变得越来越强大。

> **父母共情陪伴能力提升练习：**
>
> 回想一场与孩子之间的冲突，如果在冲突过程中，你的确有处理得不够好的地方，伤害了孩子，你会如何向孩子道歉？找个合适的机会，大胆地实践吧。

赢得孩子而非赢了孩子

在教养孩子的过程中，很多父母会陷入这样一个思维陷阱——听话的孩子才是好孩子。当孩子不听话时，父母就会变得愤怒、焦躁、手足无措。为了让孩子听话，父母互相支招，到处取经。我相信，不管是上各种线上课程的家长，还是此刻在读本书的父母，其中都有很大一部分人，是带着"让孩子更听话"的目的来学习的。但是，育儿的目的真不是让孩子循着我们给出的条条框框，长成我们希望的样子。而且，即便在每一次抗争中，我们都能赢了孩子，孩子好似发展得不错，但终有一天，我们会发现，我们和孩子是双输的。

赢了孩子，输了关系

认识辉辉是一次偶然。我去医院探望受伤的亲戚，辉辉就住在隔壁病床。说实话，第一眼看过去，我在这个孩子身上没有看到一点儿生气，感觉他整个人都像笼罩在一层灰蒙蒙的雾里一样，从他的眼睛里，我只读到了"绝望"两个字。在辉辉被父母推出去做检查的时候，我从亲戚那里知道了这个孩子的故事。辉辉的父母都是普通职工，辉辉是他们唯一的儿子，他们希望孩子能够出人头地，别像他们那样没出息。所以，父母从小就对辉辉要求非常严格，辉辉也很听话，妈妈让干什么他就干什么。别的孩子在外边疯玩时，辉辉乖乖在家里练琴；别的孩子在打游戏时，辉辉乖乖在家里刷题……从小学到高中，辉辉的年级排名就没下过前三，辉辉还拿过各种比赛的大奖，家里墙上全是辉辉拿回来的各种奖状和证书。在辉辉父母的心里，辉辉就是他们最大的骄傲。

辉辉尝试自杀那天，恰恰是拿到大学录取通知书当天。那是一所他们梦寐以求的大学，为此一家人还去餐馆大吃了一顿。所以，当天晚上，看到儿子浑身是血地躺在浴缸里时，他们都傻掉了，完全不知道儿子为什么会选择自杀。辉辉在遗书里也只有寥寥数字：亲爱的爸爸妈妈，谢谢你们把我养大，我已经替你们实现了你们没有实现的梦想。现在我要走了，希望另一个世界会有意思一点，能允许我做点自己想做的事。

毫无疑问，辉辉是一个优秀的孩子，但他的优秀不是为了实现自己的梦想，而是为了弥补父母的遗憾，且这种弥补并不是辉辉自主自发的，而是在父母以爱为名的强压下，不得不做出的选择。在辉辉每一次有形或无形的抗争中，辉辉的父母都是赢家。所以，在父母眼里，辉辉一直都是听话的好孩子。但就是这个听话的儿子，选择了以结束生命为代价来换取自己不再听话的权利。

这是个让人心疼的孩子，我也希望能帮助他，所以留了一位心理咨询师朋友的电话给他，还留给他一句话。我记得当时我是这样写的：在这个世界，你依然可以做些自己想做的事，只要你相信，你就一定能实现。后来辉辉的爸爸妈妈深刻反思了自身的问题，做出积极改变，辉辉也在大家的帮助下，找到了自己的人生目标。

虽然辉辉的故事是一个好结局，但是在我们的生活中，像曾经的辉辉那样，如行尸走肉般成长的还大有人在。如果有意关注，我们就会发现，网络上母子（女）成仇、父子（女）成仇的例子比比皆是。明明是最亲的人，为什么最后却变成了"仇人"呢？原因就在于我们没有从本质上理解育儿，没有深切地理解到"赢得孩子"比"赢了孩子"要重要百倍。

赢得孩子，做孩子成长的积极陪伴者

著名诗人纪伯伦在《孩子》这篇散文诗里有过这样的描述："你可以给予他们的是你的爱，而不是你的想法，因为他们有自己的思想。你可以庇护的是他们的身体，却不是他们的灵魂。"我觉得这非常好地诠释了我们和孩子的关系。古语有云，"父母之爱子，则为之计深远"。这句话没错，但很多父母理解错了，以为给孩子明明白白地安排好未来的一切就是"计深远"了，却忽视了孩子本身的意愿。我更想从独立的人这个角度来诠释"计深远"。我们每个人都是独立的个体，孩子不是我们的附属品，他们有自己的思想、人格和尊严。唯有被父母以"人"的态度来对待，孩子才能获得长远的发展，而这种平等、尊重的爱，才是孩子成长发展所需要的爱。

共情的基础是平等、尊重。所以，如果只是将共情当作控制孩子、让孩子听话的工具，那么你一定会失望。也许最初的那几次，孩子感受到你对他的看见，在亲子互动中会做出你期望的"向好"表现。但是几次过后，孩子发现，你的看见只不过是控制他的另一种方式，那么孩子会更加愤怒。所以，在跟孩子的日常互动中，在与孩子共情的每一个当下，记住：我们要"赢得孩子"，而不是"赢了孩子"。

那么什么是"赢得孩子"？从共情陪伴的角度，就是把孩子作为一个独立的个体看待，以平等、尊重的态度对待孩子，以理解和支持为出发点帮助孩子面对成长中遇到的困难和问题，让孩子在和我们的关系中收获爱、温暖、智慧和力量。其实共情本身就是赢得孩子的最好方式，只不过我们要做到真共情才可以。那么，怎样才能做到真共情呢？

分清需要，区分出哪些是自己的意愿，哪些是孩子的意愿

在日常生活中，我们常常会把自己的需要和孩子的需要混淆在一起，或者将自己的需要凌驾于孩子的需要之上。

元宝和几个小朋友一起做游戏，另外几个孩子看上去要比元宝大一些，他们一会儿指挥着元宝去捡几块石头，一会儿又指挥着元宝去采几片叶子。在几个孩子的指挥下，元宝玩得很高兴。但是，元宝妈妈看不下去了，作为企业高管的她实在无法忍受自己儿子像个小可怜虫一样被别人指挥来指挥去的。在儿子第N次被派出去干活儿的时候，元宝妈妈把儿子拽到身边，对他说："妈妈知道你喜欢做游戏，这样，妈妈来跟你做游戏好吗？你来指挥，咱不跟他们玩儿了。"元宝一边摇头一边说："不行，我要跟小朋友们一起玩儿。"妈妈的脸黑了下来："你看不出来别人在欺负你啊！还想着跟人家一起玩儿呢！傻不傻！跟妈回家。"原本兴高采烈的元宝一脸泪地被妈妈拽走了。

很多时候，我们过于在意自己的看法和意愿，却忽略了孩子是不是跟我们有着一致的看法。在上述案例中，很显然元宝没有觉得自己被欺负了，而且他还很享受被别人指挥着完成一个又一个任务的游戏过程。只是家长从成人世界的角度，强行给孩子贴了一个"可怜虫"的标签。我理解父母对孩子的爱和期待，希望自己的孩子是群星中最亮的一个，也理解父母对孩子有种天然的保护欲，不希望孩子受到哪怕一点点的伤害。但是，我们必须接受一个事实，那就是我们的孩子可能跟我们期望中的不一样。也许你期待孩子是个领导者，但孩子就是喜欢做一个追随者。也许你觉得孩子被伤害了，但孩子自己却甘之如饴。这时，我们就要区分出哪些是自己的意愿，哪些是孩子的意愿。孩子的情绪只要是积极的，我们就要学会放下自己的意愿，去尊重孩子的选择，这样才是真共情，才能赢得孩子。

享受失控，以积极心态面对孩子那些"离轨"的行为

没有谁会喜欢失控，但作为父母，我们必须接受孩子的失控，因为这是成长的必然。每年 9 月，网上经常会曝出这样一些新闻：某某大学学生，连铺床都不会，只看着父母忙进忙出；某某同学，袜子都不会洗，遭舍友排斥……其实，每当听到类似的新闻，我心里都会酸酸的，为那些被"控制型"父母毁掉的孩子难过。

这些现在看上去什么都不会的孩子，在还小的时候，也曾是好奇宝宝，也曾对一切都充满着向往，也曾什么都想要尝试。只不过，他们的跃跃欲试，他们的奇思妙想，被父母以各种各样的理由阻断了。

"别过去，脏！"当孩子一脸兴奋地想要去踩雨后的小水坑时，我们这样回应。

"这不是你该干的事，回屋看你的书去！"当孩子拿起扫把想要扫地时，我们这样回应。

"学什么天文，还是学金融有出息，将来才能挣大钱。"当孩子想要选择自己喜欢的专业时，我们这样回应。

一次又一次，在孩子想要按照自己的想法去做点什么的时候，我们总是将孩子赶到我们希望的轨道上去。作为父母，我们希望最大限度地保护好孩子,做对孩子好的事。但是,我们忽略了这个保护圈是不是孩子想要的,忽略了我们的这个圈可以护着孩子多久。没有谁能说会就会,所有的"会"都是建立在曾经的错误的基础上。孩子长大了,步入社会,要面对的挑战还有很多,而此时的父母会理所当然地觉得:我都"管"你到现在了,你应该会自己飞了。父母却没有反思过,在过去十几年的管束中,孩子那擅长飞翔的翅膀早已变得无力,甚至被折断了。而此时,很多父母又开始埋怨孩子,怎么这也不会那也不行。还有的父母觉得依然不能放手,继续描绘着他们画出的圈儿,于是就有了"啃老族""妈宝"等社会现象的出现。

《跳出我天地》这部电影讲的是11岁的小男孩比利·艾略特的故事。故事的背景是1984—1985年的英国矿工大罢工时期,比利恰恰出身于煤矿工人家庭。母亲早逝,爸爸和哥哥都以挖煤为生,因为闹罢工争权益,没有工资拿,一家人穷得揭不开锅。尽管穷,爸爸还是给比利报了一个拳击特长班。可比利不喜欢拳击,他喜欢隔壁的芭蕾舞课。看到自家儿子混在一群女孩子中跳芭蕾舞,爸爸气炸了,他和哥哥坚决反对比利学芭蕾舞。但比利就是想学,还偷偷跑去上芭蕾舞课。芭蕾舞老师威尔金森夫人发现比利是一个极具天赋的好苗子,开始一对一培养他。但是因为家人的反对和哥哥的受伤,比利没能参加皇家芭蕾学校的艺考。不过最终,爸爸和哥哥还是被比利的天分和意志力打动了，选择支持比利。比利考入了芭蕾舞学院，后来成为知名的舞蹈艺术家。

我举这部电影的例子，是想要告诉大家，很多时候孩子知道自己人生的方向在哪儿，只不过许多人最后都被家长控制着改了道，越走越迷茫。人本主义心理学大师卡尔·罗杰斯曾这样说过：个体有一种天生的"自我实现"的动机。它是一种迫切的要求——扩展，延伸，自主，发展，成熟——表现并激活有机体的所有能力、增强有机体或自我力量的倾向。[1]这种倾向是一个人最大限度地实现自身各种潜能的推动力。用通俗的话来讲，就是每个孩子的心里都有一个自己的内在导师，引导孩子做出能够"实现自我"的每一个选择。而我们要做的，就是为孩子提供自然的成长环境，以平等、尊重的态度对待孩子的每一次情绪，倾听孩子的想法，理解孩子的感受，允许孩子有自己的尝试。我们哪怕明知他会遭遇挫折，也给他试错的机会。

当然，我这样讲，并不是让大家不管不顾，完全放手，任由孩子陷入危险，而是说在跟孩子的互动中，在那些想要管束孩子、帮孩子拿主意的时刻，我们稍稍控制一下自己，先站在孩子的角度思考一下，听听孩子的想法，同时问问自己：我的

---

[1] 卡尔·罗杰斯.个人形成论：我的心理治疗观[M].杨广学，等译.北京：中国人民大学出版社，2004：33.

主意一定比孩子的高明吗？我的做法真的考虑了孩子的需要？还是这只是我自己的需要？然后再做出反应。

事实上，孩子需要的，从来就不是一个在言语和行动上战胜他的敌人，而是一个懂得示弱和共情的朋友。而育儿的真实就在于：赢了孩子，让孩子失去了成长的落脚点；赢得孩子，则为孩子铺了一块成长的垫脚石。要怎么选，相信为人父母的你，心中已有了答案。

搭建属于你的养育团队

养育孩子是一项系统工程，仅仅依靠某个人的力量远远不够，需要搭建起养育团队，分工合作。事实上，很多家庭也正在这样做。只不过在合作育儿过程中，因为性格、理念、处事方式的不同，团队成员之间相互掣肘、彼此抱怨，非但没有发挥出团队应有的作用，还让原本可以简单、轻松的育儿变得复杂而沉重。

搭建养育团队过程中可能遇到的问题

老话说家家有本难念的经，育儿就是其中的一卷。在升级做父母的那一刻，与可爱的孩子相伴而来的还有各种各样、层出不穷的育儿问题。有一些是鸡毛蒜皮的小问题，而有一些则关乎孩子的健康成长。其中，有这样两个核心问题，需要我们给予应有的重视。

父亲缺位

当今社会，一方面，虽然父母双方大多数是上班族，但受"男主外、女主内"传统文化观念的影响，在孩子出生后，母亲更多地承担育儿的任务，父亲在工作上投入得更多，在教养孩子中缺位的情况也更多。另一方面，父亲在进入角色上比母亲要慢一些。作为后进生，父亲面对孩子本就有些不知所措，如果团队间的沟通再出现一些问题，父亲被指责和嫌弃的次数多了，自然就把自己边缘化了。

父性教育对孩子的成长具有举足轻重的作用，不但有利于孩子形成健全的人格，培养孩子吃苦耐劳、坚韧不拔、勇于担当的品质，增强孩子探索知识、明辨是非的能力，还有助于提升孩子的实际动手能力和人际交往水平。父性教育缺失将会直接或间接地影响孩子的智力发展、性格形成，严重的则会影响孩子的正常成长，导致其性格孤僻、规则意识缺乏，无法适应社会生活。我国古代启蒙教材《三字经》中就有"养不教，父之过"的说法。因此，在养育团队中，父亲缺位这一点我们必须高度重视。

家庭关系紧张

调查研究显示，在良好家庭氛围中成长的孩子大多数性格活泼开朗、自信积极，有较强的自我调节能力，人际关系良好。而在不良家庭氛围中成长的孩子大多数性格孤僻暴躁、缺乏自信，与他人交往存在一定障碍，严重的情况下可能会出现焦虑、抑郁等问题。家庭氛围的好坏在很大程度上取决于家庭成员关系的好坏。在家庭关系中，有两对关系特别值得我们关注，那就是夫妻关系和婆媳关系。

• 夫妻关系

一个家庭的和谐首先建立在夫妻关系和谐的基础上。只是，在有了孩子之后，很多家庭会出现关系的错位，最应该处于核心地位的夫妻关系被亲子关系取代。夫妻中某一方的爱和时间全部给了孩子，忽略了另一方的需要和感受，从而导致夫妻渐行渐远。为什么很多家庭的解体都是在有了孩子之后呢？其中很重要的一个原因就是夫妻中某一方（多数是父亲）在家庭中的位置被孩子挤没了。

然而，这并不是孩子想要的。孩子最想要的是：爸爸爱妈妈，妈妈爱爸爸，爸爸妈妈都爱我，我也爱爸爸妈妈。所以，千万不要以为自己全心全意对孩子好就够了。真的不够！对于那些从小生活在充斥着争吵、暴力的家庭环境中的孩子来说，即便父母中有一方一心扑在他身上，孩子内在的安全感依然匮乏。

试想，我们自己就是这样一个小孩儿，原本温柔的妈妈此刻正歇斯底里地大喊大叫，爸爸也在愤怒咆哮，我们会有什么感受？是不是会非常紧张、害怕。有的家长可能要说，我们从不当着孩子的面吵架，都是背着孩子，孩子并不知道。那是你低估了孩子的敏感度。对孩子来说，我们情绪的变化，我们身上气势的改变，他都能敏锐地捕捉到，也许他不理解为什么，但所受的影响一点不会少。如果孩子经常处在这样的环境里，即便有个人一直保护着他，他的神经也会紧绷着。

有人说，夫妻恩爱是父母给孩子最基本、最好的教育，良好的夫妻关系是一个家庭最好的免疫力。这话一点儿没错。我们一定不能跳过夫妻关系去谈育儿。因此，在共情陪伴孩子的同时，我们还要共情陪伴我们的爱人。可以说，营造良好的夫妻关系本身也是对孩子的一种共情。

- 婆媳关系

在养育团队中，有一种特别容易"擦出火花"的关系叫婆媳关系。自古以来，婆媳关系就被定义为最难处理的关系。有孩子之前，婆媳还能你好、我好、大家好，但有了孩子之后，尤其是婆婆加入育儿团队以后，婆媳矛盾爆发概率呈几何级数增长。相关研究表明，在中国离婚家庭中，47%的夫妻离异是婆媳关系造成的。不提夫妻离异对孩子的巨大影响，就单说婆媳矛盾，也会将孩子置于两难的境地，陷入内在的矛盾和冲突中不可自拔。对孩子来说，妈妈和奶奶都是照顾自己的最亲的人，看到最亲的人相互诋毁、彼此指责，孩子会茫然无措，不知道要如何才好。这样的焦虑不安、恐惧担忧，对孩子内在的安全感和自尊自信都会造成非常大的冲击。

只不过细究起来，对孩子伤害如此大的婆媳矛盾，其出发点却都是"为了孩子好"，是不是很有意思。其实，大部分婆媳之间哪有什么深仇大恨，不过是些家长里短。只是因为站位不同、观念不一致、思维方式相异、沟通方式不当，小事就演变成了"战争"，而孩子成了最无辜的受害者。

共情沟通，化解矛盾，激发每个团队成员的优势

我们点出问题的目的不是给大家制造焦虑，而是希望引起大家足够的重视。育儿本就不是一件很轻松的事，搭建育儿团队的初衷也是希望更好地养育孩子。俗话说：好钢用在刀刃上。我们绝不能把大量的时间和精力浪费在养育团队成员内部的情绪消耗上，而是要让团队里的每一个人都发挥出自己最大的优势，让育儿变得更加有序，更加轻松。

化解矛盾，让爱和感恩得以流动

日本诗人竹九梦二曾在《出帆》中写道：人总是很容易被自己说出的话所催眠，我多怕你总是挂在嘴上的许多抱怨，将会成为你所有的人生。我看到过很多这样的家庭，妻子心里明明想的是，让丈夫多关心自己一些，多照顾孩子一些，但每每面对丈夫，说出口的话都是："我要你有什么用，什么忙都帮不上。"丈夫回到家，本应该承担家务，却因为工作上的不愉快冲妻子嚷："你在家什么事都不干，连个孩子都带不好。"相互抱怨的次数多了，他们便气馁了，放弃了，破罐子破摔了。妻子更加孤立无援，丈夫更加沮丧落寞。

很多时候，我们明明可以选择用其他方式沟通，为什么话到嘴边却变成抱怨了呢？其实，这是我们积压的没有途径去发泄的负面情绪在作祟。因为对方是我们最亲近的人，所以我们在表达上就更为恣意，甚至带着一些孩童期的任性。但是我们忽略了这样一个事实：每个人都很不容易，每个人都会有无处发泄的坏情绪。怎么办？是大吵一架，为坏情绪做个升级，还是换一种沟通方式，让彼此都得到情感上的支持呢？相信明智的你一定选择后者吧！共情就是我们可以选择的最好的沟通方式。

我的一位叫米米的学员曾给我分享过她通过共情的方式将老公培养成"厨艺高手"的经验。她跟老公结婚两年，老公从来没做过一顿饭，她知道老公不是懒，只是从小到大都没有做过。但是她需要经常出差，为了让孩子少吃外卖，她和老公一起制订了"28天厨师培养计划"。

第一周，她跟老公说："老公，你下班比我早，可以帮忙把菜洗出来吗？我到家以后切了就炒，咱们就能早点儿吃饭，还能有时间带孩子下楼玩儿，你觉得怎么样？"洗菜很简单，老公欣然同意。

第二周，她又跟老公商量："老公，你现在菜洗得特别棒，要不你顺便切一下吧，我回来就炒。"又是一个简单的活儿，老公慢慢掌握了切菜的技能。

第三周，她就开始鼓励老公炒一下试试，吃自己做的菜很有成就感。于是，她老公从最简单的西红柿炒鸡蛋开始，一天一炒，每天都很有成就感。

第四周，他们商量好一周的菜单，按照菜谱，老公做出了更多花样，从一个烹饪小白变成了家里的大厨。

她的分享让班上的其他学员开怀大笑，直呼原来共情还可以这样用。但是仔细想想，米米跟老公的互动，可不就是在一步步践行着共情。她先是换位思考，理解了老公两年没做过一顿饭的原因，没有指责，没有埋怨。然后，从最简单的洗菜开始，让老公带着满满的价值感和成就感做着自己力所能及的事。在这个过程中，她不断地给老公肯定和支持，尽管老公的土豆丝切成了土豆棍，她也没有否定和打击老公，而是贴心地为老公送上了切丝神器，让老公发现，原来还有这种神奇的东西，对做饭的兴趣变得更加浓厚。有的人可能会说："这不是耍心机嘛！在一个屋檐下生活，天天这样不累吗？"共情真的不是耍心机，而是一种合作共赢。虽然米米的老公辛苦付出了，但他同时获得了极大的满足，和谐、温馨的家庭氛围，让他既放松又享受。这难道不是我们最想要的"爱"的样子吗？

米米跟婆婆的相处也非常融洽，她经常会给婆婆买点小礼物，"贿赂"一下婆婆。有好吃的东西，她会当着婆婆的面往老公嘴里塞一些。带孩子时无关紧要的事情，通常选择睁一只眼闭一只眼。如果婆婆有做得不对的地方，比如怕孩子着凉不让孩子玩水，她会微笑着告诉婆婆，接点儿热水玩儿没关系，玩水对孩子有好处，外面"水育课程"有多贵，婆婆自然就放手了。但是，婆婆经常会念叨几句，她并不太在意，还感同身受地说："老太太背井离乡，肯定有一些委屈和不满，不让她发泄出来，憋病了怎么办？既然享受了老人帮忙带来的便利，就要忍受她的唠叨。"

同样是被婆婆念叨，有的人会觉得受了委屈，想都不想地直接回嘴，有的人却能换个角度选择理解和包容。我们如果能调整自己的观念，在相处中就会少很多冲突。我们如果能再多一分感恩,不把婆婆的帮忙视为理所当然,而是当作我们育儿困难时的雪中送炭,那我们的心会更为柔软。因为心存感念,说话做事也会更为和气,即便有点矛盾,也能站在对方的角度多想想。这样,婆媳之间的矛盾和冲突自然而然就化解了。

和爱人、和孩子、和亲戚的相处同样如此,如果我们能少一些"你应该"多一些"我理解",少一些"你怎么"多一些"我希望",那么我们的家庭生活就能远离硝烟,变得更加和谐。

激发优势,让每个人都能超常发挥

爱和感恩就像是润滑剂,让我们的育儿团队相处融洽。在融洽的同时,我们还要知人善任,让团队里的每个人都能发挥出自己的优势,强强联手。

• 妈妈是班长

现实生活中,妈妈是养育孩子的主力军,也是对孩子的成长最上心的人,最愿意为了孩子而去学习的人。市面上,大多数的育儿类书都以妈妈为主要阅读对象。我们曾对参加共情陪伴儿童心智成长指导师培训课程的学员做过统计,妈妈占比超过90%,爸爸占比不足10%(我们虽然极力提高爸爸参与学习的比例，但也要承认这个事实，同时学会耐心等待）。所以，不管是从理念上还是从能力上，妈妈都是当之无愧的班长。

既然是班长，就要起到育儿团队头脑的作用。这就要求妈妈们不能像头牛一样，自己一个人把所有的事都做了，而是要宏观调配，根据养育团队里的每一个成员的专长和特点，有针对性地安排工作，做到抓大放小、人尽其才。但是，家庭跟学校、单位又不一样，不能生硬地布置任务，而是要发挥润物细无声的春雨精神，让每个人都乐乐呵呵地站到自己的位置，做自己喜欢又擅长的事。这就非常考验妈妈们的沟通和协调能力了。其实，这也是我们本节内容的核心所在：在理顺关系、确定目标的基础上，帮助大家运用共情的方式做好家庭沟通，让育儿不再是妈妈单枪匹马的奋斗。

- 爸爸是体委

首先，我们来看看爸爸要怎么参与进来。虽然大多数爸爸对孩子的爱表现得没有妈妈直接，但是，面对孩子时他们的内心也是柔软而欢乐的，只是他们不知道该怎么做。这时，妈妈们的介入就非常有必要，因为如果妈妈们不推一把，爸爸们有时候真的就只会袖手旁观。当然这个"推"也很有讲究，共情的"推"法是：我理解你面对孩子时的不知所措，也给你时间，带着你学方法，让你慢慢学着和孩子相处，不论你做得好不好，都给予你充分的信任和肯定。

　　我们不能要求爸爸用和妈妈一样的温柔、细致来跟孩子互动，要允许爸爸做自己。爸爸的特点是什么？"爱动""粗犷""逻辑性更强"。那么，妈妈就可以将"陪玩"的任务交给爸爸，跟爸爸商量制订一个陪娃计划。最开始的时候，妈妈要有一个手把手将爸爸带入门的过程，将陪娃玩什么，怎么玩，玩多长时间都跟爸爸交代清楚。比如，陪娃玩"骑大马"游戏5分钟，就是将娃扛在肩膀上，颠颠儿地在屋里散步。陪娃玩举高高游戏5分钟，就是把娃举起来再放下，如此反复。在爸爸陪玩的时候，妈妈要相信爸爸，努力克制住自己，别去干涉。慢慢地，在陪玩成了爸爸的习惯后，妈妈就可以完全放手让爸爸自己决定怎么跟孩子玩儿了，什么踢球、攀岩、放风筝，随他们自己折腾。只要他们玩起来了，你就能发现，5分钟那是绝对不够的。随着孩子越来越大，爸爸陪玩的时间会越来越长，父子或父女的关系也会越来越亲密。陪玩是让爸爸参与育儿的最好切入点。

　　当爸爸对自己的角色有了更深的感触，也知道了怎么跟孩子相处时，我们再给他普及一些育儿理念，爸爸自然而然地就承担起育儿的责任了。如果爸爸不在孩子身边，妈妈可以通过视频等方法，让爸爸跟孩子互动。要记得，家庭里有了爸爸的参与，孩子才能获得父母最完整的爱，心里才最安稳。

- 祖辈是生活委员

　　由于成长背景的不同，祖辈和父辈在育儿的观念上、做法上有很多分歧。比如，当孩子摔倒的时候，父辈的做法一般是只要摔得不严重，就等着孩子自己爬起来，并趁机教会孩子摔倒时的保护姿势。而祖辈的做法是，立刻扶起孩子，一边扶一边拍打着地面说，"宝贝不哭，都怪这个地面不平，奶奶给你打它"。再比如，当买来的土豆已经生芽的时候，父辈的做法是直接丢了，而祖辈的做法是削一削，炒了。有调查显示，两代人因育儿观念不同爆发矛盾的家庭高达82%。但是，由于上班等现实需要，我们的育儿团队又少不了祖辈的参与，那该怎么办？

　　首先，养成定期沟通的习惯。祖辈加入我们的育儿队伍中后，做好沟通非常重要。我们可以定期召开家庭会议，将育儿中的问题，拿到桌面上来讨论，商量出一个最优的解决方案。相比于每天就一件件小事针锋相对，闹得彼此都不开心，不如将小问题汇总起来，集中沟通，不带批评指责，围绕问题来谈，一次性讨论出结果。这样做不但高效，也让团队的每个人都更舒服。

　　沟通中，我们要先肯定老人对孩子的爱和对家庭的贡献，然后再从"为孩子好"这个目标出发，去探讨哪种做法更优。

切记不要把家庭会议搞成一言堂或批斗会，对那些我们明知老人不对、直接说出来又害怕伤害到老人自尊心的问题，要学会借力。比如，观看一些跟健康饮食有关的节目，学习一些育儿专家的讲座，等等，让权威人士替我们说话。老人一般对他们的话还是比较信服的。当老人指出我们的错漏之处且事实确实如此的时候，我们也要积极承认并努力改正。

其次，每天给老人一个正向的反馈。什么意思呢？就是每天找一件老人做得好的事，及时予以肯定和赞扬。比如，某天的饭做得很好吃，那我们就一边吃一边说："妈，今天这道菜，您怎么做的？真是太好吃了！"再比如，某天下午突然降温，奶奶及时给上幼儿园的孩子送了厚衣裳。我们回家以后就要真诚地赞扬："我工作忙得都忘了给孩子备厚衣服了，还好有您在操心。"虽然只是小小的一句话，却会让老人特别暖心，她会觉得自己的付出被看到了。被看到、被肯定是每个人都期望的。在家庭里，我们的每一次看到和肯定都是一笔情感存款，有了这笔存款，即便遭遇一些矛盾和冲突，彼此的关系也不会破裂。

最后，不论在什么情况下，都要保持对老人的尊重。这份尊重会变成家庭里的传承，最后落在你自己身上。曾听过这样一个故事，妈妈跟儿子抱怨媳妇对自己不好，结果儿子特别直接地回了妈妈一句："你对我奶奶不是也这样吗？"我们是孩子学习的榜样，我们的一言一行孩子都会效仿。所以尊重老人也是在尊重我们自己。

中国有句老话，家有一老如有一宝。虽然在育儿理念上，老人可能不如我们科学，但老人也有他们的优势，他们所具有的一些独特的经历和感悟，会给我们带来许多启发。我们只要做好沟通，经营好彼此的关系，祖辈会是我们非常出色的生活委员。

上面分享的方法、策略，是基于团队有人员的情况下，但是也有一些特殊的情况。比如双方老人年纪都大了，或身体不好，无法提供帮助。又如军人家庭，父亲只能舍小家顾大家，无法陪伴孩子成长。再如离异或丧偶家庭，父亲的位置可能是缺失的。那么遇到这些情况该怎么办？我们要学会积极利用家庭和社会支持系统，向多方寻求援助。

在这里我想强调一点，不论父母哪一方由于哪种原因离开孩子，请不要在孩子面前说彼此的任何坏话，不要逼着孩子去恨自己的父亲或母亲，因为对孩子来说，父母是他最爱的人，父母的不好就是他自己的不好，逼着他恨父母中的任何一个，都是在逼着他痛恨自己、仇视自己。我知道单亲的不易，但家长的情绪不应该由孩子来承担。请慢慢练习，试着区分自己的情绪和孩子的情绪，不要用自己的情绪绑架孩子，让孩子成为父母情绪的牺牲品。

善用社会支持系统

如果家庭系统支持力不足,我们还可以借助社会支持系统的资源,比如要好的闺蜜,关系不错的同事,住在隔壁的邻居,甚至幼儿园、托管中心里孩子玩得好的小朋友的妈妈,等等。

我有一位朋友,他和爱人都是独生子女,年过40才有了孩子。双方父母年纪大不说,还各有一个身体不好需要照顾的,男方这边还有90多岁的爷爷,真正是上有老下有小。家庭生活压力大,工作也不能丢,怎么办?他爱人先是跟单位多申请了2个月的产假,在儿子6个月的时候,将他送去了家附近的一个家庭式托儿所。到儿子1岁8个月时,就给他找了有小托班的幼儿园。那所幼儿园里年龄最小的就是他儿子。时常,他和爱人下班晚,他儿子是最晚走的那个。老师了解他家的情况,知道这一家的不易,也心疼孩子,对孩子特别照顾。最难熬的那几年,就靠着社会支持系统走过来了。这也正应了那句俗话:天无绝人之路。其实只要我们想,总能找到那些能为我们提供支持的人。

世上没有两片完全相同的树叶,也没有完全相同的两个人,自然没有情况完全相同的家庭。如果把千千万万个家庭比作一条线段,那我们谈育儿,往往是以线段中间那50%的常规情况为基础。因此，我们的育儿条件怎么都达不到的时候，也不要苛责自己，从最有利于整个家庭的角度出发就可以。孩子是家庭的一部分，慢慢地，他会明白爸爸妈妈的不容易。当然，有一个前提：在有限的条件下，你共情了他的感受，让他在艰难困苦中看到了爱的流动，这样的孩子多半会成长得更为坚强。

教养孩子从来没有做到最好这种说法，不过是父母在尊重孩子基础上的一次次尽力而为。育儿团队也是如此，没有100分的团队，只有配合得还算默契的几个人。将标准略降低，每个人管理好自己的情绪，遇事多沟通，彼此再多些尊重和理解，家之爱就出来了。共情从不局限在一时一事上，为孩子营造一个爱的环境，也是对孩子的一种共情。

> **父母共情陪伴能力提升练习：**
>
> 尝试用共情沟通的方法，与家人沟通关于孩子养育的问题，并积极分工，搭建属于自己家庭的养育团队。

第七章
对共情的八大误解

共情会让孩子更脆弱？

记得一次线下工作坊，有一位家长当场对我提出了质疑，她说道："如果我们在家里与孩子共情，孩子会不会觉得周围的人都会与他共情？但现实情况并不是这样的，外人对孩子没有那么多耐心。他真正接触现实的残酷时，会不会心理落差更大，变得更脆弱？"这位家长的话音刚落，不少人点头表示认同，可见这是大家普遍担忧的问题。我内心非常感谢这位家长的提问，这说明她在很认真地思考共情对孩子成长的影响，也让我真实地了解大家在学习共情过程中的困惑。

其实，关于这个话题，我们首先要澄清的一点是：共情不等于溺爱。在第六章我们分享过"共情不等于共行"。共情是指积极回应孩子的情感需求，但不一定满足孩子的所有行为要求；而"共行"本质上是溺爱和不信任孩子，着急将孩子从消极情绪中剥离而无条件、无原则地满足孩子的所有行为要求，哪怕这些行为是违反社会规则和道德规范的。如果总是溺爱孩子，孩子必将形成自我中心的思维模式，也极有可能成为别人眼中的"熊孩子"。

共情的态度是"温柔且坚定"，而溺爱却只有温柔而丧失了坚定。前者给孩子提供了一个温暖的港湾，船只会在港湾休憩、补给，但最终与之持久相伴的是那片波澜壮阔的大海。这种方式会帮助孩子发展出自主性，提升自我价值感，哪怕日后遇到他人的拒绝或者挫折，也能够以更从容的心态来应对。后者则是为孩子搭建了一个环境适宜的温室，"花朵"在温室中肆意生长，可一旦不得不离开温室，走向广阔天地，必然无法承受外界的风雨。

所以，我的答案很肯定：共情不会让孩子更脆弱，反而会让孩子更坚强。为什么呢？因为被共情的孩子内心更富足，解决问题的能力更强，人际关系也会更好。

被共情的孩子，内心更富足

如果我们把孩子比作一棵小树，那父母的爱就是小树成长最不可或缺的营养。营养充分且易吸收，小树的根就能向土里深深地扎下去，枝干就能茁壮成长。但如果这份爱的营养不易被吸收，那么小树就无法获得充足的滋养，根基就有可能不稳，枝干就不会很粗壮。当风雨来临时，哪棵小树更能挺住，答案不言而喻。

共情就是将父母之爱准确传递给孩子的最好方式。被父母共情的孩子能够深切地感受到父母对自己无条件的爱和接纳。他不会因为做得不好而战战兢兢，不会因为犯了错而彷徨失措，不会因为担心被抛弃而畏畏缩缩。他知道，不论他做了什么，不论做得好不好，不论在哪里，父母都会一样爱自己。他自身就是一个值得被爱的、有价值的人。这样的孩子，内在安全感非常强，对自己的接纳程度也会更高，充满自信。他的内在既安稳又富足，因此在向外探索的时候也就更加勇敢和坚毅。即便遇到再大的困难或挫折，他也不太容易被打倒，因为他心里永远亮着一盏灯，那是父母的爱和支持。

记得我儿子四五岁的时候，我有一次带他在楼下玩儿。小区里有一些七八岁的孩子在骑自行车，儿子盯着人家看。我从儿子眼里读到了渴望，就问他："儿子，你是不是也想要骑自行车啊？"他使劲儿点头。我继续说："那你想试试吗？"儿子惊讶地看着我说："可是我没有自行车啊！"我微笑着说：

"想一想，一定有什么办法可以骑到哦！"儿子的眼睛亮了："我可以找哥哥姐姐借一下。"于是，我儿子就开始到处跑着去借车。第一次被拒绝时，他像缺水的麦苗，蔫蔫儿地转头朝我看过来，我微笑地朝他比一个加油的动作。他在原地停了两秒，然后慢慢挺直了背，颠颠儿地跑向下一个目标。很快，第二个小朋友也拒绝了他，他又朝我看过来，但是他的状态明显比第一次遭拒时要好得多。我又给他比了个加油的动作。我儿子深吸一口气，又跑向了下一个小哥哥……被拒绝了5次以后，他终于从一个要休息喝水的小哥哥那里借来了自行车。

现在，我的脑海里还时常浮现他一脸兴奋地推着自行车跑过来的样子。你看，孩子被父母共情陪伴着，内心拥有足够的安全感时，会爆发出你想象不到的勇气和力量，这样的孩子又怎会脆弱呢？

被共情的孩子，解决问题的能力更强

我们经常会用无忧无虑来形容孩子，但实际上，孩子的生活也不完全是无忧无虑的。孩子也会遇到很多问题，比如学习问题、同伴交往问题、适应问题等等。这些问题尽管是孩子成长发展的契机，但也可能成为他们成长过程中的危机。一个被共情滋养着长大的孩子，内心安稳，在遇到问题的时候，不太

容易出现逃避、退缩、慌乱、焦躁等情况，能更加从容地面对问题；一个被共情滋养着长大的孩子，已经有过无数次有效解决问题的经验积累，有样学样，也能做到将人和事分离，积极处理问题；一个被共情滋养着长大的孩子，拥有更开放的思维，不会被绝对化要求、过分概括化、糟糕至极等不合理信念所束缚，更能透过问题看本质，更快找到解决问题的办法。

记得我儿子上小学的时候，有一天他放学归来，像平常一样和我交流当天的所见所闻。他分享了被老师冤枉的事。老师说他没有按时交作业，要补完作业才可以回家，可实际上作业早上就交给老师了。我问他当时有什么感受，他说："我感到有一点郁闷，不过这没什么，又不是真的没有完成作业，仔细找一下作业本在哪儿就好了。"然后开始眉飞色舞地描述他是怎么找到作业本的，老师又是如何向他表达歉意的。

可以看到在这件事中，我儿子在被老师冤枉时，虽然有郁闷的情绪，但是他并没有被情绪所左右，而是摒除了"这老师怎么这么不负责啊""我怎么这么倒霉""我明明已经交了作业，凭什么说我没交"等杂念，客观看待这件事情，并且第一时间直指问题本质——作业本丢了。老师因为没看到他的作业，所以会误认为他没有写作业，那么接下来问题就简单了，只要找到作业本，误会就解开了。于是他打算按照作业本的行进路线找一遍，不到几分钟他就在课代表的桌兜里找到了自己的作业本。原来是课代表在拿作业本的时候不小心落下了。

整个过程中孩子没有抱怨,只有积极解决问题的态度及冷静开放的头脑和思维,而这基于我们在家里长期的共情陪伴。当孩子做错事后,我们总是先与他共情,然后带着他把紧张、焦虑的情绪平复下来,最后一起想怎么办。当孩子诉说这件事时,我的内心也涌现出无限的骄傲和自豪。

这就是共情的力量。共情从来不会让孩子成为问题应对上的弱者,而是能够帮助他们学会游刃有余地解决自己成长中遇到的各种问题,更加积极健康地成长。

被共情的孩子,人际关系更好

长沙某小学的一位老师曾分享过这样一个例子。她班级里的慧慧是位可爱、说话很温柔的小女生。可如果老师对其他小朋友微笑,或者夸奖其他小朋友,她就会做出一些欺负这些小朋友的行为,导致班上很多同学都躲着她,慢慢地她就被孤立了。后来班主任了解到,慧慧的父母都是研究生学历,对她的期望和要求很高。他们最常说的话是:"数学怎么没考好?""钢琴课现在学得怎么样了?"她很少能从父母那里得到肯定和表扬,而对每个孩子都非常温柔、常常鼓励她的老师,就成了她汲取力量的来源,她不允许其他人分享这份爱。

如果把爱比作糖果，被共情的孩子就像拥有了一座糖果城堡，里面摆满了各式各样的糖果，他的内心既富足又安稳，那么他自然不会介意将其中一颗糖果分享出去。与之相反，慧慧很少被共情，也很少得到他人的肯定与接纳，她收到的爱的糖果并不多，又怎么会愿意去分享呢？

合作和分享是促进同伴交往的重要途径，一个不懂得分享的孩子，很难克服人生中的重重困难。而生长在共情氛围中的孩子，更愿意主动分享，更有能力关注到身边的人，共情能力相应地也会更高。依据吸引力法则，他身边围绕的也是一群高共情能力的小伙伴，或者说他有能力帮助周围人提升共情能力，因为他时常被共情，所以才会知道真正的共情是怎样的，才能知道该如何与身边人共情。

开心妈妈曾和我分享过她学习共情后的感受。她说："开心每次去幼儿园必会大哭，送他去幼儿园简直像是打仗。"开心因为进园的时候经常哭，在幼儿园已经"小有名气"。开心妈妈十分烦恼。学习了如何与孩子共情后，开心妈妈表示："我开始慢慢理解开心为什么哭得这么难过了，因为每次他哭得我实在心烦的时候，我都会说'你再哭，我就不来接你了'。实际上我表达的是，我不来接，其他人会来接，他所理解的却是没有人来接他了。了解了这一点之后，每一次送他上学，哪怕他再哭再闹，我都会抱着他说：'妈妈在，妈妈不会丢下你的，妈妈一定会来接你的。'这样反复了两个多星期，也不知道是哪一天起他突然就不哭了。让我印象深刻的是前两天，他们班来了个插班生，是个4岁的小女生。小女生就像曾经的他一样，哭得特别厉害，就是不想进幼儿园。而开心挣开我的手，一路跑到小女生身边，他的话随着风传到我耳中，他说：'你肯定害怕妈妈不来接你了，是吗？别怕，你妈妈一定会来接你的，就像我妈妈一样。'我第一次被开心的共情感动，内心既骄傲又欣慰。他不仅自己不害怕去幼儿园了，还尝试用我曾经说过的话去共情同伴。"

共情就像是一场又一场接力，在把这份温暖传递给孩子后，孩子可能就会成为一束光，照亮、温暖身边的人。而周围获得光照滋养的同伴们，慢慢地会向中心的光源靠拢，逐渐绽放出属于自己的光芒。

你家孩子身边围绕着一群"小蜡烛"的时候，就算他的世界短暂地被乌云遮蔽，最终一定会迎来光明，不是吗？

共情就是同情吗？

生活中我们经常会把共情和同情混为一谈，原因在于我们与他人共情的时候，很可能始于对方正在面临某些困境，如"受伤了""受挫了""被欺负了""生气了"……很容易激发我们的怜悯之心，想要为对方做些什么，于是产生同情的情绪及行为。不仅普通家长如此感知，很多专业人士也将二者混为一谈，甚至提醒大众不要被共情蒙蔽了双眼，警惕有人利用共情达到自己的目的。

共情和同情虽然都关乎"情"，但有本质区别，如发出者的心态、接受方的感受、界限感的强度以及使用的范围都大相径庭。

发出者的心态不同

首先从发出者的角度来说，二者的心态不同。同情是一种居高临下的安慰，是高高在上的给予；共情则不然，共情是敞开怀抱的温柔，是平等和尊重，无论我们面对的是谁，是否比我们强大，都不影响我们共情。

同情是从"我"的角度出发，会产生"我觉得他……"的想法；共情是将自己放空，站在对方的视角去观察和感受当下。同情会促使我们做出一些利他行为，但本质上满足的是"我"通过帮助他人而获得愉悦感的需求，并不是真正看到接受者的需求。

比如当我们走在马路上，看到一个残疾人步履蹒跚，我们可能会不自觉地对他投以怜悯的目光，甚至想上前搀扶。需要注意我们的这些行为的出发点是："我认为他很可怜，他需要我的帮助，我是一个善良的人。"这就是典型的"以我为主"的同情。"我觉得他太脆弱了，我觉得他需要我们的照顾。"实际上，残疾人更希望我们能够以平等的心态，将他看作一个平常人，而不是悲悯的目光和上帝视角的行为。

而共情不一样，共情意味着我们能够真正进入对方的内心世界，从他的角度感知他的真实感受和需求。如上文的案例中，真正的共情就是把对方当作一个平常人来互动，虽然并不一定会做出直接帮助他人的行为，但会让对方感到舒适和安全。

接受方的感受不同

当发出者的心态不同时，接受方的感受也会截然不同。在共情中，我们秉持着这样一个理念，"我和你的感受是一样的，我理解你"，这会促进彼此共同成长。同情是把自己和他人区分开来，有地位高低之分，仅仅是一种施舍和给予。被同情者的地位往往很低，他需要仰起头来看所有人，每一个人的同情无时无刻不在提醒他："你是一个弱者，你没有价值，你值得同情，你很可怜……"古人有云"不食嗟来之食"，对一个自尊心强的孩子来说，同情更像是"鄙视"和"施舍"，尽管发出者本身并没有这样的想法。被同情者非常痛恨自己的无能为力，痛恨那些蜻蜓点水式的同情，你的建议、帮助和怜悯只会加深他的自我厌弃。

"如果你真的能够理解我，为什么不来帮帮我？"

"你不是我，又怎么能体会我此时的感受？"

"站着说话不腰疼。"

面对同情，这些常常是被同情者的心声。共情却不然，被共情过的人会滋生出勇敢向上的力量。

几年前一个风和日丽的周末，许多家长约我一起带着孩子去公园放风筝。我儿子经常来这里玩儿，很快就和熟悉的小伙伴玩了起来。看着他们奔跑跳跃的身影，我的注意力突然被一个蹲坐在墙角的小男孩吸引了。他七八岁的样子，穿着一身运动装，头深深地埋在膝盖里，双臂紧紧地环绕着自己，这是一个无助而防备的姿态。我转头看了一眼正在放风筝的儿子，风筝已经飞得很高了。我正想走过去问问情况，一位女士走到了他身边，弯腰随手拍了拍地面，和他一样蹲坐在墙角。好奇心驱使我靠近倾听，只听那位女士问道："怎么了，儿子？来的时候你还挺开心的啊，现在垂头丧气的，是遇到什么事了吗？"

原来是男孩的妈妈。结果男孩一下子扑到妈妈怀里，哭得上气不接下气，声音很大以至于周围的小朋友都投来了好奇的目光。我原以为那位妈妈会生气、会尴尬，但是她成功地"接住"了孩子的情绪，伸手拥抱孩子，允许孩子发泄心中的情绪。她并没有多说什么，只是不断地抚摸着孩子的后背。过了一会儿，孩子由号啕大哭慢慢转为小声啜泣。妈妈托着他的脸问："你刚刚哭得很伤心，能说说发生了什么吗？"小男孩这才断断续续地说出了事情的原委。原来小男孩的风筝一直都放不起来，他就特别沮丧。妈妈抚摸着他的脑袋说："原来是因为风筝放不起来，你有点儿沮丧了啊。那需要妈妈做些什么，你会感觉好一些呢？"令人意想不到的是，小男孩摇了摇头，说："妈妈，没事儿了，我要自己把风筝放起来。"

在这个案例中妈妈并没有说很多的话，也没有提建议，仅仅是共情孩子此刻无助、挫败的感觉，给了孩子一个释放情绪的空间。可正是这份接纳和理解，让小男孩的内心更有力量。于是，他倒空情绪后，开始开动脑筋，自发地想解决办法。他先蹲在旁边看别的小朋友怎么放风筝，然后一次又一次调整奔跑的方向，最终成功地将风筝放飞。

这就是共情和同情的区别。前者就像一种魔法，会让彼此的联结更加紧密，帮助孩子激发内在力量；后者则可能产生反效果，尤其是自尊心比较强的孩子，甚至会产生自我厌弃、敌意等情绪。

界限感的强度不同

就二者本身来说，共情需要我们付出更多的心力，但有较强的界限感，而同情付出的物力则相对较多，更多的是行为上的帮助，缺乏界限感。

这一点在网络中尤为明显。当我们同情对方时，我们往往会不由自主地替对方做决定，向对方提出一些建议、方法、批评等。然而网络是片面的，为了获得更多的支持，人们往往只诉说对自己有利的方面。虽然网友的出发点是惩恶扬善，但因为获取的信息不够完整，很可能主观地做出一些错误的判断，通过语言安慰、转发扩散、捐款捐物等方式来帮助"弱势"的一方。我们同情弱者的同时，也不自觉地会对相对强势的一方产生不满。

有一个短片让我触动，讲的是大街上一个开着豪车、戴着金链子、高高壮壮的男人将一个瘦弱的男人按在地上，旁边是一辆放倒的电动车。周围一群人冲着他指指点点，大意是指责高壮男人仗势欺人。接着围观的人越来越多，情绪也越来越激动。一个人突然将高壮男人推倒在地，这就像一个导火索，所有人都开始对高壮男人拳打脚踢。开始他尚能反抗，可双拳难敌四手，慢慢地他放弃了抵抗。这时一个老太太终于拨开一重重人，向大家解释：是那个瘦弱男人抢了她的包，高壮男人是做好事在帮她。可当她试图扶起高壮男人时，他却站也站不起来了。围观群众同情瘦弱男人被"欺负"，却忘记了"倾听"和"观察"另一方，而这往往会酿成悲剧。我们被自己的认知偏见遮蔽双眼的时候，同情也就成了情绪发泄的出口，我们失去了与他人之间的界限，全权代替他人来做决定，这并不是共情。

共情既是感性的情感共鸣，也是理性的保持自我。它一定不是偏听偏信，因为真正懂得共情的人很善于倾听和观察。比如，你在商城里看到一个妈妈拉着孩子往前走，孩子哭得撕心裂肺，看着惨兮兮的，你会觉得孩子有些可怜，感受到他此时此刻难过、委屈、愤怒的情绪。但是你同样理解这位妈妈，因此你不会大大咧咧地走过去，指责那位妈妈的不是。

共情和同情，就像是太阳和月亮，都能散发出光芒，但是光芒产生的原因是截然不同的，最终带来的效果也大不相同。

使用的范围不同

最后还要强调一点，共情和同情的使用范围不一样。同情，一般在我比对方强、对方正在经历悲伤的情绪时产生。我们会同情父母离婚了的单亲孩子，但不会同情家庭充满温馨氛围的孩子。而共情，与双方的力量强弱无关，也不局限于对方的情绪性质。他高兴,我们感受他的高兴;他难过,我们感受他的难过;他生气,我们感受他的生气。

共情,让我们和对方保持在同一个频率,联结彼此的喜怒哀乐,感受浓浓的温暖与支持。

共情的边界——过度共情效果更好吗?

贾谊在《新书·容经·兵车之容》中有这样一句话:"过犹不及,有余犹不足也。"意思是说世间万事万物皆有个度,一旦做过了头,哪怕付出了很多心血,最终的效果却和做得不够是一样的。共情亦是如此。生活中,经常会发现家长对孩子过度共情的现象。比如孩子的情绪体验为5分,但家长认为孩子的情绪体验到了8分;本来孩子已经从一件事情中走出来了,家长却认为孩子可能还会受到伤害。

我儿子小学时曾养过几条金鱼,他对这几条大尾巴的漂亮小鱼格外上心,每天放学都要跑到鱼缸前和金鱼说说话,还给每一条小鱼起了名字。个头最大、尾巴最长的那条叫大个,尾巴有一点白的叫白尾,全身都是红色的那条叫大红……那时候,为了让金鱼吃得好一些、长得胖胖的,他所有的零花钱都用来买鱼食了。然而不到一个星期,我儿子突然撞开卧室门,拉着我的手就往外跑,一边跑一边喊:"爸爸爸爸!白尾不动了！你快看看它怎么了！"等我走到鱼缸前，只见白尾挺着大肚子躺在鱼缸底部一动不动，肚子周围的鳞片都竖起来了，伸手碰了碰、把它拿出来都没什么反应。再看了看鱼缸底部，果不其然沉了一堆鱼食，另外两只金鱼也竖鳞了，估摸着离撑死也不远了。你看鱼食对金鱼来说是满足生存的食物，但是食物过多时，也成了戕害它们的工具。

金鱼死后三天，我妈来看望小孙子。她知道孙子的小金鱼死了时，连忙抱起他说："哎哟，乖孙子别难过，奶奶给你再买两条，没事啊……"实际上我儿子早就过了难过的时候，现在正对新种的豆苗格外上心，可我妈就是觉得他一定很难过，一个劲儿地安慰他。我儿子悄悄跑过来问我："爸爸，为什么奶奶一直说我很难过呢？我现在没那么难过了啊。"

你看，我妈并没有对孩子当时的情绪状态做出有效观察，而是凭借主观经验判断，小金鱼死了孩子一定很难过。这样过度的共情不仅会消耗自身的能量，还会阻碍孩子对自我情绪的觉察和感知，成为孩子成长路上的绊脚石。

过度共情会导致自身心理能量耗竭

共情是彼此心灵间的共鸣，需要我们用心去感受、去触达。常言道"要想给人一杯水，自己应有一桶水"，那么只有自己的情绪处于一种饱满、平和的状态时，才能共情到孩子和他人，给予对方温暖和支持。

可我们有多少人可以保证自己时刻处于精力充沛的状态呢？试想一下，你早上五六点起来准备孩子的早餐，送孩子去学校，然后匆匆忙忙赶去公司，忙忙碌碌工作一天突然发现原始数据对方给错了，所有的工作都白干了，不得已加班重新做，拖着疲惫的身体回到家里时已经快10点了。孩子却还没睡，你担心她睡太晚了第二天起不来，要她早点儿睡，她却非要你陪她一起玩儿……此时你会不会很想发火？再换个场景，国庆假期的第三天，现阶段所有的工作都完美结束，家务也有公公婆婆主动分担了，你正躺在沙发上休息，孩子蹦蹦跳跳地跑过来拉着你说："妈妈，陪我玩一会儿吧！"此时你会发火吗？

我想大多数人在遇到第一种场景时，很难压下心中的情绪陪孩子玩儿，就算能够把情绪压下去，在陪孩子玩儿的过程中也很容易三心二意，让孩子感觉你在敷衍她；而第二种场景中，我们的情绪状态是平和的、稳定的，此时我们不需要先去处理自己的情绪，因此我们更容易感受到孩子渴望和爸爸妈妈一起玩儿的心情，也更容易体验到亲子游戏中的快乐。

情绪是流动的、变化的，每个人都会有难过、悲伤、疲惫、愤怒、沮丧……我们必须意识到这样一个事实，那就是我们无法做到事事、时时共情，也并不是时时刻刻都能够共情才是100分的共情。我们自身的情绪状态不稳定时，最应该共情的是自己，最应该接纳的也是自己。比如飞机发生故障时会落下氧气袋，空姐总会反复强调"先给自己戴，再去救助别人"。如果我们先给孩子戴，很有可能因为位置的限制还没有给他戴好，自己就先晕厥了，最终导致两人都陷入危险之中。自己的情绪状态都不稳定，还强迫自己与他人共情，很可能因为心力不足而出现敷衍了事的虚假共情。最终结果就是家长耗尽心力，孩子心生抵触。

刚刚所说的事事共情，其实是横向的过度共情，现在我们再来说一说纵向的过度共情。它指的是当事人的倾诉勾起了我们的情绪共鸣，我们对当事人所说的过分代入，甚至产生更为强烈的情绪反应。我的一位学员就因此而苦恼，因为她是格外敏感的人，她很温柔，也善于倾听，朋友们也愿意将自己的心酸、苦闷说给她听。可是每次朋友跟她说一些悲惨经历时，她的心里很难受，因为她非常能理解朋友的痛苦，有时候比朋友哭得还要伤心，甚至会因此影响正常的工作和生活。她说出自己经历的时候，不少人眼圈泛红，想来也和她有相同的困扰。

其实这并不是真正的共情，而是一种情绪感染，就好比我们看电影时会因为主人公的牺牲而惋惜、落泪，身处演唱会现场时会不由自主地大声呐喊、尖叫。这些都在我们无意识中进行，而非有意识共情。这种悄无声息的沉浸，有时会让我们丧失一部分辨别和思考的能力。

不知道大家有没有见过这样的场景：幼儿园门口孩子和妈妈抱在一起，哭成一片，孩子好不容易进了幼儿园，妈妈紧紧地扒着栅栏化作"望子石"，那叫一个望眼欲穿。你们觉得这些妈妈是在共情吗？很明显并不是，她们的情绪源于对孩子的不舍和担忧。而孩子的情绪感知能力特别强，孩子可以敏感地接收到家长的焦虑情绪，会想"连妈妈都不能解决的事情，得多可怕啊"，于是哭泣成了他们本能的表达方式。二者相互影响，形成了一个恶性循环。

真正的共情有一个基本的前提条件，那就是保持良好的稳定的自我状态。因此，过度的共情，本质上并不是真正的共情，而是一种自我感动，并没有真正看到对方当下的情绪状态，效果自然不会好。

过度共情会阻碍孩子独立性的发展

从孩子成长的角度看，过度共情会阻碍孩子独立性的发展。从某种意义上说，过度共情是不尊重事实、妄自猜测的行为。

比如孩子学走路时突然摔了一跤，有的奶奶看到这个情况,一下子冲到孩子面前,夸张地说:"哎呀,都红了!一定疼坏了,特想哭是吗?"孩子看看奶奶,突然放声大哭起来。为什么会这样?因为奶奶所谓的共情违背了事实。当孩子第一次摔倒时,此时他最直观的感受或许并不是疼痛,而是茫然,他不知道自己发生了什么,也不知道如何应对这样的情况。此时如果我们微笑着看他,轻声细语地鼓励他自己站起来,也许孩子稍后就可以自己恢复心情,自己站起来。当我们过度共情时,孩子自身感受与外界评价不一致,就会对自己的感受产生怀疑,长此以往,当他再次摔倒时,真的会大哭起来,因为他心中有这样一个观念:摔倒了很疼,要哭。而这个观念是家长强加给孩子的。

如果孩子在比赛中没拿到第一名,正沉浸在游戏的快乐之中,家长却急忙跑来抱着孩子说:"没拿到第一名,宝贝一定特别难过。"这反而会挫伤孩子的自信心,降低其应对挫折的能力。当孩子练琴有些疲劳希望休息一会儿时,家长共情道:"我知道钢琴练起来很枯燥,宝贝有点烦了。"这会阻碍孩子兴趣爱好的发展……

人格的塑造与环境密不可分,孩子就像是一张白纸,我们涂抹的颜色很可能会成为他人格的色彩。如果我们长期给予孩子与他自身感受不一致的反馈,他自身的色彩就会被外界"评价"所掩盖,到最后真的成了我们所"期望"的样子。生活中一旦处处充满了这样的"共情"，反而会阻碍孩子成长，对孩子的各项发展都非常不利。

过度共情会引发孩子的反感

　　曾经的一位同事与孩子爆发了一场激烈的争吵，起因是孩子写作业的时候，她准备了樱桃给孩子端到学习桌上，初衷是慰劳一下学习十分辛苦的孩子，希望孩子可以适当放松。结果女儿一下子打翻樱桃，大叫道："我不用你管！"她当时有些沮丧，但还是压下心中的怒火，说道："我知道你现在有些烦躁，是作业有些难吗？还是……"没想到她还没说完，女儿就打断了她："你又要共情，我知道，不用说了！"通过和家长的沟通，我了解到，这位同事在孩子还小时就很善于使用共情，只要女儿闹脾气，她就会去共情，帮孩子把情绪平复下来。刚开始效果很好，但是后来效果越来越不明显，直到孩子开始拒绝被共情。

　　原因是什么呢？前面我们说过，人的心力是有限的，事事共情、时时共情是很难做到的。有些家长学习到共情之后，就觉得好像获得神兵利器一样，事事都共情。可是他们共情时缺乏最基本的真诚、信任和无条件接纳，并没有真正了解孩子的需求，而是例行公事。

正因为不相信孩子可以独自面对挫折，所以才会火急火燎地赶去帮助他疏导情绪；正因为害怕孩子受伤、哭闹，所以才会马上安抚他；正因为不相信孩子自己可以一步步成长，逐步走向独立，所以才会迫不及待地在每一件事情上都留下自己的痕迹。这些行为背后最真实的目的是让孩子听话。随着成长，孩子开始有了自己独立思考的意识和能力，开始辨别你到底是真共情，还是披着共情外衣的假共情。频繁的假共情会让孩子感知你"套路"背后的目的，孩子反感也就成了自然而然的结果。

共情能够促进亲子间的沟通，让孩子感受到被理解、被接纳，从而产生愉悦和满足，促进孩子的自我表达和自我探索……共情的好处有很多，但是万事皆有度。所谓盛极必衰，太阳固然带来光明与温暖，但九日当空之时，会给世间带来无尽的灾难。共情亦然。我们只有带着真诚、接纳、信任、无条件积极关注，真正看到孩子的需求，适度共情，才能有助于孩子成长为一棵参天大树。毕竟阳光太过耀眼，树苗也会干涸而亡。

年龄大的孩子共情效果不佳吗？

家长常常有这样的困惑："我们的孩子已经进入青春期，

共情还会有效果吗？"在这里我想解释一下：在我看来，共情适用于任何年龄段，因为每个人都有被关注、被理解、被接纳的需要。大家之所以会认为共情对年龄大一点儿的孩子效果一般，也许是出于以下两方面的考虑。

一方面，孩子的情绪表现更加复杂，共情的难度增加了。对于青春期的孩子来说，他们拥有更多调节情绪的方式方法，不再简单地通过哭闹来表达自己的情绪，也可以独自面对生活中的一些挫折、困难。因此，孩子自己解决不了的时候，常常是遇到了一些比较复杂甚至两难的问题。他们遇到问题时，情绪复杂性更高，需要考虑的方面也更多，比如厌学问题、欺凌问题、同伴交往问题……这时候我们很难通过一两句安慰就帮孩子从情绪中走出来，故此家长会担心共情的效果。

另一方面，青春期的孩子具有心理闭锁性，常常隐藏自己的想法和情绪，家长需要有更多的觉察和敏感性才能够真正共情到孩子。我家孩子就经历过这一阶段。那时的他与我们沟通的频次少了，开始有了自己的小秘密，喜欢一个人待在屋子里。他的房间在家里就像是一个禁地，除了他其他人都不能进去。有时候看到他垂头丧气地回来，我们能够感受到他的苦闷和沮丧，可是问他发生什么事时，他却掩饰说"没什么"。

这是每个孩子都会经历的时期——青春期。在这个阶段，孩子们的身体迅速发育，外表上趋近于成人，力气变大了，能力增强了,这让他们产生了一种成人感,天真地以为自己可以解决一些事情,内心的矛盾就不再外露。可事实上,心理发展与身体发育相比是滞后的。内心的矛盾迟迟不能解决,再加上学习压力的增大、社会活动范围扩大等多重影响,孩子常常会出现焦虑、烦躁等情绪。这一时期家长需要具备更敏锐的觉察能力和敏感性,来发现孩子当下遇到的问题,并适时提供一些帮助,如此才能够帮助他们平稳度过。但是家长一旦没能发现孩子此时真正纠结的点,共情就会变得格外困难。

基于以上两方面原因,对青春期孩子共情的难度呈几何级数递增。由于孩子不再愿意表达,且遇到的问题更复杂了,因此我们常常会觉得,年龄稍大的孩子是不是没法共情,或者共情效果不会很好。实际上,共情适用于任何年龄段,一旦你和青春期的孩子建立了良好的亲子关系,共情一样对他们有效。

读到这里,有家长可能就会问:"那我们该如何跟青春期的孩子建立良好的亲子关系,与他们共情呢?"以下提供了方式方法。

进入孩子的世界,增加彼此的共同语言

共同话题是人与人沟通的重要媒介。孩子到了青春期之后,不会再像幼时一样将自己一天发生的所有事情一一转述给

父母，于是逐步形成了父母想要跟孩子聊聊天却不知道该如何开口，孩子沉默不言，将父母隔绝于自己世界之外的情景。

淘淘妈与儿子就在这样的氛围中生活了三年。每天早晨淘淘起床后洗漱完背起书包就上学了，晚上回家就到房间写作业，写完作业就躺在床上玩游戏。母子间每天的交流不超过十句。大部分是淘淘妈妈的念叨："你怎么就不知道好好学习呢，玩游戏有什么出息？"据她所说，沉闷的氛围一度让她崩溃，甚至把孩子的手机摔了，但是效果更差，孩子连"再见"都不愿意和她说了。

后来淘淘妈妈学习了共情陪伴儿童心智成长指导师培训课程，她换了一种方法，不再指责孩子玩游戏这件事，反而开始抽时间试着玩孩子爱玩的《绝地求生》《王者荣耀》。淘淘看到她反常的表现，最开始很吃惊，甚至带着一些防备和抵触，可她毫不在意，时不时追着儿子问一些游戏相关的问题，比如"这个技能怎么释放"，"那个装备应该怎么用"……她逐渐和淘淘有了一些共同语言，也知道了为什么自己之前的批评毫无用处。她了解到，每个游戏的时间是不一样的，有的要在规定时间内完成特定的任务，有的是按照一局来算的；她了解到，孩子在游戏里和同伴之间有了更多的沟通和交流；她了解到，孩子郁闷的时候玩一局游戏心情会好一些……她对淘淘的了解越来越多，慢慢地两人之间也有了一些独有的小规则。比如，当淘淘正在玩游戏时，她不会上来就打断孩子，而是知道等到一局结束，再提醒孩子该吃饭了，该休息一会儿了；两个人意见不一致，她想要发火的时候，也会尝试先打一局游戏再沟通……两个人的共同话题一点点地从游戏延展到生活之中。虽然淘淘还是会玩游戏，但与之前完全不同，他开始听进去妈妈的一些建议。

在这里，我并不是鼓励所有的家长都要学会玩游戏，而是建议大家带着好奇、尊重去了解青春期的孩子，不懂就不要轻易评判。常言道，"物以类聚，人以群分"，这个分类的尺度就在于彼此是否有共同语言。两人话不投机半句多，怎么可能建立良好的沟通关系呢？彼此拥有更多的共同语言，关系自然会更加紧密。

给孩子足够的信任、尊重

有位家长问我："伍老师，我家孩子自从上初中后，就像浑身长满了刺，脾气越来越火暴，也越来越不听话，一不如意就发火。"这时旁边有位家长低声说了句"打一顿就好了"。我想问问大家，和孩子的意见不一致时，打一顿能解决问题吗？很明显，并不能。或许短期内孩子看起来听话了，但那仅仅是畏惧父母权威的表现。从长期发展来看，不仅不利于提高孩子的自制力，也会影响孩子自我价值感的实现。况且家长的做法是缺乏信任和尊重的行为。

其实每个人都有自我实现的需要。对于青春期的孩子来说，他们正面临着自我同一性的整合，开始渴望独立，想要做的事情有很多，但是真正能做的事情却不多。他们时而自负，认为自己已经是大人了，不需要父母、老师的帮助，自己也可以做得很好。实际上，他们自身的能力并不足以支撑他们独立解决所有的问题。这种纠结滞留在心中，化为了深深的自卑。因此，在面对这样的"小大人"时，我们更要将他们当作成人来对待，给予他们足够多的信任、尊重。

事实上，孩子能够坐下来和父母沟通，哪怕氛围有一些凝重，也说明孩子正在积极寻求解决办法。因此，我们需要做的是，激发孩子自己解决问题的动力。其中信任是自信成长的沃土，我们给予孩子足够的信任，孩子才有勇气去挑战；尊重是孩子形成独立人格的基石，我们足够尊重孩子，孩子才能够明白"我"不是父母的替身，所有的一切努力都是为了自己。这样才可以提高孩子在个人成长和学习上的内驱力，只有具备内驱力的孩子，才能走得远，不断突破自我。

需要注意的一点是，青春期的孩子虽然看似成人，但实际上并不是真正成年了，依然缺乏很多经验，譬如为人处世经验不足……这时候，作为父母，适度的观察必不可少，我们可以从侧面感受孩子当下的状态，在信任和尊重的基础上，给予一些建议。

重点提示：我们仅仅是顾问，而不是下达命令的"长官"，不能代替孩子做决定。我们一旦失去边界、强行干预，比如翻动日记、偷看手机、代为拒绝等，会让孩子觉得被轻视、被侵犯，从而对家长失去信任。当孩子遇到问题时，家长要尽量做到客观评价孩子行为的对错，不能简单地将错误归咎于孩子。类似"都是你的错！""我觉得你不行！"这样的表达，会让孩子极度反感。

支持孩子发展同伴关系

湖北一名 14 岁的学生溺亡。在老师眼中她是一个成绩优异的学生，在父母眼中她是一个让人骄傲的孩子，是什么让她停留在花一样美好的年纪？新闻报道中提及的一些细节可见一斑。她尽管学习成绩优异，但是平时一放学就去各种补习班，同班同学对她的印象单一得让人心痛——沉默寡言的学习委员。当一个人内心有着无数的痛苦却没有出口时，结局不难想象，不是爆发就是毁灭，而她选择了毁灭。

孩子从离开我们就不能生存的小婴儿，逐渐成长到可以自己吃饭、自己上学，拥有自己的社交圈子，父母对他们的影响在逐步减弱，而同伴的影响却越来越强。如果说亲子关系是支撑孩子健康成长的重要一环，那么同伴关系就是孩子独自面对社会的重要支撑。我想这个女孩当时若有几个朋友，可以在放学路上跟她一起"吐槽"学习的压力，跟她一起痛骂家长的管制，跟她一起放声大喊来发泄情绪，或许最终的结局会不一样。

逝者已逝，再来纠结对错已经毫无意义，我们更应该着眼于当下。对于青春期的孩子来说，有时候父母苦口婆心的劝说，远不如朋友无心的一句话。因此，帮助孩子构建一个良好的社交网络格外重要，而这需要父母从小开始培养。比如在幼儿遇到困难的时候，引导他寻求同伴的帮助；创造一个宽松的同伴交往氛围，引导幼儿邀请同伴来家里玩，或一起出去参加活动；在游戏里提升孩子的社交能力，比如换位思考、合作分享、冲突解决能力……如果父母帮助孩子建立起了自己的朋友圈，他到了青春期乃至成年后，除了父母的支持外，他自然会有同伴的支持，那么此时父母的适度退场也是自然而然的事情。当然，在这里我们也需要注意，同伴的影响并非全然是积极向上的，父母需要引导孩子学会筛除一些不良影响。

我们与孩子共情其实是为了建立良好的亲子关系，作为支持者帮助孩子激发主观能动性，而不是为了让孩子听话。因此，在整个过程中，父母更多的是陪伴孩子去探索人生，培养孩子自己解决问题的能力，最终能够独立在社会上生存。

共情可以马上让孩子平静吗？

在研究共情的几十年里，我遇到过很多类型的家长，有很多家长接触到共情之后如获至宝，马上运用到自己孩子身上。然而往往不久之后，有人就会质问："我与孩子共情了，为什么没有用呢？"在这里我们首先需要澄清，家长所期望的"有用"背后，根本目的是什么？是期望孩子爆发的情绪立即平静吗？是希望孩子立刻停止那些"不听话"的行为吗？还是期望孩子能够在共情的滋养中，逐步提升情绪管理、自我控制的能力呢？当出现选择题的时候，相信大部分人能够感受到出题者背后的期望，从而选出一个看起来正确的答案。但在这里我希望大家回顾以往教育孩子的画面，叩问自己的心灵，你学习共情的目的到底是什么？看清楚自己真正的想法后，你的方向才会更加清晰。

曾有家长提出这样一个问题："小孩儿经常发脾气，喜欢折腾人。该怎么'治'呢？例如吃饭时，如果有一点儿不满意，就发脾气。"这里有一个非常有意思的字眼——"治"，看到这个字我不自觉地想到了"治病""治理""治水"……为何要治？一定是本身出现了问题，才需要"治"。只有身体有了病症，才会需要治病；只有环境被破坏了，才会需要治理；只有水资源被污染了或洪水泛滥了，才会需要治水。其实并不存在问题孩子，只不过是这个孩子遇到了问题。但这位妈妈的整体表述给人的感受并不是一个中性的描述，而是一个负面的评价。她把孩子爱发脾气当作了一个需要"治"的问题，并给孩子贴上了"折腾人"的标签。看得出来妈妈本身对孩子总是发脾气这一点非常不满意，由此产生了强烈的烦躁情绪，甚至把孩子当作麻烦，需要用一些招数来"治"，从而让这些"不好"的行为全部消失。从共情的角度来说，妈妈并没有真正接纳孩子，在她的理念中，孩子发脾气是错误的，孩子就应该听话一些，她把共情当作了"治"孩子的工具，觉得只要共情了，孩子就能够不发脾气了。

当时，另一位家长提出了相同的疑问，她说："孩子情绪失控，不停地哭闹，让他深呼吸平静一下。但他就是想哭，一直哭一两个小时，该怎么办呢？"这位妈妈同样没有真正看到孩子，当我们期望孩子不要哭时，实际上对孩子哭泣背后的情绪我们是不接纳的，而想要做到共情，最基本的就是接纳。

当然，我也能够理解家长们想要"药到病除"的期望，毕竟当孩子不停哭闹时，我们疲惫的身心也在经受着巨大的考验。俗话说"十年树木，百年树人"，教育不能一步登天，共情不会即刻见效，甚至有时共情之后，孩子的情绪反而会更强烈。

共情让孩子的情绪得以释放

哪一种情绪都不会无缘无故消失，必然有一个释放的通道。如果把人的心灵比作一个气球的话，各种事情产生的情绪则是填充的气体。情绪每时每刻都在产生，如果没有释放的通道，那里面的气会越来越多，气球承受不住压力时会爆炸，情绪积压过多时人也会崩溃。

为了避免心灵崩溃，人体自然演化出各种本能的情绪释放通道，比如高兴时我们会手舞足蹈，悲伤时我们会忍不住流泪，愤怒时我们会大吼大叫……不知道大家有没有过这样的经历，自己在外面受了委屈时，再难过、再憋屈也会忍着，但是我们回到家里后往往会控制不住情绪，对着亲近的人大声"吐槽"，若此时对方说一句"你受委屈了"，我们还会忍不住号啕大哭。广州的一位妈妈就跟我分享了一个这样的例子。

她家孩子特别黏人，她走到哪儿女儿就跟到哪儿。有时候她要去煮饭了，女儿也扯着她的衣服，站在旁边，就像挂了个大号娃娃在身上，行动特别不方便。如果不让跟着，女儿就又哭又闹，每每她都会忍不住暴躁发怒，特别凶地说："好了，别哭了,妈妈又没走,这有什么好哭的!你再哭就不要吃饭了,饿肚子吧!"有时候甚至会强行把孩子拉开,让孩子站远一点,她继续炒菜,不理会孩子越哭越凶的情绪。

后来她学习了共情,开始试着接纳孩子的情绪。当孩子又一次跟着她时,她没有发脾气,而是关掉了火,抱起女儿去客厅,尝试与孩子共情,说道:"宝贝,你是因为妈妈去煮饭了,没人陪宝贝玩了,感到害怕,有些孤单,是吗?"女儿点点头。她抱着女儿继续说道:"妈妈在,妈妈没有走,妈妈陪着宝贝呢。宝贝如果还害怕,妈妈可以抱着你。"女儿闻言,情绪一下子就绷不住了,紧紧抱住她大哭起来。

其实孩子刚哭的时候,她还有点儿不知所措。据她说当时想起课上提到的哭也是孩子发泄情绪的一种方式,孩子有情绪时哭并不是一件坏事,所以她忍住了推开女儿的想法,紧紧抱着她,不断地说"妈妈在呢""妈妈陪着你"。过了一会儿,女儿的哭声渐渐小了,她询问:"你现在感觉好一些了吗?"女儿再次点了点头。她马上说道:"宝贝,那现在你拿一些喜欢的玩具到厨房门口,试试边玩边看妈妈炒菜,妈妈炒菜的空隙也会和宝贝一起玩儿,可以吗?"就这样,她试着理解孩子哭泣背后的情绪,与孩子共情,让孩子内在的恐惧情绪得到了释放,孩子哭过之后慢慢放松下来,反而能够离开妈妈身边了。

传统教育往往更提倡隐藏情绪:当我们骄傲自豪时,父母常常会提醒我们别得意忘形；当我们悲伤难过时，父母会劝说再苦再累也要微笑着面对，他们都是这样过来的；当我们愤怒时，父母又开始背诵《莫生气》……慢慢地，我们也就习惯不在他人面前显露自己的软弱。前面说过了，情绪不会无缘无故消失，每个人都需要释放情绪的通道。在上面故事中，当妈妈共情到孩子时，孩子反而会有更强烈的情绪反应，就是因为共情给孩子提供了一个安全、包容的环境。她知道此时此刻，无论自己如何哭泣，妈妈都会接纳她、包容她。

因此，共情并不会立刻让孩子的情绪平复，甚至很可能让孩子情绪释放得更猛烈。当孩子所有的负面情绪都倒空后，父母才会有引导孩子往好的方向转变的机会。

共情允许孩子未满足时有情绪

共情并不意味着放纵，前面的章节中也强调过"共情不等于共行"，也就是说我们接纳孩子的情绪和感受，但并不意味着孩子所有的行为我们都会允许。

举个例子，现在很多家庭都会限制孩子吃糖，当今日约定的糖已经吃完后，孩子还闹着要吃，有的家长可能就会说："我知道新买的糖果又好看又香甜，你特别想现在就吃到肚子里，可是你今日份的糖果已经吃完了，不能再吃了。"此时我们虽然会共情他特别想吃糖的迫切情绪，但是孩子最后依然不会吃到糖。

孩子想吃糖，这是他的需求，结果是不能吃糖，那么他的需求被阻碍了，他会产生什么情绪呢？首先，他会产生不解的情绪：糖这么好吃，为什么不给他吃呢？其次，他会愤怒，凭什么不给他糖吃，他就要吃！妈妈太坏了！最后，这些情绪有可能通过大哭大闹、抢夺糖果等行为表达出来。

你看，虽然我们共情了孩子，但是他的需求并没有被满足，他还产生了更为复杂的情绪，这些情绪他又没有办法排解出来。因此，只看外在行为，我们会发现共情之后他不但没有平静，反而情绪更强烈了。

这种情况该如何解决呢？那就是把共情做到位，不仅仅是说两句共情的话就结束。我们温柔而坚定地执行规则后，一定要理解他被拒绝后不解、愤怒的情绪，给他释放愤怒情绪的空间，并且要用他听得懂的语言讲清楚他为什么会被拒绝。

还是以吃糖为例。我们跟孩子说明今天不能再吃糖时，他可能会哭、会闹，这时我们可以握住他的小手，把他抱在怀里，先暂时将他带离有糖的场合，给他一个安静的空间让他发泄内心的种种情绪。此时我们不需要做太多，陪伴他即可。等到孩子的情绪缓和一些时，再去与他共情，和他讲明原因，并带着孩子一起想解决办法。解决的办法可以是先去做别的有趣的事情，通过转移注意力的方式让他尽量不想起糖果，忍到明天再吃，或者今天吃了糖，明天就一块糖都不能吃了。

你看，共情并不是在消灭孩子的情绪，而是接纳孩子的情绪，在允许孩子有情绪的前提下，帮助孩子掌握调节情绪的办法，逐渐养成健康的习惯。

共情不是特效药，孩子能力的提升需要循序渐进

我曾听到过这样一个故事。一位富商偶遇了一位乞丐，出于怜悯之情，给了乞丐一袋馒头。乞丐饿极了，一口气连吃了九个馒头，吃完后他懊悔地说："早知道吃第九个会饱，我就不吃前面的八个了。"富商愣了一下，失笑道："如果没有之前的八个馒头，那么你所说的第九个馒头就是第一个。"所谓"合抱之木，生于毫末；九层之台，起于累土；千里之行，始于足下"，孩子的能力提升也是如此。

例如，孩子比较内向，不喜欢和别人打招呼，见到父母的朋友时，第一反应就是躲避。那么我们不能要求只对孩子共情一次之后，孩子就做出改变，马上可以与不熟悉的人打招呼。我们需要看到孩子当下的能力水平在哪里，共情孩子此时此刻的情绪，允许孩子躲在自己的身后观察，然后反复给孩子示范如何跟人主动打招呼。慢慢地，孩子逐步建立了安全感，明白

对方没有危险，也知道该如何打招呼时，你会发现孩子不像以前那样见人就躲了。

共情并不是特效药，更符合中医调理的理念。古人云："善医，先寝食而后针药。"意思是说治病，调理饮食和作息才是第一步，药物治疗是后面才会使用的。"寝食"必然不像"针药"一样立竿见影，是一个循序渐进的过程。共情就像是"寝食"，我们通过提供一个温暖、包容的环境，来提升孩子各方面的能力，增强抵御挫折和困难的能力，从而减少"生病"。这才是共情产生效果的过程。

让孩子"没有"情绪从来不是共情的目的，共情是希望帮助孩子更好地面对自己的情绪，学会跟情绪相处，慢慢地成长为一个情绪管理高手。

为什么我们更容易对消极情绪共情？

我发现，参加各种培训和讲座的家长几乎都是带着很多问题来的。比如，孩子爱发脾气，孩子交往能力比较弱……当我询问他们与孩子相处时印象最深的情绪事件时，十有八九是消极的情绪，只有个别的家长会分享与孩子相处愉快的经历。生活之中我们似乎更容易被消极情绪所困扰，对积极情绪的觉察却很少。

萌萌爸爸跟随我参与过多次共情工作坊，也参与线上的课程学习，最近他又有了新的问题。他说："当孩子难过时、生气时、沮丧时，我都慢慢找到了共情的感觉，都能够很好地体会孩子的情绪，但当孩子得了第一名、兴奋不已时，我反而不知道该如何做了。面对孩子积极的情绪，为什么共情起来反而更难了呢？"

其实无论是消极情绪还是积极情绪，都是可以共情的，相对来说积极情绪反而更容易共情。那为什么萌萌爸爸会觉得消极情绪更好共情，积极情绪很难共情呢？主要原因是我们对积极情绪和消极情绪的关注度是不同的。

消极情绪往往伴随着一些消极行为

有一次我带儿子去社区的公园玩儿，公园里有很多相熟的小朋友在一起玩耍，有的一起堆沙子，有的一起玩小汽车，还有大一些的孩子比赛轮滑……俨然一个儿童乐园。在旁边空地的家长们也三五成群地坐在一起闲聊，偶尔看到自己的孩子玩得高兴，就继续交谈。好景不长，突然堆沙子的小孩儿和玩小汽车的小孩儿打起来了，旁边还有不明所以的小孩儿撕心裂肺地哭喊着妈妈。这如同一滴水落到油锅里，整个公园都沸腾了，家长们迅速围了上去，劝架的劝架，安抚的安抚。经了解才知道，原来是玩小汽车的小孩儿不小心把别人堆的城堡撞倒了。

你看，当孩子们享受愉快的游戏时光时，几乎没有家长会主动参与孩子们的游戏，而是让孩子们自由发挥，但是当孩子们有了矛盾和冲突时，所有的家长立马就提高警惕了。为什么会这样呢？因为孩子产生消极情绪时，往往会做出一些消极行为，比如生气与暴力行为紧密相连，难过伤心与哭泣密不可分，害怕时尖叫、大喊，紧张时逃避……这些消极行为出现时，对父母来说意味着麻烦和危险，他们甚至会对此产生害怕和恐惧。

人都有趋利避害的本能，为了避免自己遇到上述不可控的场景，我们会更积极主动地去共情孩子的消极情绪，希望这些"麻烦"快点结束。而积极情绪，除非情绪过分激烈，如兴奋过头了，孩子可能会一直在车上跳来跳去，这对孩子来说存在危险，此时我们会让孩子安静一点儿。孩子的情绪处于积极状态又不太过激烈时，代表着孩子此时处于安全状态，我们的关注也会自然而然地减少。因此，我们更容易注意到孩子的消极情绪。

原生家庭的影响

前面我们说的是消极情绪和积极情绪本身所带给我们的不

同感受，接下来说一说原生家庭的影响。我们都是以家庭为起点，最终奔赴社会。在奔赴的过程中，家庭雕刻的痕迹深深烙印在我们的人格之中，这其实就是代际传递在起作用。代际传递主要指孩子的行为和父母的行为具有一定的相关性，是行为在父代和子代之间的一种传递。代际传递，可以是传递优质的身心特征和社会特征，但有些父母由于条件的局限，有时也可能传递一些不良的。哪怕有时我们不愿承认，但我们依然在不知不觉中活成了父辈的样子。

尤米就是一个被父母精心雕琢过的人，现今她也正在用同样的方式对待自己的孩子。我和尤米是在深圳的线下交流中认识的，她给我的印象非常深刻。整整一个星期的培训，每天都从早八点开始，持续到晚八点结束。如此高强度的学习，很多人一下课就迫不及待地回酒店休息，而尤米会留下来拉着我继续问问题。在所有人中，她是对共情学习最用心的一个，可是她也是在践行共情中进展最慢的一个，因为她一直都在怀疑自己。当然，这也并不是她本人的意愿，很大一部分原因是受她父母影响。

从小尤米的父母对她就有非常高的期待，她曾向我描述过一件事情，那是她数学第一次考了满分，她兴高采烈地去跟父母报喜，原以为会得到夸奖，结果他们却说："就拿了一次一百分有什么好高兴的，你看你们班的××今年又考了年级第一……"她说就好像一盆冷水迎面浇来，喜悦之情一下子就凉透了。还有一次她看蚂蚁搬面包屑看入了神，结果妈妈回来第一句话就是："发什么呆呢！作业写完了吗？"这样的场景在她的孩童时期并不少见，每一次她感到喜悦和快乐时都被父母无情打断，慢慢地她对自己产生了怀疑，开始被自卑团团包围，也越来越感受不到快乐了。她甚至形成了学习是第一位的观念，并把这些传输给了自己的孩子。直到女儿对她怒吼："我讨厌你！我讨厌姥姥！你们根本就不爱我！"那一刻她才突然醒悟，原来不知不觉间自己成了那个自己曾经最讨厌的人。

　　当然，在这里我并不是想评判谁的教育方式不对。过去物质资源处于相对匮乏的状态，很多时候人们都在思考如何生存下去，并没有太多的时间和精力去关心孩子开不开心。但是如今却大不相同，经济发展促进了物质的丰富，孩子们的食物、玩具、衣服都是充足的，再也不会因为一块糖就高兴好几天了。但父辈传递给我们的传统教育理念并未及时更新，再加上单调重复的工作，我们自己就很难感受生活中的快乐，自然也很难体会孩子的快乐。当孩子在泥里打滚乐不可支时，我们更关心是不是有细菌，衣服又要洗半天了；当孩子搭好了一座城堡来炫耀时，我们更关注今天中午做些什么吃的；当孩子央求我们陪着玩一会儿游戏时，我们敷衍地拿着手机在旁边看着……那些快乐的时光，在我们的忽视中悄然离去。我们已经忘了该如何与他人共享快乐，自然也很难去共情孩子的积极情绪。

共情消极情绪之后，孩子的状态转向积极

我们之所以觉得消极情绪更容易共情，还有一个原因就是共情消极情绪之后更容易看出效果。通常来说，当孩子有了愤怒、沮丧、难过、恐惧等消极情绪时，如果我们能够及时共情，那么他们的情绪释放过后，会向平静的方向转变，有时候甚至会变得比较积极。比如孩子想要一个玩具，但是父母不给他买，那他一开始可能会愤怒地大吼大叫，挥舞拳头想要打人，甚至躺在地上撒泼打滚。共情之后，他可能就会平静下来，停止那些表达消极情绪的行为。孩子前后行为的反差比较大，因此我们更容易看出共情起了效果。积极情绪则不然，当孩子处于积极状态的时候，他会笑，身体处于放松的状态，会蹦蹦跳跳的。这时旁人的共情只会让他的喜悦程度增加几分，但是行为上并不会有反差。

这就好比一个孩子的成绩从十几分一下子提高到了60分，甚至达到了70分，那么我们会觉得这个孩子格外努力，进步幅度非常大；如果这个孩子只是从93分提到了95分，这时父

母可能很难发现自家孩子进步了，即使发现了，体验到的喜悦程度也不如前者。

因此，我们常常会觉得消极情绪是需要共情的，而积极情绪并不需要共情。事实上，这个观点是错误的。我们不仅要关注消极情绪，更要及时共情积极情绪。每个人都有一个心情银行，当产生积极情绪的时候，我们就会往心情银行中存一笔积极能量，当遭遇低谷的时候，心情银行里存的积极能量就是我们平稳度过消极事件的支持力量。如果一个人很少发现生活中的积极事件，那么他的心情银行的存款就相对较少，也很难抵御生活中的挫折和困难。

情绪是流动的、变化的，每个人的生活都存在酸甜苦辣咸等诸多滋味。父母需要做的是帮孩子培养出调节消极情绪的能力，其中帮助孩子发现快乐就是最重要的方法。要知道与其在雨天时为孩子打伞，不如在晴天时陪着他建立一个遮风挡雨的房屋。

对于年龄太小的孩子，很难实现共情吗？

无论是线上讲座还是线下课堂，很多家长都提出过类似的疑问："3岁之前的孩子，自己还不太会表达情绪，尽管我慢慢跟孩子说，孩子好像也理解不了。这种情况下，我们该如何共情呢?"

对于共情,很多家长常常有这样的困惑和误解:我们是不是无法与太小的孩子共情?这本书中的例子大部分都是两岁以上的孩子,很少提及婴儿,那是不是意味着,我们无法与婴儿共情?在这里我们先不说结论,不妨大胆地设想一下,为什么我们会觉得对太小的孩子无法共情呢?

第一点也是最主要的原因,就是婴儿不会说话,他们的表达能力有限,使得我们似乎无法通过言语的方式来共情。这个想法背后藏着对共情的误解,那就是我们期待与孩子共情之后一定要得到回应。而婴儿听不懂成人的话语,那么他们就很难给予我们期待的回应。其实,前面我们提到,共情有时候并不会得到及时回应,我们需要不断践行共情,让孩子浸润在温暖的氛围中缓慢成长。当婴儿饿了、困了、想妈妈时,如果我们能够及时共情,或许孩子并不会立马明白我们的意思,但坚持下去,慢慢地孩子会有细微的变化,只不过这份变化需要积少成多,逐渐实现从量变到质变的转化。我们如果没能发现这些细微的变化和进步,很容易误以为共情是无效的。

除了孩子听不懂话之外,在家长眼中似乎转移注意力的办法对婴儿更有效。当婴儿处于一种紧张的情绪中时,摇晃的拨浪鼓、发光的玩具车、家长夸张的表情……都是快速吸引婴儿注意力、达到止哭效果的方法。我曾看到过这样一个视频：一个婴儿躺在床上哇哇大哭，爸爸伸手快速地轻拍孩子嘴唇，婴儿原本连贯的哭声，变成了类似猿猴的呼喊。他一下子就被自己奇特的声音吸引了，眼睛瞪得圆溜溜的，呆滞了两秒。后来他似乎想起来自己正在哭呢，又开始瘪着嘴哭起来，爸爸重复操作。如此三番，孩子从中找到了新的乐趣，全然忘记了刚刚的不愉快，咯咯笑了起来。其实这也是转移注意力的方法，将孩子的注意力从不愉快转移到对声音的探索上来。虽然此时此刻孩子的需求没有被满足，但是他的情绪确确实实平复了，看起来比共情更有效果。因此，我们会觉得共情似乎对婴儿不太管用，完全可以用别的方法来代替。

然而有一点我们需要注意，转移注意力只是暂时的策略，问题解决之道一定是在与孩子共情的基础上，看到他真正的需求。如果孩子是因为饿了所以哭，虽然游戏可以转移注意力，但是如果我们没能真正看到孩子的需求，没能及时提供奶粉，那么当孩子不玩游戏时，他的注意力又回到自身，会再次因为饿而哭泣。

对于婴儿来说，他所有的一切都需要父母的帮助才能完成。如果父母能够及时发现他的感受，并且在共情的基础上帮助他摆脱这种不舒服的状态，那么他就会感受到世界是温暖的、安全的，这能帮助他建立起对世界最基本的信任感。这一时期他的需求无外乎吃喝拉撒睡玩，与大孩子复杂的情绪比更容易被共情，是最容易建立良好亲子依恋的关键时期，而共情在其中起着重要的联结作用。因此，尽管看起来无法与小孩子共情，但父母依然不可以忽视共情。

孩子听不懂语言，但懂得情绪

有一次，去朋友家做客，他有一个9个月大的儿子，小名叫豆苗。我进屋时豆苗正躺在爬行垫上玩儿，于是闲聊时不免聊到他。朋友"吐槽"，这都9个月了豆苗还不会爬呢。当时我笑了笑，没多说，朋友也不拿我当外人，脱了鞋就去教儿子爬。只见他让豆苗趴在爬行垫上，在豆苗前方放了一个小鸭子玩具，豆苗妈妈在后面推着豆苗的脚丫子。可豆苗手臂的力道没用对，不仅没往前爬，反而后退了不少。我朋友不由冲着豆苗说了句："人家是往前爬，你倒好，还往后退。9个月了连爬都不会，丢不丢人啊。"朋友说这句话的时候，语气没有太多的起伏，是一种很平静的语调。但豆苗好像听懂了，不高兴地哼哼起来。朋友见状冲我笑道："他这是听懂了，知道我说他呢，不高兴了。"然后爬过去把豆苗抱起来，轻声安慰，似乎感受到家人对他的关怀和接纳，他伸出手轻轻拍了拍我朋友，咯咯笑起来。朋友说的是："不会爬就不会爬，小豆苗也很可爱啊……"明明还是说的不会爬这件事,可当转换了语气,孩子的反应却截然不同。

在沟通中,信息的表达仅有 7% 是言语信息,90% 以上都是非言语信息,比如语调、表情、肢体语言等。对小孩子来说,或许他还不能理解言语中的信息,但是当他被吓到了,你抱一抱他,这也是一种共情。所以即使小孩子听不懂我们所说的话,我们依然可以让小孩子感受到被接纳、被理解,这不就是共情的目的吗?

与孩子共情让家长更有力量

杭州某幼儿园的一位小班老师分享:"我之前一想到上班就很焦虑,但是当我尝试与孩子共情,并且从中体会到孩子的变化之后,我现在期待和孩子们见面了。"

其实家长在实践共情中也会发现,当我们能够敏感觉察孩子的情绪,及时与孩子共情时,我们自身也会充满力量。原因在于人遇到危机时,通常有两种选择,"战斗"或"逃跑",一旦大脑评估自身力量能够解决危机,我们一般会选择战斗,反之则选择逃跑。我们与孩子共情时,不会因为孩子哭泣而陷入"他怎么又哭了""我该怎么办"这样的情绪陷阱而凭空消耗精力,解决问题的思路也会更加清晰;反之,烦躁、焦虑很容易找上门。比如一个孩子躺在床上嗷嗷哭,不懂得共情的家长,第一反应常常是:"他怎么又哭了!""总是哭,好烦啊!""我太失败了,为什么不能一下子就知道他在哭什么?"

  北京的一位妈妈就常常困扰于这些问题。每次孩子哭,她都慌得不行,根本不知道该怎么办,只得求助婆婆。有一次她一个人在家带孩子,孩子突然大声哭起来,据她形容那一瞬间她脑子里一片空白,满脑子都是"我该怎么办"。虽然很慌乱,可是周围只有她自己,她没办法了,只得匆忙抱起孩子,一边冲泡奶粉一边用急促的语气说:"好了好了,马上就好了!别哭了!"言语和肢体动作透露出的慌张和无力,感染了孩子,孩子哭得更大声了。

  而懂得共情的父母非常清楚,孩子哭泣实际上是在向父母求助,他们会第一时间去查看孩子的状态,分辨孩子此刻的需求是什么,并及时提供帮助。如果孩子饿了,他们的语气也会很平稳:"饿了是吗?马上就好了。"在孩子在他们的安抚中平静下来后,这份成功体验又会化作新的力量注入他们心中,从而形成一个良性循环。

与孩子共情的同时也在传递方法

  共情除了让我们更有力量之外,也会将这份力量传递给孩子，将共情的方法传递给孩子。虽然小孩子尚不能从认知上理解情绪是什么，但他可以感受到父母话语中的情绪和力量。每次被父母共情，他都能够感受到自己的情绪逐步平复下来，慢慢地他会隐约体会到"哦！原来情绪并不是多么可怕的东西，它会慢慢好起来"，从而更加积极、更加大胆地面对自己的情绪。而这份隐约的体会不是无缘无故出现的，要知道孩子的各方面能力都是在实践中提升的。一定是他的父母经常用共情的方式跟他沟通，他能够时常感受到被接纳、理解，时常体会到情绪的变化，从而形成了对情绪的基本认知。

大家应该都有这样的感受，当某种不良习惯养成之后，想要纠正是很困难的。对情绪的认知也是。如果孩子的需求总是不能及时得到满足，持久地陷入焦虑、恐慌之中，那么他就很难相信负面情绪可以慢慢好起来，内心总是充斥着怀疑。等到孩子逐渐长大，他的情绪调节能力也会受到影响，很难从负面情绪中摆脱出来。

所以共情对小孩子来说也是有效的，而且越早开始越好。

脾气不好的家长共情能力一定弱吗？

共情是一种可贵的能力，能够滋生正向力量，让生活温暖而美好。那是不是脾气差的人不会共情？其实不然。共情是与生俱来的一种能力，虽然会有高低之分，但是每个人都会有。因此，脾气差并不代表没有共情能力，也不意味着共情能力就很差。

在这里我们需要了解两个概念——情绪强度和情绪体验。情绪强度指的是主观体验到情绪后，我们的外部表现和生理唤醒的程度。比如我们感到生气时，如果心跳加速、血压升高、呼吸频率加快，出现了扔东西、打人、大喊大叫等行为，意味着情绪强度较大。反之，如果外部表现不明显，生理唤醒程度较低，那么此时我们的情绪强度较弱。而情绪体验是指人产生情绪的阈限高低。比如同样是辅导孩子做数学题，有的家长教到第二遍的时候就生气或郁闷，而有的家长可能教到十遍八遍才有明显的情绪反应。

如果把情绪比作火，那么情绪强度指的是火焰的大小，而情绪体验则代表易燃性的高低。一般来说，情绪强度与情绪体验与个人的先天气质、后天教育、生活环境息息相关。其中先天气质是由遗传决定的，并没有所谓的好坏之分。比如胆汁质的人情绪体验和情绪强度都比较高，虽然他们有情绪的时候一定要表达出来，不会将情绪埋藏在心里，显得比较冲动，但他们的情绪来得快去得也快，这类型的人在表达情绪之后可以很快平静下来。同时，情绪体验强，也意味着他们更容易感受到他人的情绪。

我们小区居委会的赵女士的性格就是典型的胆汁质，常常能够听到她的大嗓门。"你没做核酸不能进去！""哎！谁让你在草坪停车了，快挪走！""你这人怎么回事儿，说了多少次了，遛狗要牵绳。"如果不听劝，下一刻她就能让你见识到什么叫悔不当初。赵女士虽然脾气急躁，但这并不是她的全部，社区里谁家有矛盾和纠纷，都愿意听从赵女士的调解。以前一直不明白为什么，直到有一次无意间路过纠纷现场。当时环境比较嘈杂，我并没有听到赵女士说了什么，但是一向大嗓门的她降低了嗓门，语气中饱含温暖和包容。

你看像赵女士这样的急脾气，也可以温柔与他人共情。我相信生活中像她那样的人有很多，虽然脾气显得有些暴躁，很容易生气、发脾气，发脾气时甚至会有一些不太恰当的行为，但这并不意味着他们不可以与他人共情。仔细回想你与这个世界相处的经历，一定会有那么一刻，你给他人带去过温暖。

既然脾气大的人也可以共情，那么我们该怎样把共情带入生活，让温暖萦绕身边呢？

共情从自己开始

"共情从自己开始"有两个层面。第一个层面指的是，我们不要指望他人先来共情自己,自己要先去践行共情。在这里给大家分享一个小故事。曾有一个人,20岁的时候,他想要改变世界,结果10年过去他一无所成;30岁的时候,他决定改变国家,又过去10年,还是一事无成;40—50岁,他又想改变一个城市、一个家庭,结果依旧;直到60岁他才意识到,应该先从自己做起,改变自己,可这时他已经没有力气做了。共情其实也是一样的。我们无法要求他人主动改变,能够掌控和改变的唯有自己。我们坚持用共情的方式与家人相处,不知不觉会发现已经在改变世界了。

第二个层面说的是,如果我们想要与他人共情,那么我们一定要先保证自己心态平和稳定。如果自己有情绪了,那么我们要先接纳自己、共情自己。关于这一点过度共情那一节就有提到,如果我们自己的情绪是焦躁的、混乱的,那么我们如何能有力量、有空间去与他人共情呢?自己如果感到很累、压力很大,那么可以给自己留下释放情绪的空间,做一些喜欢的事。只有自己内心力量充足,才能够去与孩子共情。

掌握一些调节情绪的方法

脾气大的人,一般来说很难控制住自己的情绪,因此常常有家长提出这样的困惑:"我也知道要共情,但是脾气上来了,就是控制不住,怎么办啊?"面对这样的情况,家长就需要掌握一些调节情绪的方法,将心中的情绪疏导出去。情绪就像流水,调节方法就是河道。如果河道一直保持着畅通状态,那么流水就会在河道内缓缓流淌;如果河道被岩石、泥沙堵塞,那么流水就会一直积聚,形成可怕的堰塞湖,一旦周围的堵塞物被破坏,湖水便会漫溢而出,破坏力极大的洪水也会随之而来。情绪也是一样的。我们只有主动掌握一些调节方法,才能让情绪通过合适的通道表达出来,否则当情绪突破理智的防线时,行为就像脱缰的野马,没人能够掌控得了。

调节情绪的方法有很多种。比如转移注意力,通过暂时离开引发情绪的场所,将注意力转移到其他事情上,这样有助于从消极情绪中解脱出来;又如做一些自己平时感兴趣的事情,可以有效地将消极情绪状态转为积极情绪状态;再比如宣泄,情绪积压在心中是有能量的,无论是积极情绪还是消极情绪,这股能量都需要合理释放,此时我们可以通过哭泣、运动等方式来让自己心中的那股气排出去;还有内观自省法,这一类的方法多聚焦于自身的感受,如深呼吸、瑜伽等……

调节情绪的方法多种多样,每个人都有适合自己的方式。我也见到过喜欢通过烹饪、织毛衣、做家务等方式调节情绪的家长。因此,只要遵循不伤害他人、不破坏环境、不伤害自己的原则，那么能够让你感觉好一些的方法就是适合你的。

坚持练习

我们掌握了适合自己的情绪调节方法后，还要坚持练习，临时抱佛脚只能糊弄外人。平日我们就要注意自己的情绪状态，感觉心里不舒服时就要适当进行调节。

一位家长曾向我诉苦："伍老师，您说的那些方法我都试过了，根本没有用。"我详细了解情况后才知道，平日里她从来没注意过自己的情绪状态，每次都是冲孩子发完火后悔时才想起来用。其实我也能理解这位家长的状态，平日里工作、家庭的双重负担已经让她心神疲惫了，她实在没有力气注意自己的情绪状态，也没有时间和精力做那些看起来很好玩、很管用，却消耗时间的情绪调节练习。

理解是一方面，但需要强调的另一方面是，我们承受情绪的能力是有限的，如果我们平时不及时把它倒空，一直处于快要满溢的状态，那么每次只要有一点点小事，我们都会承受不住而发脾气。即使你本身不是一个暴脾气的人，你也会因此像个炮仗一样，一点就炸。

另外，任何一个技能都需要通过刻意练习才能达到理想的效果，情绪管理能力同样如此，甚至需要我们付出更多的觉察和练习。亲爱的家长们,请给自己几分钟时间,哪怕只是停下来发会儿呆也好,让自己的情绪放空。坚持练习,才能够保持良好的情绪状态。

接纳自己

以前在网络上看到很多这样的文章,标题大概是"教你如何成为一个满分妈妈""100分妈妈这样做"。当然,现今网上也涌现出越来越多不一样的观点。随着共情融入教育之中,对于自我的探索和接纳越来越多,更多的人开始意识到满分妈妈是想象中的完美,在现实中不可能存在。然而,在践行共情中依然会存在这方面的问题:"我又对孩子发脾气了,我怎么这么糟糕!""我怎么能打他?我真是个坏妈妈!"

其实家长有这些情绪和担忧,我是非常理解的。有一位学员举了她自己的例子。她说有一次她上网课时,孩子一直在旁边捣乱,她制止无果后没忍住打了孩子一巴掌,孩子哭着跑出了家门。她的原话中这样一段描述让我印象深刻:"平时他很怕黑,一个人都不敢进房间,但是这天晚上他独自一个人跑到了小花园,缩在角落里哭,等我找到他的时候,心都碎了。"从这段描述中可以看出这位妈妈的悔恨之情。找到孩子之后她真诚地跟孩子道了歉,并诉说了自己内心的情绪和想法,最终孩子原谅了她。可孩子描述自己情绪时用了"很烦躁、想打人"的字眼，这个情况让她耿耿于怀，一直无法原谅自己。事情过了一个多星期，她想起这件事依然会痛哭，她感觉自己特别失败，怎么这么点儿小事就不能好好跟孩子沟通。

听到她的问题后，我沉思了一会儿，回复了以下这段话：

我感受到你现在内疚的心情，你很害怕自己没控制住的情绪变成孩子内在暴力、不安全感的种子，尤其是孩子说他"很烦躁、想打人"的时候，你内心的担忧更加浓重。同时，自己明明学了那么多共情的知识了，可就是做不到，这种挫败感甚至会让你产生一种类似于"我好糟糕"的想法。其实我想告诉你，你已经在进步了，你自己觉察到自己那么多内在的情绪和想法，开始反思自己情绪产生的来源，自己行为可能会给孩子带来的影响……这都是你进步的证明。我们一直说要发现孩子的进步和闪光点，但有时候我们也可以停下来看看自己的进步。共情能力并不是一下子就能提升的，我们需要在不断练习中一点点地提高。你已经尽到自己最大的努力了，虽然现在还做不到立马停下来与孩子共情，但是事后的觉察也是一种进步。另外，关于孩子说自己很烦躁、想打人这件事，也不要太着急，他只是言语表达了一下，并没有付诸行动，这并不是多么大的事情。我们有很多调整的方法和机会，可以帮孩子找到其他表达情绪的方式，比如枕头大战、冷静角、深呼吸等等。并不是孩子说想打人，他就一定会打人，也不意味着他一定就是个带有暴力倾向的孩子。

分享这个例子其实就是想告诉各位家长，不需要做"共情百分百"父母，只需做有自己个人特色的共情陪伴父母。比如说爸爸就是个时常会很急躁的人，会因为孩子做错了事情而发脾气，但他会道歉，也会真诚地表达自己的情绪和想法。虽然他并不会刻意说一些温暖的话，但他跟孩子的关系是和谐的，彼此的互动是良好的，那么这样的状态也未尝不可。我们需要做的不是扭转自己的性格，强迫自己做一个"满分爸妈"，而是找到自己和孩子都舒服的状态，和孩子共同成长。

第八章
共情陪伴的力量

相信本书的读者不少是小学生或中学生的家长,虽然前面章节的内容从底层逻辑上能够给大家一些指导,但大家可能还是会想急切地解决类似困惑:共情陪伴孩子,能够帮助他养成良好的学习习惯吗?能够培养他学习的内驱力吗?我的孩子进入青春期了,在实施共情陪伴时有没有额外需要注意的地方?

面对这些诉求,我无法站在道德制高点上指责家长"急功近利",因为这是摆在大家面前的真实问题。而且,在我们看来,科学的育儿观并不会引导家长"厚此薄彼",在"智商"培养与"情商"培养之间搞对立,也不会引导家长注重通过共情陪伴提升亲子关系,就不顾孩子学业的发展。我们提倡以孩子为中心的整体育儿观,共情陪伴是过程也是方法,最终促进孩子全面发展，成为更好的自己。

我可以非常肯定地告诉大家，通过共情陪伴，能够更好地促进孩子学习习惯的培养以及内驱力的习得，而且是必需的过程，特别是对内驱力而言。但鉴于学习习惯、内驱力等能力的培养并非三言两语能说清楚的，在这一部分，我从最基础的概念和原则入手，与大家做简单分享。期望能够抛砖引玉，引发大家的思考，并做出符合自己家庭实际情况的实践探索。

如何培养孩子的学习习惯

大概从幼儿园大班开始，孩子接触学科类知识后，家长的焦虑程度逐步升级，到了小学阶段，更是呈白热化状态。每当提及共情陪伴，他们最现实的需求莫过于希望通过共情陪伴让孩子养成良好的学习习惯。虽然这在专业人士看来太过"急功近利"，但这的确是困扰家长的现实问题。为了帮助家长全面了解如何培养孩子的学习习惯，在与孩子互动的时候少走一些弯路，我们特将此部分内容呈现于此。

跳出习惯培养的坑

学习习惯是孩子在学习过程中，经过反复练习，逐渐发展并形成的一套自然、自主、自动化的行为方式。对于以学习为天职的孩子来说，养成良好的学习习惯，有利于激发学习的积极性和主动性，提高学习效率，让孩子在学习这件事上事半功倍，受益一生。

在实际生活中，大多数家长也在不遗余力地培养孩子的学习习惯。只不过很多时候，我们的培养力度越大，孩子的习惯养成越糟糕。比如，我们希望孩子能够集中注意力，快速而高效地完成作业，于是在孩子写作业的时候，见缝插针，耳提面命。孩子刚一拿出作业，我们说："好好写啊！别磨蹭。"孩子刚一停下来，想要思考一下，我们喊："磨蹭什么呢？赶紧写。"孩子想要去趟厕所的时候，我们吼："你快点啊！别一天到晚就知道磨蹭。"换位思考，如果我们在工作中，天天被自己的领导、上级这样催促着，念叨着，身上不断落下一张又一张"磨蹭"的标签，我们会怎么样？是不是也会跟孩子一样，做事越来越拖拉、越来越磨蹭，甚至想要撂挑子不干了？

答案不言而喻。我们在培养孩子习惯上的习惯做法，正好应了心理学中著名的超限效应。超限效应是指由于刺激过多、过强或作用时间过久，从而引起心理极不耐烦或逆反的心理现象。美国著名幽默作家马克·吐温就是超限效应的亲历者。一天，马克·吐温在教堂听牧师演讲。最初，他感觉牧师讲得很好，很令人感动，打算捐款；过了10分钟，牧师还没讲完，他有些不耐烦了,决定只捐些零钱;又过了10分钟,牧师还没有讲完,于是他决定不捐了;到牧师终于结束了冗长的演讲,开始向听众募捐时,马克·吐温已经气愤到不行,不仅分文未捐,还从盘子里拿走了2美元。从马克·吐温和那位牧师身上,我们是不是多多少少能找到孩子和自己的影子?

  不止如此,我们在"说法"上还应了另外一个心理学效应——标签效应。标签效应是指,当一个人被贴上标签时,他就会做出自我印象管理,使自己的行为与所贴的标签内容相一致。标签具有定性导向的作用,无论是"好"还是"坏",它对我们的"个性意识的自我认同"都有强烈的影响。给一个人贴标签的结果,往往是使其向标签所喻示的方向发展。也就是说,当我们给孩子贴上"磨蹭"的标签时,不但不会让孩子痛定思痛,做出改变,还会让孩子给自己的自我印象上加盖一个"磨蹭"的戳,并且努力使自己的行为与"磨蹭"的标签保持一致。仔细回想一下,孩子那些不好的学习习惯,比如磨蹭、粗心、懒、不爱动脑子、写字潦草、爱开小差、不爱看书等等,哪一个不是在我们的标签攻势下,逐渐被孩子内化吸收成自己的行为方式的?

  作为家长,我们常常数落孩子这个习惯不好那个习惯不好,殊不知,很多时候,孩子的那些不好的习惯是在我们"殚精竭虑""双管齐下"的养育中形成的。当然,我这样讲并不是在数落父母的不是。我也是一个孩子的父亲，在儿子成长中，我也有很多做得不好或不对的地方。人非圣贤，孰能无过？况且，我们不是不想做好，只是不得其法罢了。那么，良好的学习习惯到底该如何培养呢？

习惯培养要换位思考：从孩子的认知发展阶段出发

在一次家庭聚会时，我爱人的侄女不停地抱怨："贝贝真不是学习的料，b 和 d，教了快半个月了，现在也没弄明白哪个是哪个，而且还坐不住，写一会儿就跑！"听她这么说，我的第一反应是，这孩子刚进入一年级，还不太适应。于是，我随口问了一句："贝贝已经上小学了？"侄女回答："没有。他刚4岁，9月就升中班了，我想先把他的学习习惯培养起来。"从幼儿园小班开始训练孩子久坐和写字？我当时非常诧异。

我们知道，学习的过程，从本质上讲，就是感官获取信息，将信息输入大脑并进行认知同化、顺应、平衡加工的过程，涉及一系列记忆、理解、抽象、推理等心理活动。学习能力的强弱与孩子神经系统的发育、认知水平的发展都密切相关。就比如写字这件事，它其实是一项精细的、大脑与肌肉的联合活动，需要高度的协调能力和精确的力量调控。对于小班孩子来说，要养成好的书写习惯，把字写工整，把笔画的轻重都体现出来，真的属于"强人所难"。再比如专注这件事，在不同年龄阶段，孩子注意力一次性集中的时间很不一样。按照学龄阶段划分：小学一二年级的孩子，注意力一次性集中的时间在 10—20 分钟，时间过长，孩子会感觉到累，容易走神儿；三四年级的孩子，可坚持 30 分钟左右；到了五六年级，便可增加到 40 分钟以上。如果我们要求一个二年级的孩子，一坐 30 分钟还不能走神儿，那我们是在"强人所难"。当孩子持续被我们"强人所难"，其结果不是生出畏难情绪从此害怕学习，就是丧失学习兴趣从此厌恶学习。这也是我们越培养，孩子学习习惯越糟糕的原因之一。

所以，对孩子学习习惯的培养，一定要考虑孩子的生理和认知发展特点。任何习惯的养成，都是建立在孩子能为、可为这一基础之上。当我们想要培养孩子某个习惯的时候，请先换位思考一下，如果自己是这个年龄阶段的孩子，自己能够做得到吗？如果我们已经遗忘了自己该年龄段的记忆，可以翻翻相关的书、在网上查查相关的资料，弄清楚了再行动，这样才不会走弯路。

习惯培养要设身处地：从孩子特有的学习风格出发

每个孩子都不一样，在学习这件事上，不同的孩子也有着不同的学习风格。学习风格,又叫学习类型或学习方式,最初由美国圣约翰大学的邓恩(Dunn)夫妇提出。经过数十年的研究之后,邓恩夫妇将孩子的学习风格总结为 5 大类 27 个心理要素。第一类是环境类要素,包括对学习环境安静或热闹的偏爱、对光线强弱的偏爱、对温度高低的偏爱、对坐姿正规或随便的偏爱。第二类是情绪类要素,包括自我激发动机、家长激发动机、教师激发动机、缺乏学习动机、学习坚持性强弱、学习责任性强弱、对学习内容组织程度的偏爱等。第三类是社会性要素,包括喜欢独立学习、喜欢结伴学习、喜欢与成人一起学习、喜欢与各种不同的人学习。第四类是生理性要素,包括喜欢听觉刺激、喜欢视觉刺激、喜欢动觉刺激、学习时是否爱吃零食、清晨学习效果最佳、上午学习效果最佳、下午学习效果最佳、晚上学习效果最佳、学习时是否喜欢活动。第五类是心理性要素,包括大脑的分析和综合、对大脑左右两半球的偏爱、沉思与冲动等因素。[1]

有的家长可能会有这样的疑问:我们不是在探讨孩子学习习惯的培养吗?怎么扯到学习风格上去了?是不是跑偏了?不是。我之所以在这里非常详细地给大家普及学习风格,是想要让家长们看到,孩子与孩子不一样。比如有的孩子喜欢视觉刺

---

[1] 刘海燕,李浩然,邹文. 学习类型的理论研究简介 [J]. 心理科学进展,1998,6(2):27-31.

激,那么对这样的孩子来说,有促进作用的学习习惯就是,上课认真看老师的板书,下课认真阅读,将知识点变成一张张的表格,或者用不同颜色的彩笔画线,画思维导图,等等。对于喜欢听觉刺激的孩子,养成"出声"的学习习惯就对他们非常有利,比如上课认真听讲,读书的时候读出声,写东西的时候念出声,下课多听录音,等等。而对于喜欢触觉刺激的孩子来说,上课的时候记笔记,写作业的时候嚼个口香糖,背书的时候到处走动走动,这些才是对他们来说最有利的学习方式。而养成随身带着纸笔、随时记录学习要点的习惯,对喜欢动觉刺激的孩子来说就是好习惯。再比如,有的孩子清晨学习效果佳,那么就适合养成早起学习的习惯;而有的孩子晚上学习效果佳,那么就适合放学先运动,睡前再写作业的学习习惯。

你看,孩子跟孩子不同,他们的学习方式大相径庭,在学习习惯培养上,自然也该有所差异。然而,在日常生活中,家长最喜欢做的就是"一刀切"。就比如写作业要专注这一习惯,家长们一致认可的专注就是一声不吭、埋头苦写。对于那些写一会儿,屁股动一动,写一会儿,喝口水,写一会儿,吃口饼干的孩子,家长分分钟发出"你怎么这么不专心"的声讨。但是对于喜欢动觉刺激的孩子而言,这些行为并不会影响他们自身的专注力,让他们坚持一动不动反倒影响他们的学习效果。

我们培养孩子好的学习习惯,不是为了让孩子机械地照着某一个模式学习，而是为了让孩子能够学得更好、更快、更高效。在孩子的学习习惯培养上，我们要时刻谨记，效果是关键。以孩子的学习风格为核心，以学习效果为导向，在顺应孩子"天性"的基础上，帮助孩子培养好的学习习惯，才能真正助力孩子的学习。

习惯培养要感同身受：从孩子的个性特点出发

学习是个苦差事，而良好的学习习惯是将这个苦差事常态化，变成孩子日常生活的一部分。奇妙的是，好习惯一旦成了自然，学习就会变得比之前更加轻松、更加高效。所以，英国作家王尔德才会发出"起初，是我们培养了习惯；后来，习惯造就了我们"的感慨。然而，养成习惯的过程，却并不轻松，它是一个与我们的惰性不断战斗的过程，是一个需要用意志力坚持的过程。在这个过程中，个性特点不同的孩子会有不同的表现。

小哲是个腼腆的四年级小男生，就住我家楼下，也是我们小区有名的乖孩子，虽然个子不高，但成绩好、特长多，弹得一手好钢琴。有一次，我下班回来，正巧碰到小哲妈妈从晚托班接了他回家，我们一起乘电梯上楼。电梯里，小哲妈妈旁若无人地训斥小哲："跟你说多少遍了，不是写完作业就没事了,还要养成预习的习惯,预习也很重要,你怎么就是记不住呢。"小哲低着头,看着自己的脚尖,嘟囔着:"我没忘。今天作业有点多,我就想先玩一会儿,休息一下。""你那是玩一会儿吗?我可问托管班老师了,她说你都玩了快半小时了。"小哲妈妈咄咄逼人的质问让小哲的头垂得更低了,小哲半天没说话。电梯门开了,小哲妈妈率先走出去,小哲慢了两步才出去。就在电梯门快关上的那一瞬,我从门缝里看到小哲举起书包,狠狠地砸向了楼道的墙壁。这一幕,我直到现在都记忆犹新。

小哲是个性比较内敛的孩子,习惯隐藏自己的情绪,心里再痛苦,也不太会表达出来,经常选择一个人默默承受。所以,他举起书包砸下去的那一刻,我非常深切地感受到这个孩子内在的压抑。其实,对于像小哲这样偏内向的孩子,指着他们的鼻子,逼着他们坚持并不利于学习习惯的养成,甚至会损伤孩子的自信、威胁孩子的心理健康。对于这样的孩子来说,培养良好学习习惯的方式,是肯定他们的努力,走进他们的内心,帮助他们释放压力,轻装上阵。如果他们已经非常疲惫,情绪压力很大了,那么适时提醒他们停下来,歇口气,调整好状态再继续,反而比一味要求他们坚持更有利于学习习惯的养成。

而对于外向型的孩子来说,他们的情绪更加外放,抵御诱感的能力也比内向型的要弱一些。因此，想要帮助他们培养良好的学习习惯，首先，需要在环境上多下功夫。比如孩子学习时，我们就不要在旁边玩手机，因为这非常影响孩子的专注力，让孩子无法静下心来学习。其次，外向型的孩子活力非常强，但也容易分心、拖拉、丢三落四，需要家长协助他们完成自我管理。比如有的孩子完成作业特别慢，不是因为不会，而是时间观念不强。这时，我们就要通过引导孩子制订学习计划等方式帮助孩子学会管理时间，等等。

孩子的个性不同、年龄阶段不同、认知水平不同、学习风格不同……即便遇到同样的问题，解决办法也不相同，甚至完全相反，这就是我们常说的要因材施教。孩子也不是机器，不是我们给孩子设定好一个程序，孩子就能自行运转起来。孩子是有血、有肉、有思想、有情感的人。我们在督促孩子养成好的学习习惯时，一定不要只看到"事"的一面，还要多关心孩子"人"的这一面。习惯培养一定是建立在对孩子充分了解、充分共情的基础上。

如何培养孩子的学习内驱力

作为父母，我们很希望孩子能够发自内心地喜欢看书，热爱学习，有非常清晰的目标，并为了实现这个目标自觉又主动。如果某个孩子具有以上特点，家长便会暗自窃喜，孩子学习的内驱力不错。现实情况却相反，很多家长每天都对孩子耳提面命："作业都写完了吗？""我给你买的练习册做了吗？""明天要学的课文预习了吗？""唉！你这孩子怎么就不知道学习呢，一天到晚就知道玩。""学习是我的事，是吧？你能不能主动点？"若问家长为何这么说，他们会不由自主地苦笑："我这孩子不爱学习，内驱力差。"

到底是什么原因导致"孩子内驱力差"？我们一起来看看下面这个寓言。

孩子为谁而学

一群孩子在一位老人家门前踢球嬉闹，叫声不断。老人喜欢清静，被他们吵得头大，但几次劝说都不见效，忍无可忍的老人想出了一个新的办法。他把孩子们召集过来，给了每个孩子 25 美分，对他们说："你们让这儿变得很热闹，我觉得自己年轻了不少，用这点钱表示谢意。"孩子们很高兴，第二天仍然来了，一如既往地踢球嬉闹。老人再出来，给了每个孩子 15 美分。他解释说，自己没有收入，只能少给一些了。孩子们虽然有些不满意，但期待继续来踢球。第三天，老人只给了每个孩子 5 美分。孩子们勃然大怒："一天才 5 美分，知不知道我们多辛苦！"他们向老人发誓，以后再也不会为他玩了！

这是心理学上非常有名的一则寓言——动机的寓言：孩子为谁而玩。动机是指为满足某种需要而产生并维持行动，以达到目的的内驱力。根据动机的来源，我们可把动机分为外部动机和内部动机。外部动机是指行动的推动力由外力诱发，如物质奖励。内部动机是指人的行动出自本身的自我激发，如兴趣、理想。故事里的孩子们原本的乐趣是在踢球嬉闹这件事上，他们到老人家门前玩耍，是因为他们喜欢玩儿，属于内部动机。但老人用物质奖励他们后，驱动他们踢球嬉闹的就是外力了。孩子做某件事是由外力驱动，当外力驱动消失或者说力量不够，不足以再激发孩子的动机时，那孩子也就失去做某事的兴趣了。

大家发现了吗？我们一贯的"追—逼—诱"的做法，跟这个老人无甚区别，是我们生生地把学习这件事从孩子的责任变成了我们的责任。其实，孩子天生就是爱学习的，从出生的那一天起，他们就在不断探索，体验学习的乐趣和成就感。我们回忆一下，当孩子刚学会走路、学会说话时，孩子是不是充满了自豪感？

可惜的是，很多家长并不认为这是学习，他们认为的学习仅仅是知识和技能的学习。他们希望孩子是爱学习的人，但又不相信孩子会成为爱学习的人。于是，孩子还懵懵懂懂没有弄明白学习是怎么回事，或者产生了一点兴趣，还没来得及潜进去的时候，家长就给孩子建立起一种"学习是父母的事，我是在为父母学"的内在认知，于是孩子越学越累，越学越没劲儿，只想快速逃离。所以，我们想要责怪孩子怎么就不知道学习的时候，请先问问我们自己，是否在不知不觉中做了孩子自主学习的拦路虎。

有的家长可能又有疑问了：照你这么说，我们不管，孩子就能主动学了吗？当然不是。在培养孩子学习内驱力这件事上，我们做父母的责无旁贷，大有可为。

父母的责任是激发孩子学习的内驱力

学习是一件辛苦的事，也是一件有价值、有意义且有趣的事。在培养孩子学习的内驱力上，家长有两点需要明晰。第一点，什么是学习的内驱力。第二点，家长的责任是什么。

简单而言，内驱力就是自发主动地做一些事情，哪怕遇到困难和阻碍，也愿意想办法攻克，从而体验到极大的自豪感和成就感。有内驱力的孩子，往往自信心、抗挫折能力、解决问题能力更强。可以说，所有的孩子，生下来都是有内驱力的，都是渴望进步和成长的，如孩子蹒跚学步、学习自己吃东西、乐此不疲地游戏等。可惜的是，很多家长不认为这是内驱力的体现，而是认为孩子"贪玩"，从而粗暴地剥夺孩子在探索中获得的极致体验，让孩子变得没有信心，不能对自己负责。因此，在培养孩子内驱力的过程中，家长首先要端正态度，不是只做家长眼中的"正事"才是内驱力的表现，做其他事情就是"不务正业"（如我朋友的孩子在小学五年级时，为了编一个程序，废寝忘食到凌晨一点，但其父亲认为此举极不可取），而是要允许甚至激励孩子从日常生活中、非狭义学习中的其他事情上，探索和培养内驱力。

基于以上阐述的第一点，我们可以看到，孩子天生就有内驱力。作为家长，需要感叹的不是为什么自家孩子没有内驱力，而是做好陪伴者和脚手架，激发出孩子的内驱力和自信心。

在关于学习的内驱力这件事上，家长要做的，就是营造氛围，帮助孩子找寻自己的学习目标，培养学习方法，并从学习中收获乐趣。在这样的良性循环中，激发出孩子学习的内驱力。具体做法可参考如下。

营造良好的家庭学习氛围

孟母三迁的故事想必大家都不陌生，它所反映的就是环境对孩子成长和学习的影响。美国数学家、控制论的创始人维纳曾说过："神童"和"天才"，如果没有适当的环境和不断努力，就不能成才，甚至堕落为庸人。可见，环境对孩子的重要性。家庭又是孩子学习成长的首要环境，这个环境的好坏，会直接作用在孩子身上，对孩子的学习产生深远影响。

我们都有读书学习的经历。试着回忆一下，当我们在书桌前绞尽脑汁地写着作业，父母在一墙之隔的客厅悠闲自在地看电视时，我们有什么心情？是不是觉得原本没那么讨厌的作业变得有些讨厌了，原本还算平静的心情变得有些烦躁了，原本还能忍受的"苦差事"变得更苦了。俗话说，没有对比就没有伤害。惰性是人的天性，在孩子还没有从学习中体验到巨大快乐，还未激发出内驱力之前，学习就意味着辛苦。而我们在孩子"辛苦"时的一切"娱乐"行为，都是在对孩子释放诱惑，扰乱孩子本就不太安定的心。有的孩子还会心生不忿，放弃学习，一门心思想要"玩"起来。

所以，帮助孩子激发学习内驱力的第一步，是激发我们自己的学习内驱力，为孩子提供一个最直观的可以学习的榜样，营造出一个良好的学习氛围。做法也非常简单。规划一个自己喜欢的学习内容，比如读书、练字、画画、学外语，或者干脆把单位没做完的工作带回家。当孩子学习的时候，我们也开启学习或工作模式，不追剧，不刷朋友圈，不看抖音……停止一切休闲消遣，让孩子感觉到学习就是人生中很正常的一部分。"活到老学到老"不是课本里的一句空话，而是生活的真实。

有了这样的认知，孩子对学习的接纳度会非常高。因为接纳，就会亲近，就少了很多学与不学的拉锯。而父母在学习或工作中沉稳踏实、一丝不苟的态度，也会对孩子的学习态度产生积极的影响。

身教大于言教。在这样良好氛围的熏陶下，孩子自然而然就会主动学习了。

引导孩子设定学习目标

有人说：对于一只盲目的船来说，所有方向的风都是逆风。其实，学习也是如此。如果孩子没有目标、没有方向，不知道自己为何而学，那反应在行动上，必然是浑浑噩噩，得过且过。目标既是行为所要达到的目的，又是引起需要、激发动机的外部条件刺激，是动机的重要诱因之一，它指引着行动的方向。所以，引导孩子设定自己的学习目标，就是在赋予孩子学习的动力。

在这里，我要特别强调一下，这个目标一定是孩子自己的目标，而不是我们强加给孩子的目标。对孩子来说，即便我们给他设定的目标再"伟、光、正"，只要不是孩子想要的，都起不到激励作用，甚至可能适得其反，激起孩子的逆反心理。

有的家长可能又迷惘了：你不让给孩子设定目标，一定要让孩子自己来，可孩子自己会设定目标吗？确实，孩子自己可能还不太有目标意识，需要我们家长引导。但引导和代替不同，引导是从孩子的角度出发，帮助孩子看到自己想要的东西和能达成的目标，而代替却是以家长为中心，完全脱离孩子的实际情况。

家长辅导孩子的重点要落在学习方法上

"不写作业母慈子孝，一写作业鸡飞狗跳"，网上的这句俏皮话特别生动地描述了家长辅导孩子写作业的场景。有的父母还在辅导孩子写作业上栽了大跟头。曾经看到过一则新闻，说的是深圳有一位爸爸，因为辅导孩子写作业被气到心肌梗死，送进医院抢救……

大家有没有发现，在辅导孩子写作业这件事上，我们特别容易进入这样几个误区：跟一道题死磕；从没关注过在莫大的情绪压力下孩子的脑子是否还能正常运转；完全忽视孩子的认知特点和思维发展水平。

其实写作业本就是孩子自己的事，当我们一屁股坐在孩子边上，还不停指手画脚、唠唠叨叨的时候，孩子是没法专注地写作业的。而我们要辅导的重点，也不是孩子作业里的每一道题，而是要帮助孩子养成好的学习习惯，掌握好的学习方法。从一定程度上讲，学习方法才是决定孩子学业水平的要素，也是孩子学习内驱力能否持续的动能。

有人将学习境界分为三层。第一层为苦学。提起学习就讲"头悬梁、锥刺股""刻苦刻苦再刻苦"。我们通常辅导作业的过程，就是让孩子体验苦学的过程。第二层为好学。所谓"知之者不如好之者"强调的是学习兴趣对学习所起到的重大推动作用。我们引导孩子设定目标，就是在以好学带动孩子来学好。第三层为会学。学习本身也是一门学问，有科学的方法，有需要遵循的规律。辅导学习方法，帮助孩子成为会学的人，就是在第三层上做工作。

辅导学习方法其实要比辅导作业简单得多，因为方法是更高层次的，我们跟孩子分享方法的过程更像是"献宝"的过程。孩子会发现，哇，爸爸妈妈可真厉害，这个方法真好用。这才是对孩子真正有用的辅导。关于学习方法，有多种，比如思维导图法、艾宾浩斯遗忘曲线记忆法、布卢姆的目标学习法、问题学习法、缩记法、费曼学习法等等。在孩子做作业的时候，家长不妨多找一些介绍学习方法的书，将里面的方法梳理出来，等孩子需要的时候或者闲暇的时候跟孩子分享。虽然对孩子来说，并不是每一种方法都适用，但是孩子总能从中找到契合自己的方法，而且最关键的是，这种学习方法上的辅导，能够开阔孩子的视野，让孩子跳出只知道机械苦学的第一层境界。孩子在学习方法上尝到了甜头，自然就会越学越开心，越学越主动了。

提升孩子的学习效能,增加愉悦的学习体验

学习效能是指孩子对自己能否胜任学习任务的主观判断,是影响孩子学习动机、学业成就的重要指标。我们前面讲到家长带着情绪、气急败坏地给孩子辅导作业的做法,从深层次来看,是在破坏孩子的学习效能,让孩子在消极压抑的情绪下,产生"我真笨,我根本不是学习这块料儿"的念头,从根本上打击孩子学习的胜任感和积极性。你看,很多时候,我们自以为正确的对孩子负责任的做法,其本质是在伤害孩子,只是我们不自知罢了。但是,我也相信,父母都是爱孩子的,只要有了更好的方法,父母一定会不遗余力地执行。

现在,我就跟大家分享一个帮助孩子提升学习主动性和积极性的非常有效的方法:从情绪入手,每天对孩子的学习给予三次以上的肯定,让孩子每天都能体验到"我很棒""我能行"的自豪感。

因此,帮助孩子在学习中体验更多的快乐,能够非常好地提升孩子的学习效能。而良好的学习效能带给孩子的成就感和满足感,又可以推动孩子更加主动地学习。

要给予孩子肯定也非常简单,只要我们有心,就一定能够发现孩子做得好的地方。比如,读到孩子写的文章,我们可以肯定孩子某一段话写得很好;孩子这次写作业比上次快了,我们可以肯定孩子这次比上次完成作业的效率高;等等。每个人都希望被肯定，孩子也是一样的，尤其是来自父母的肯定，会让孩子的情绪更好，学习的热情也更高昂。当然，我们的肯定一定要是真诚的、真实的，不能浮夸或者形式化。

记得有一次，在一场家长讲座中，我说到这个话题，一位家长特别生气地站起来说："伍老师，一道只有A、B两个选项的选择题，我儿子能答出D来，让我怎么夸他？还要夸得真诚，您这不是在难为人吗？"我说："若是我，我可能会夸一夸孩子，这个D写得很标准。如果真的没什么可夸的，那我会夸孩子的态度，虽然不会做，但没有交白卷，而是在努力给出答案，不论是否正确都精神可嘉。"

帮助孩子提升学习的内驱力绝非一朝一夕的事，而是要经历一个较为漫长的循序渐进的过程，甚至在整个过程中还会遭遇反复。作为家长，我们要有耐心、有信心，只要做好以上几点，以共情的态度陪伴孩子一起学习进步，孩子就会在我们的共情陪伴下渐渐成长为勤勉向上、愿意主动学习的人。

如何与青春期孩子构建相互信任的亲子关系

信任是一切教育的基础。亲子之间的信任，是构建良好亲子关系的重要基石，而良好的亲子关系又是守护孩子健康成长的"定海神针"。然而，我们跟孩子日常互动中，往往只关注了教育，却忽略了关系。因为少了对关系的维护，伴随孩子年龄的增长，亲子之间日渐疏远，矛盾和冲突日渐增多。尤其是到了孩子青春期的时候，亲子冲突更是愈演愈烈，彼此之间的信任几乎降到了冰点。

于是，原本最应该相信孩子、给予孩子最大支持的父母变得疑神疑鬼。因为怀疑孩子贪玩不学习，所以没收孩子的手机，扯掉网线；因为怀疑孩子早恋，偷翻孩子的日记、手机，严禁孩子外出；因为怀疑孩子学习不自觉，所以给孩子的房间装监控，不让孩子关房门……而原本最应该相信父母、遇到问题首先应该向父母寻求帮助的孩子，揣着委屈、失落、孤单、无助，关上了自己的心门，多一句话都不愿意同父母讲。父母越不让干什么，孩子就越干什么，被逼急了，就是一通争吵，甚至离家出走。

亲子关系是把双刃剑

一天夜里，张老师被一通电话吵醒，迷迷瞪瞪接起来，电话那头传来一道特别着急的声音："张老师啊！我是雷雷妈妈，雷雷有没有到您家去啊？""没有啊！发生什么事了吗？"虽然张老师还没清醒，但职业本能告诉她，恐怕有大事。果不其然，电话那头传来雷雷妈妈的哭声："上午的时候，雷雷非要出去打球，我不同意，想让他在家复习。可能是我多念叨了几句，雷雷火了，跟我大吵了一架，然后摔门就走了，到现在都没回来。我跟亲戚、朋友、老师、同学都联系了个遍，大家都说没见着。我真是不知道怎么办了，您能帮着在小区附近找找吗？"这下张老师彻底清醒了，一边答应着，一边穿衣服。雷雷是张老师儿子的同学，就住在隔壁小区，两人关系挺好。在张老师的印象中，雷雷虽是单亲家庭的孩子，但一直很乖巧，怎么会突然做出这么出格的事？

可能真是缘分，半个小时后，张老师在两条街外的一家网吧门口找到了雷雷。孩子垮着肩膀，神情沮丧，知道张老师大半夜出来是为了找他，又有些内疚，但他依旧不愿意回家。张老师一边给他妈妈发信息报平安，一边把他带去了肯德基。用完餐之后，雷雷状态好了一点，跟张老师说起了当天的事。原来，自从上中学以后，雷雷妈妈要求雷雷放弃一切跟学习无关的事，把所有时间都用在学习上。因为常年坐在书桌前，缺乏运动，雷雷的体能在班里是最弱的，经常被其他男生嘲笑是"弱鸡"。对于一个十四五岁的男生来说，被同学这样评价，他感觉特别没面子，所以才想要去打球，想要让自己的体能快快赶上来。却没想到，妈妈不但不同意，还骂他不务正业，怀疑他是不是找借口出去约会……雷雷低着头，特别难过地说："我妈只关心我的学习，从来不关心我，我就是她手里的一颗棋子,是专门负责学习的工具人。我觉得这样活着一点意思也没有。"

作为父母,我们往往把关心孩子和关心孩子的学习等同,自认为只要监督好孩子的学习就是对孩子最大的关心和负责。殊不知,在孩子那里,我们这样的爱只会让他们感到压抑和冰冷。随着这种冰冷感和压抑感的增加,孩子跟我们之间的父子(女)之情、母子(女)之情就会被逐渐冻结。但这并不是孩子想要的,所以在这个过程中,他们会用还不太成熟的方式不断尝试重新跟我们建立联结。那些让我们极度崩溃的时刻,比如被孩子顶撞的时候,被孩子挡在卧室门外的时候,被孩子的浑不论气得血压升高的时候,都是孩子试图让我们理解他们、看到他们而做的抗争。只不过,大多数时候,我们从未真正走进孩子的内心,去试着理解他们,体会他们内心的煎熬,只单纯觉得自己遭受了暴击。其实,在彼此之间缺乏信任的不良亲子关系里,受到伤害的从来不只有我们自己,还有孩子。

缺乏互信的亲子关系对孩子来说意味着什么

被焦虑笼罩

根据马斯洛需要层次论,我们知道,安全、归属与爱的需要是基本需要。对孩子来说,安全的、有温度的亲子关系是满足其基本需要的主要途径。当亲子关系变得紧张，孩子总得不到父母的信任、理解与认可，其安全感、亲密感、归属感就会出现危机。孩子一方面会因为需要没有得到满足而痛苦，另一方面又会因为父母对自己的不信任陷入自我否定、自我怀疑的怪圈，从而产生焦虑情绪。此时的焦虑是弥散性的。持续的、广泛的焦虑会在无声无息中破坏孩子的专注力，降低孩子的学习效率，阻碍孩子人际关系的发展，从而进一步加深孩子对自我的否定和怀疑。如此恶性循环，严重影响孩子身心的健康发展。

被抑郁淹没

根据埃里克森人格发展八阶段理论，我们知道，青春期的孩子正处在建立自我同一性的关键时期。自我同一性是个体在寻求自我的发展中，对自我的确认和对有关自我发展的一些重大问题，诸如理想、职业、价值观、人生观等的思考和选择。在这个时期，孩子需要的是父母无条件的爱和关注，需要的是父母能给自己去积极尝试和探索的机会，需要的是在父母的信任和支持中完成对自我的整合。埃里克森在其《同一性：青少年与危机》一书中说："如果儿童感到环境对允许他把下一阶段整合在个人的自我同一性在内的所有表现形式进行彻底剥夺，那么，儿童就会以野兽突然被迫捍卫其生命般地迸发出惊人的力量进行抵抗。的确，在人类生存的社会丛林中，如果没有同一性的意识就没有生存的感觉。"这既解释了孩子在青春期跟父母之间的矛盾和冲突如此激烈的原因，也阐述了孩子的同一性发展受到阻碍会导致孩子内在的支离破碎，找不到自己存在的价值和人生的意义。北大徐凯文教授在一次演讲中提到：北大一年级的新生，包括本科生和研究生，其中有30.4%的学生厌恶学习，或者认为学习没有意义，还有40.4%的学生认为活着没有意义，"我现在活着只是按照别人的逻辑这样活下去而已"。这种无意义感会让孩子变得越来越抑郁，甚至选择结束自己的生命。这是我们任何人任何时候都不想看到的结果。

构建积极互信的亲子关系

关系是教育的基础，特别是亲子之间，如果关系温暖又积极，再大的困难也能克服。现实是，很多成年人在面对自己的父母时，有尊敬、孝顺唯独没有亲密。自己为人母为人父后，随着孩子慢慢长大，也陷入不知道如何与孩子沟通的窘境。

所幸的是，父母开始学习共情陪伴，能够慢慢地走进孩子的内心，拉近彼此之间的心理距离。构建积极的亲子关系，需要遵循以下几点原则。

从"心"出发，用平等、尊重、信任的态度面对孩子

孩子的成长是从幼稚走向成熟、从依附走向独立的过程。就像学步时，孩子会不自觉挣开我们的束缚，在快要摔倒时又一把抓住一样，青春期的他们会从心理层面一次次将我们推开，但在遇到困难的时候，又特别期待能够获得我们的帮助和安慰。这是孩子逐渐走向独立的必然过程，也是我们家长学着慢慢放手的过程。此时的我们既要看到孩子的变化，从自己的本心出发，接纳孩子即将长大成人、独立于我们之外的事实，还要看到孩子的需求，听见孩子内心的呼唤，给予他们极度渴望的平等、尊重与信任。

要做到平等，我们就不能把孩子当成什么都不懂的小孩子，居高临下地看着他们，指点他们，而是要将他们放在与我们同等的位置上，像对待成年人那样对待他们。平等意味着，孩子拥有跟我们一样的话语权。他们能够畅所欲言，能够掷地有声地表达自己的意愿。平等意味着，孩子拥有自主权，可以选择关上自己的房门还是打开，周末是在家学习还是找同伴打球。平等意味着，我们再不能理所当然地要求孩子——我说你听，你就按照我说的做。对父母来说，给予孩子平等的过程，就是逐步放权的过程。在这个过程中，我们会有不安，会有担心，会有焦虑，但是我们必须这么做。俗话说破而后立，不破不立，大破大立。小孩子学习走路时没有不摔跟头的，青少年

也没有不犯错误的，这都是他们长成大人而必须经历的，只有让他们自然经历，他们的未来才能走得更稳。

有了平等奠基，我们才能做到尊重，才能心平气和地跟孩子交流，不会一言不合就声线上扬。尊重意味着我们会认真对待孩子提出的问题、意见和建议，意味着我们不会不经孩子允许就偷翻孩子的东西，意味着我们不将自己的意愿强加在孩子身上。而信任是对孩子最好的尊重，有着能够触及灵魂的力量。当我们能够发自内心相信孩子会对自己的人生负责，相信孩子可以做出最有利于自身发展的选择，我们的这份相信就会化作一股无形的力量，激励孩子向下努力、向上成长。

从沟通入手，用积极、共情的沟通方式与孩子互动

平等、尊重、信任的态度是我们跟孩子互动的底色，而积极、共情的沟通方式则是打通亲子关系，让爱和信任流动起来的桥梁。在以往跟孩子的互动中，我们太习惯表达却不习惯倾听，太习惯指责却不习惯肯定，太习惯命令却不习惯被反驳。以往我们跟孩子沟通不是为了更深入地了解孩子，想孩子之所想，帮孩子之所需，而是为了让孩子摒弃自己的想法，完全按照我们的思路来。从目的到路径，我们统统踩在孩子的雷区，无怪乎孩子会表现得"难以沟通"。其实亲子沟通从来不难，只要我们能做到积极和共情。

共情大家应该已经比较了解了，因为我们整本书都是在说共情，我们能够做到真共情，自然就能做到倾听、理解孩子。但对于积极，大家可能会有疑问：积极指的是什么？主动找上门跟孩子说话吗？当然不是。积极是跟消极相对的一种语言习惯。我特别在此处提到积极，是因为不知何故，有一部分父母会秉持着这样一种奇怪的观念：只有让孩子感到气愤和羞辱，孩子才会有动力。因此，父母会不遗余力地通过贬低孩子、挑孩子毛病、不断攻击孩子来给孩子打气。"我就知道你不行，你要是能考好，太阳都能打西边出来。""你看隔壁×××，再看看你自己。"……在日常生活中，类似的话很多父母脱口而出，却没有认识到这些言语给孩子带来的伤害远大于激励。

孩子非常敏感，我们在沟通中做出改变，孩子是能够清楚感觉到的。只不过因为旧有的不愉快经历的影响，他们会像小蜗牛一样，伸出自己的触角，做出一连串的试探性行动。他们想要确认父母是否真的变了，变得通情达理、善解人意，还是又有了什么新的、逼自己就范的"套路"。当孩子确认，我们真的改变了，变成了最能理解和支持他们的人，他们会重新接纳我们，信任我们，与我们的关系自然而然就会亲密起来。

从陪伴开始,用有爱、自由的氛围滋养孩子

我们常说父母的陪伴是给孩子最好的教育。在年幼的时候,孩子喜欢紧紧黏着我们,无时无刻不想要得到我们的陪伴。但随着孩子一天天长大,他们有了自己的朋友,有了需要独自去完成的事。他们不再主动要求"妈妈,你陪我玩一会儿""爸爸,你陪陪我吧"。到了青春期,孩子似乎开始排斥我们的陪伴,一回到家就一头扎进自己房间不出来。所以,很多青春期孩子的家长会有这样的疑问:我们每天跟孩子见面交流的机会都屈指可数,何谈陪伴呢?

其实对于青春期的孩子来说,他们依旧需要父母的陪伴,只不过他们所需要的是有爱、有边界、有空间的陪伴。比如,在他们挑灯夜战的时候,悄悄为他们送上一杯温度适宜的牛奶;在他们情绪低落的时候,陪着他们到楼下跑两圈或者一起爬爬山;在他们想要邀请好友过生日的时候,默默给他们准备一桌丰盛的饭菜并备好餐后的水果和甜点;在他们想要找个人倾诉的时候,将自己当作一个树洞,稳稳地接纳孩子所有的情绪……

对青春期的孩子来说,陪伴意味着:你不要黏着我,但在我需要的时候,你能够及时出现。所以,我们自认为是陪伴的那些喋喋不休、唠唠叨叨,孩子从未看作是陪伴。同时,温暖

有爱的家庭氛围也是一种有质无形的陪伴。对于孩子来说，最好的爱是父母彼此相亲相爱，是家里的每个人都在自己的位置上做着自己该做的事，彼此有关心、有交流，互为支持却又互不干涉。那种我为你辞去工作，一心只扑在你身上的爱与陪伴，从来不是孩子想要的，也并不为孩子所喜。

在《朗读者》节目中，董卿这样写道：陪伴也是一种力量，在这个世界上没有一个人是孤岛，失去了陪伴，也失去了生存的意义。所以，千万不要以为孩子关上了房门就代表着孩子不需要陪伴。有爱、有度、有自由的陪伴孩子任何时候都需要。健康的陪伴必然带来健康的关系。在构建良好亲子关系的过程中，我们一定不要忽视陪伴的作用。

孩子进入青春期的这几年，既是对亲子关系的一场连环大考，也是为人父母者无法躲开的一场修行。既然避无可避，那我们就要调整好自己的状态、心态、姿态，以接纳的、尊重的、信任的态度，迎接这场考试，坦然面对孩子的所有变化。当他们为独立而探索时，我们站在他们身后，给予他们支持和鼓励；当他们遇到困难时，我们站在他们身边，给予他们理解和帮助；当他们想要倾诉时，我们陪在他们身前，给予他们关注和安慰。好的关系是可以滋养人的。有了跟父母的联结，有了父母作为自己坚实的后盾，孩子必然会更有底气，也更有勇气。内心充盈、有力量的孩子，未来自然可期！

参考文献

第一章

1. Erik H. Erikson. Childhood and Society [M]. New York: W. W. Norton & Co., 1994.
2. 劳拉·E. 伯克. 伯克毕生发展心理学：从0岁到青少年 [M]. 陈会昌，译. 第7版. 北京：中国人民大学出版社，2022.

第二章

1. 马斯洛. 马斯洛人本哲学 [M]. 北京：九州出版社，2003.
2. 傅小兰，张侃，陈雪峰，等. 中国国民心理健康发展报告（2019~2020）[M]. 北京：社会科学文献出版社，2021.
3. Paul D. MacLean. The Triune Brain in Evolution：Role in Paleocerebral Functions[M]. New York: Springer, 1990.
4. 卡尔·罗杰斯. 论人的成长 [M]. 石孟磊，等译. 北京：世界图书出版公司，2015.

第三章

1. 冯晓杭，刘平.心理学家霍尔的教育启示[M].太原：山西人民出版社，2018.
2. 卡尔·R.罗杰斯.个人形成论：我的心理治疗观[M].杨广学，等译.北京：中国人民大学出版社，2004.
3. B.J.瓦兹沃思.皮亚杰的认知和情感发展理论[M].徐梦秋，沈明明，译.厦门：厦门大学出版社，1989.
4. Piaget, J., & Inhelder, B. The Child's Conception of Space[M]. London: Routledge & Kegan Paul, 1956.
5. 林崇德.发展心理学[M].第2版.北京：人民教育出版社，2008.
6. 爱德华·德博诺.六顶思考帽：如何简单而高效地思考[M].马睿，译.北京：中信出版社出版，2016.
7. "共情陪伴"国际合作项目.我们的感受不一样[M].爱果实教育研究院，编译.郑州：郑州大学出版社，2021.
8. "共情陪伴"国际合作项目.被拒绝了没关系[M].爱果实教育研究院，编译.郑州：郑州大学出版社，2021.
9. "共情陪伴"国际合作项目.丹尼尔学接球[M].爱果实教育研究院，编译.郑州：郑州大学出版社，2021.
10. "共情陪伴"国际合作项目.再试一次[M].爱果实教育研究院，编译.郑州：郑州大学出版社，2021.

第四章

1. Paul D. MacLean. The Triune Brain in Evolution：Role in Paleocerebral Functions[M]. New York: Springer, 1990.
2. 周增文.肢体语言的心理秘密[M].北京：北京工业大学出版社，2008.
3. 杰西卡·梅泽夫，"共情陪伴"国际合作项目.有人能听到我说话吗？[M].爱果实教育研究院，编译.上海：华东师范大学出版社，2016.
4. 卡尔·R.罗杰斯.个人形成论：我的心理治疗观[M].杨广学，等译.北京：中国人民大学出版社，2004.

5. "共情陪伴"国际合作项目.再试一次[M].爱果实教育研究院,编译.郑州:郑州大学出版社,2021.

第五章

1. 卡尔·R.罗杰斯.个人形成论:我的心理治疗观[M].杨广学,等译.北京:中国人民大学出版社,2004.
2. 菲利普·弗兰克.爱因斯坦传[M].吴碧宇,李梦蕾,译.武汉:长江文艺出版社,2016.

第六章

1. 卡尔·荣格.潜意识与心灵成长[M].北京:现代出版社,2017.
2. 安德斯·艾利克森,罗伯特·普尔.刻意练习:如何从新手到大师[M].北京:机械工业出版社,2016.
3. 亚瑟·乔拉米卡利,凯瑟琳·柯茜.共情的力量——情商高的人,如何抚慰受伤的灵魂[M].王春光,译.北京:中国致公出版社,2019.
4. 卡尔·R.罗杰斯.个人形成论:我的心理治疗观[M].杨广学,等译.北京:中国人民大学出版社,2004.
5. Scher, S. J., Darley, J. M.. How Effective are the Things People Say to Apologize? Effects of the Realization of the Apology Speech Act[J]. Journal of Psycholinguistic Research,1997,26(1):127–140.
6. 竹久梦二.出帆[M].王维幸,译.北京:新星出版社,2012.

第七章

1. 卡尔·罗杰斯.论人的成长[M].石孟磊,等译.北京:世界图书出版公司,2015.
2. 有川真由美.整理情绪的力量[M].牛晓雨,译.厦门:鹭江出版社,2016.
3. 莉莎·特克斯特.与情绪和解[M].北京:北京时代华文书局,2018.
4. 詹姆斯·格罗斯.情绪调节手册[M].上海:上海人民出版社,2011.

5. 亚瑟·乔拉米卡利，凯瑟琳·柯茜. 共情的力量——情商高的人，如何抚慰受伤的灵魂 [M]. 王春光，译. 北京：中国致公出版社，2019.
6. 劳拉·E. 伯克. 伯克毕生发展心理学：从 0 岁到青少年 [M]. 陈会昌，译. 第 7 版. 北京：中国人民大学出版社，2022.

第八章

1. 卡尔·罗杰斯. 论人的成长 [M]. 石孟磊，等译. 北京：世界图书出版公司，2015.
2. 徐虹，吴全会. 基础心理学 [M]. 北京：北京师范大学出版社，2015.
3. Michelle N. Shiota, James W. Kalat. 情绪心理学 [M]. 周仁来，等译. 原著第 3 版. 北京：中国轻工业出版社，2010.
4. 马斯洛. 马斯洛人本哲学 [M]. 北京：九州出版社，2003.
5. 林崇德. 发展心理学 [M]. 第 2 版. 北京：人民教育出版社，2008.
6. 埃里克·H. 埃里克森. 同一性：青少年与危机 [M]. 孙名之，译. 杭州：浙江教育出版社，1998.

后　　记

历时近一年,《最爱不过我懂你——父母共情陪伴手册》终于完稿。伴随而来的,是纷繁复杂的情绪。有终于完成任务的如释重负,也有生怕不能满足读者需求的忐忑不安,更有和书中故事主人公共同体验的喜怒哀乐,以及被共情陪伴后的温暖与幸福,还有满满的不舍与眷恋。希望共情的故事继续发生在你、我、他之间。

和大家一起经历本次共情陪伴之旅,我收获了很多感动。感谢我的家人。父亲的无条件支持让我踏入了心理学专业领域;太太不仅在生活中对我共情陪伴甚多,对本书也提出了很多宝贵的建议;和儿子的互动,既为我实践共情陪伴提供了宝贵的机会,更让我见证了父母对孩子无条件接纳和支持后,孩子绽放出的自我实现的力量之美。

感谢卡尔·罗杰斯先生，他提出的人本主义心理咨询理念，为共情陪伴实践提供了理论之源；感谢林孟平先生，是恩师的共情鼓励和悉心指导，让我有勇气将人本主义咨询理念进行落地转化；感谢书中提到的所有学者和专家，大家对学术孜孜不倦的追求，让育儿更加科学；感谢书中提到的所有父母和孩子，你们鲜活的案例和真实的互动，为我和读者的沟通提供了桥梁。

感谢"共情陪伴"国际合作项目组的同事们，大家因为共同的信念相聚在一起，为了共同的理想而努力。星星之火，可以燎原。相信共情陪伴之光，也会照到更多的家庭，陪伴更多孩子幸福成长。

特别感谢中信出版社的编辑和本书编委会所有成员，因为你们的精心策划和准备，以及对文稿不厌其烦的整理与审校，才让它如期呈现在广大读者面前。

最后，感谢选择此书的你，因为共情陪伴我们在一起。当然，本书肯定存在不完美甚至错漏之处，期待大家批评指正。我对自己说，唯有接纳这份不足与忐忑，带着真诚与大家对话，才是不断进步和改变的开始。

最后，借用卡尔·罗杰斯的一句名言："美好的人生，是一种过程，而不是一种状态；它是一个方向，而不是终点。"

共情陪伴，也是一种过程和方向，我们一直在路上。

伍新春
2022 年 8 月于北京师范大学